国家社科基金抗日战争研究专项工程

侵华日军细菌战罪行史料整理及专题数据库建设（16KZD014）

甲第一八五五部队留守名簿

主编：杨彦君

CCTP
中央编译出版社
Central Compilation & Translation Press

上海交通大学出版社
SHANGHAI JIAO TONG UNIVERSITY PRESS

图书在版编目（CIP）数据

甲第一八五五部队留守名簿：中文、日文／杨彦君主编．-- 北京：中央编译出版社，2021.4
ISBN 978-7-5117-3950-6

Ⅰ．①甲… Ⅱ．①杨… Ⅲ．①日本关东军—战争罪行—史料—汉、日 Ⅳ．① K265.606

中国版本图书馆 CIP 数据核字 (2021) 第 007271 号

甲第一八五五部队留守名簿

责任编辑：郑永杰 李易明
特约编辑：安宏涛 李亚玄
责任印制：刘 慧
出版发行：中央编译出版社 上海交通大学出版社
地 址：北京西城区车公庄大街乙 5 号鸿儒大厦 B 座（100044）
电 话：（010）52612345（总编室）（010）52612362（编辑室）
（010）52612316（发行部）（010）52612346（馆配部）
传 真：（010）66515838
经 销：全国新华书店
印 刷：永清县金鑫印刷有限公司
开 本：889 毫米 ×1194 毫米 1/16
字 数：67 千字
印 张：14
版 次：2021 年 4 月第 1 版
印 次：2021 年 4 月第 1 次印刷
定 价：398.00 元

网 址：www.cctphome.com 邮 箱：cctp@cctphome.com
新浪微博：@中央编译出版社 微 信：中央编译出版社（ID: cctphome）
淘宝店铺：中央编译出版社直销店（http://shop108367160.taobao.com）
（010）55626985

本社常年法律顾问：北京市吴栾赵阎律师事务所律师 闫军 梁勤
凡有印装品质问题，本社负责调换，电话：（010）55626985

出版说明

《甲第一八五五部队留守名簿》原档某些册页有贴条，贴条上、贴条下皆有文字，本次整理予以分别展示，除贴条处，册页其余部分相同，如第 75、第 76 页，第 103、第 104 页，第 106、第 107 页等。底稿电子文档个别册页某处内容被涂黑，另有某些页为黑白页，如第 86、第 87、第 147、第 148 页等，本次整理一如其旧，特此说明。

前言

杨彦君[1]

2016年10月，哈尔滨市社会科学院课题组在日本国立公文书馆筑波分馆发现《甲一八五五部队·“北支那”防疫给水部留守名簿》[2]（以下简称《留守名簿》）。《留守名簿》为黄色封面，标识有“G.H.Q.7287 昭 21.1.19.”“留名番号 492”，落款为“昭和20年8月29日编制”。据此可知，《留守名簿》于昭和20年（1945年）8月29日编制，曾提交给盟军总司令部，在1946年1月19日时被美军标记。《留守名簿》共计198页，全部为手写字体，以日语假名音序排列，记载了1242人的个人信息，绝大多数篇幅没有人为遮挡，但有少部分内容因被人为涂黑难以辨识。《留守名簿》所载信息有：一八五五部队成员姓名、出生日期、原籍、编入部队时间、职级及晋级时间、此前所属部队及编入时间、留守担当者即部队成员在日直系亲属信息等。《留守名簿》中的“留守”指的是“留守部队”，即日本本土之外的“外征部队”。《留守名簿》曾保存在日本陆军省、第一复员省、厚生劳动省，2015年由日本厚生劳动省移交到国立公文书馆。《留守名簿》曾由日本厚生劳动省社会援护局长期保管，作为战后给军人和军属发放抚恤金、养老金的参考档案。

关于一八五五部队问题的研究，《日本帝国主义侵华档案资料选编：细菌战与毒气战》[3]一书刊载了该部队成员松井宽治1950年的回忆文章及部分档案资料。20世纪80年代，一八五五部队第三课卫生兵伊藤影明、济南支部翻译崔亨振等人向外界披露了部分史实。20世纪90年代，日本学者吉见义明发现了《“北支那”防疫给水部业务详报》[4]，日本学者西野留美子据此资料撰写了《北京甲一八五五部队的查证》[5]一文。21世纪以来，中国学者谢忠厚的《日军在华第二个细菌战基地——“北支”（甲）1855部队》[6]、《华北甲一八五五细菌战部队之

① 杨彦君，哈尔滨市社会科学院七三一问题国际研究中心研究员，侵华日军第七三一部队罪证陈列馆研究员，清华大学历史系博士研究生。

② 簿册標題：《北支那防疫給水部·甲第1855部隊留守名簿》，請求番号：平24厚労02582100，作成部局：厚生省，資料作成年月日：1945年8月29日，国立公文書館。

③ 《日本帝国主义侵华档案资料选编：细菌战与毒气战》，中华书局1989年版。

④ 簿册標題：《北支那防疫給水部業務詳報　昭和19年4月1日～19年9月30日》，請求番号：支那－大東亜戦争北支－308，作成者名称：北支那防疫給水部，資料作成年月日：1944年4月1日—1944年9月30日，防衛省防衛研究所。

⑤ 西野留美子：《北京甲一八五五部隊の検証》，载《季刊　戦争責任研究》9号，1995年，46—53頁。

⑥ 谢忠厚：《日军在华第二个细菌战基地——“北支”（甲）1855部队》，载《军事历史研究》，2017年第2期。

研究》[1]和徐勇的《侵华日军驻北平及华北各地细菌部队研究概论》[2]等文章，是这一时期代表性的研究成果。这些成果主要从宏观视角研究了一八五五部队的基本设置、细菌战和人体实验罪行，尚未涉及一八五五部队人员状况和机构设置等重大基本史实问题。《留守名簿》的首次发现从根本上解决了这一难题，对进一步深入研究一八五五部队和日本细菌战史具有重要意义。

一、一八五五部队机构设置

甲第一八五五部队即为"北支那防疫给水部"，而"北支那防疫给水部"为部队固有名，"甲第一八五五部队"为部队通称号，习惯上"甲第一八五五部队"被写作甲一八五五部队、一八五五部队等。"甲"指的是部队"兵团[3]文字符"，所谓"兵团文字符"是指日本陆军"兵团"的汉字代号，"甲"为"北支那方面军"的"兵团文字符"，据《"北支那"防疫给水部略历》[4]记载："昭和十五年二月，'北支那'防疫给水部依军令陆甲第四号命令改编，三月二十三日，'北支那'防疫给水部于北京最终编成。"

（一）部队初建

据日本防卫省防卫研究所档案记载：1940年1月27日参谋本部第三课编制了《"北支那"防疫给水部临时整编暨防疫给水机关部分复原要领》，规定了"北支那"防疫给水部受华北方面军司令官管辖，负责有关防疫的工作，担当部队所需并监督指导"北支那"范围的防疫给水任务；华北方面军军医部部长可指导"北支那"防疫给水部部长工作。1940年2月8日，参谋本部向昭和天皇提交了《"北支那"防疫给水部临时整编暨防疫给水机关部分复原要领》[5]，天皇于2月9日同意参谋本部意见，下达了军令陆甲第四号命令：朕命制定并实行"北支那"防疫给水部改编暨防疫给水部的部分复原工作要点。

（二）人员编制

据《"北支那"防疫给水部临时整编暨防疫给水机关部分复原要领》中的附件《"北支那"防疫给水部编制表》[6]，一八五五部队的人员编制情况如下：军医少将（部长）1人，军医大佐1人，军医中佐2人，少佐12人（其中军医少佐10人，药剂少佐、主计少佐各1人），大尉

---

① 谢忠厚：《华北甲一八五五细菌战部队之研究》，载《抗日战争研究》，2002年第1期。
② 徐勇：《侵华日军驻北平及华北各地细菌部队研究概论》，载《抗日战争研究》，2002年第1期。
③ 原日本陆军中，总军、方面军、军、师团、独立混成旅团等具有独立作战能力的军事单位，称为兵团。
④ 件名標題：《16. 北支那方面部隊》，請求番号：中央－部隊歴史全般－94，作成者名称：厚生省援護局，資料作成年月日：1963年3月，防衛省防衛研究所。
⑤⑥ 簿册標題：《北支那防疫給水部隊臨時編成並防疫給水機関1部復帰要細、同細則の件》，請求番号：陸軍省－陸支機密大日記－S15-7-87，作成者名称：参謀総長載仁親王，資料作成年月日：1940年2月1日—1940年4月30日，防衛省防衛研究所。

21 人，中尉和少尉 32 人，药剂尉官 11 人，卫生尉官 13 人，主计尉官 2 人，卫生下士官 168 人，疗工下士官 2 人，主计下士官 6 人，电工和机工下士官各 1 人，卫生兵、上等兵、一等兵、二等兵计 510 人，技师 9 人，助理技师 18 人，合计 810 人。《“北支那”防疫给水部编制表》中另有 7 项备注：一是除了本表中所记内容之外，要追加翻译官、翻译员 11 名，临时雇员 120 名。二是本表中的人数定额中，目前缺少中（少）佐若干名，拟增加尉官若干名。三是卫生兵作为特殊任务的兵种，必要时可从辎重兵或雇员（临时雇员）中调拨。四是部员及工程师在必要时，在编定额人数的范围内，可在工作上相互调转，且工程师可以调动派遣人员或技术员；同时技术员可以对雇员进行调动。五是卫生准士官、下士官的官阶比例为准尉 1、曹长 2、军曹（伍长）7。六是中国派遣军总司令官根据需要，可设立支部以及办事处。七是本表之外的人员也可根据需求进行追加。

根据日本厚生劳动省保管的档案《昭和 15 年 2 月 9 日军令陆甲第四号命令》，“北支那”防疫给水部编制情况是：技术部准士官下士官 2 人，经理部将校 3 人、准士官下士官 6 人，卫生部将校 92 人、准士官下士官 170 人，兵 510 人，合计 783 人。据《昭和 18 年 12 月 10 日亚机密四八四号命令》，“北支那”防疫给水部的人员编制同 1940 年 2 月 9 日时相比没有变化。故此，可以认定为陆军省 1940 年向参谋本部和天皇申请部队成立时人员配额为 810 人的编制，而随后在部队正式组建时的实际编制为 783 人。

（三）组织机构

据《“北支那”防疫给水部临时整编暨防疫给水机关部分复原要领》，“北支那”防疫给水部由“北支那”防疫部、第一防疫给水部、第十四防疫给水部、第十五防疫给水部、第十六防疫给水部为基础编成。“北支那”防疫部，亦称菊池部队，部队长为陆军军医大佐菊池齐，部队驻地北京；第一防疫给水部，亦称园田部队，部队长为陆军军医少佐园田太郎，部队驻地石家庄；第十四防疫给水部，亦称池井部队，部队长为陆军军医少佐池井贞夫，部队驻地徐州；第十五防疫给水部，亦称吉村部队，部队长为陆军军医少佐吉村信英，部队驻地新乡；第十六防疫给水部，亦称西村（正）部队，部队长为陆军军医少佐西村正胜，部队驻地为运城。池井贞夫后升任军医中佐，任七三一部队牡丹江支部支部长、第二十六野战防疫给水部部长。第二十六野战防疫给水部曾在泰缅边境一带活动。吉村信英后升任军医中佐，任嫩江陆军医院暨关东军第八六陆军医院院长。西村正胜后升任军医中佐，任瑷珲陆军医院暨关东军第八四陆军医院院长，二战结束前后吉村信英和西村正胜被苏联红军俘虏。

据1941年6月30日华北方面军司令部编制的《"北支"方面军兵站部队战斗序列·军队区分一览表》[①]记载，"北支那"防疫给水部本部及所属天津出张所、塘沽出张所，石门（石家庄）支部及所属新乡出张所、开封出张所、归德出张所为北支那方面军直辖；太原支部及所属运城出张所隶属于北支那方面军第一军；济南支部及所属青岛出张所、徐州出张所隶属于北支那方面军第十二军；张家口支部隶属于华北方面军驻蒙军。

据1944年9月30日《"北支那"防疫给水部编成表》[②]记载，"北支那"防疫给水部下设5个支部、8个出张所，5个支部是石门支部、太原支部、济南支部、张家口支部、郑州支部；8个出张所是天津出张所、塘沽出张所、运城出张所、青岛出张所、包头出张所、开封出张所、新乡出张所和郾城出张所，较1941年6月时增加了郑州支部，并且调整了支部和出张所的配置。

二、一八五五部队人员构成状况

《留守名簿》中所记佐官15人，其中大佐1人，中佐1人，少佐13人；尉官129人，其中大尉31人、中尉22人、少尉29人、准尉37人；另外有技师6人，助理技师21人。这些佐官、尉官和技师构成了一八五五部队的核心管理层，是其进行人体实验、细菌战和防疫给水业务的核心力量。《留守名簿》记载一八五五部队本部部长、本部各部门负责人、支部部长、出张所所长、技师等主要构成人员，人员信息如下表。

《留守名簿》所载主要人员一览表

序	姓名	出生日期	编入时间	军衔或职级	晋级时间	此前所属及编入时间	职务
1	西村英二	1891年11月20日	1939年3月9日	军医大佐	1941年12月31日	华中派遣军司令部 1939年1月5日	一八五五部队部队长
2	吉见亨	1902年10月31日	1941年3月1日	军医中佐	1944年3月1日	第21师团军医部 1940年3月9日	一八五五部队北京本部总务部部长
3	上村秀胜	1913年8月28日	1939年6月14日	军医少佐	1944年3月1日	步兵第5联队 1938年11月1日	一八五五部队郑州支部部长
4	远藤吉雄	不详	1943年8月2日	军医少佐	1943年5月20日	仙台第二陆军医院	一八五五部队太原支部部长
5	小森源一	1909年9月12日	1940年3月23日	军医少佐	1945年4月30日	菊池部队 1938年9月27日	一八五五部队北京本部第一课课长

① 簿册標題：《附紙　北支那方面軍兵站部隊戦闘序列軍隊区分一覧表》，請求番号：大日記－陸軍省－陸支普大日記 S16-28-217-2，資料作成年月日：1941年1月17日，防衛省防衛研究所。
② 簿册標題：《附表第1　北支那防疫水部編成表》，請求番号：支那－大東亜戦争北支－308，資料作成年月日：1944年9月30日，防衛省防衛研究所。

续表

序	姓名	出生日期	编入时间	军衔或职级	晋级时间	此前所属及编入时间	职务
6	后藤正彦	1912年9月17日	1940年3月23日	军医少佐	1945年4月30日	菊池部队 1939年2月8日	一八五五部队北京本部总务部企划课课长
7	高桥传	1903年10月16日	1944年12月2日	军医少佐	1944年4月30日	关东军部队 1943年3月1日	原七三一部队总务部庶务课课长 一八五五部队内职务暂不详
8	田山吉政	1910年1月10日	1941年12月22日	军医少佐	1945年4月30日	陆军兵器本部兼陆军军医学校 1938年7月1日	一八五五部队石门支部部长
9	桥本泰男	1909年10月23日	1944年3月20日	军医少佐	1945年4月30日	宇都宫陆军飞行学校 1942年4月17日	一八五五部队北京本部诊疗课课长
10	平野晟	1911年5月8日	1941年12月22日	军医少佐	1945年4月30日	陆军兵器本部兼陆军军医学校 1940年4月1日	一八五五部队北京本部第二课课长
11	松尾梅雄	1912年3月2日	1943年11月20日	军医少佐	1945年1月31日	步兵第39联队 1939年10月16日	一八五五部队太原支部运城出张所所长
12	村田英太郎	1917年1月2日	1941年2月22日	军医少佐	1945年6月10日	步兵第79联队 1941年6月30日	一八五五部队北京本部教育队队长兼第二课第一疫苗室主任
13	上田正臣	1912年7月3日	1944年9月27日	药剂少佐	1945年1月31日	陆军军医学校 1944年7月7日	一八五五部队北京本部资材课课长
14	渡部忠重	1902年3月22日	1943年8月2日	卫生少佐	1944年12月1日	齐齐哈尔陆军医院 1942年11月20日	一八五五部队北京本部总务部庶务课课长
15	山野武夫	1914年6月6日	1942年9月19日	主计少佐	1945年1月31日	山炮兵第25联队 1941年7月28日	一八五五部队北京本部经理课课长
16	岩濑滋	1914年5月18日	1940年3月23日	军医大尉	1944年9月30日	菊池部队 1940年3月2日	一八五五部队北京本部第二课事务室主任兼第二课第二疫苗室主任
17	内田文雄	1912年1月8日	1940年3月23日	军医大尉	1945年4月22日	菊池部队 1939年8月15日	一八五五部队太原支部运城出张所职员
18	大桥义臣	1914年12月15日	1940年3月23日	军医大尉	1944年9月30日	菊池部队 1939年7月20日	一八五五部队北京本部第二课第一血清室主任兼第二课培养基室主任
19	大森玄洞	1916年1月1日	1940年7月22日	军医大尉	1945年4月30日	步兵第12联队留守队 1940年5月15日	一八五五部队济南支部部长
20	门多魁	1913年4月1日	1940年3月23日	军医大尉	1944年4月30日	池井部队 1938年9月27日	一八五五部队北京本部第一课细菌室职员

续表

序	姓 名	出生日期	编入时间	军衔或职级	晋级时间	此前所属及编入时间	职 务
21	川锅呈吉	1913年6月20日	1940年3月23日	军医大尉	1945年4月30日	菊池部队 1939年11月20日	一八五五部队张家口支部部长
22	清原龙	1913年9月18日	1940年7月22日	军医大尉	1944年9月15日	步兵第12联队留守队 1940年5月15日	一八五五部队北京本部第一课防疫给水室主任
23	黑川正治	1913年1月30日	1940年3月23日	军医大尉	1944年9月15日	菊池部队 1939年7月20日	一八五五部队北京本部直辖塘沽出张所所长
24	近藤信一	1914年1月10日	1940年3月23日	军医大尉	1944年9月30日	菊池部队 1939年7月20日	一八五五部队北京本部直辖天津出张所职员
25	酒井英之	1914年3月6日	1940年2月22日	军医大尉	1945年4月30日	步兵第6联队补充队 1940年5月15日	一八五五部队郑州支部职员
26	定丰治	1915年9月1日	1941年3月14日	军医大尉	1945年4月20日	北京陆军医院 1940年12月24日	一八五五部队北京本部总务部企划课职员兼第一课防疫给水研究负责人
27	泽渡岩夫	1916年2月11日	1940年7月22日	军医大尉	1945年4月20日	步兵第11联队补充队 1940年5月15日	一八五五部队北京本部第一课血清研究负责人
28	齐藤诚	1921年2月11日	1942年4月13日	军医大尉	1945年6月10日	步兵第154联队 1942年1月26日	一八五五部队济南支部职员
29	铃木武夫	1911年2月20日	1940年3月23日	军医大尉	1945年4月20日	菊池部队 1939年6月28日	一八五五部队济南支部青岛出张所所长
30	关根健儿	1916年1月8日	1940年3月23日	军医大尉	1944年9月30日	菊池部队 1940年3月2日	一八五五部队北京本部诊疗课职员
31	立石五郎	1912年7月6日	1940年3月23日	军医大尉	1944年4月30日	西村（正）部队 1938年9月28日	一八五五部队北京本部直辖天津出张所所长
32	高冈满	1915年6月23日	1942年8月24日	军医大尉	1945年4月30日	骑兵第13联队 1940年7月22日	一八五五部队北京本部第三课特别研究室负责人
33	隆文雄	1914年8月4日	1941年3月14日	军医大尉	1945年4月22日	北京陆军医院 1940年12月24日	一八五五部队郑州支部新乡出张所所长
34	长木大三	1914年3月13日	1940年3月23日	军医大尉	1944年4月30日	吉村部队 1938年9月27日	一八五五部队北京本部第一课细菌研究负责人
35	并河靖	1913年11月27日	1940年3月23日	军医大尉	1945年4月30日	西村（正）部队 1938年9月28日	一八五五部队太原支部职员

续表

序	姓名	出生日期	编入时间	军衔或职级	晋级时间	此前所属及编入时间	职务
36	那须毅	1915年3月9日	1943年3月19日	军医大尉	1944年9月15日	山炮兵第27联队 1941年7月24日	一八五五部队北京本部第一课病理解剖负责人
37	中沟保三	1915年3月19日	1940年3月23日	军医大尉	1945年4月20日	菊池部队 1939年6月28日	一八五五部队北京本部第一课结核研究负责人
38	西村祥三	1918年3月23日	1941年12月20日	军医大尉	1945年6月1日	步兵第112联队 1941年10月20日	一八五五部队北京本部诊疗课职员
39	广濑一郎	1913年2月26日	1940年7月22日	军医大尉	1944年9月15日	步兵第8联队补充队 1940年5月15日	一八五五部队郑州支部开封出张所所长
40	福田武夫	1915年9月24日	1939年7月20日	军医大尉	1944年9月30日	步兵第13联队 1939年5月5日	一八五五部队郑州支部职员
41	油田恺生	1918年7月8日	1942年8月18日	军医大尉	1944年12月1日	电信第7联队 1942年10月31日	一八五五部队北京本部教育队职员
42	笠不二夫	1914年1月24日	1941年3月14日	军医大尉	1944年9月15日	北京陆军医院 1939年12月24日	一八五五部队太原支部职员
43	石塚仪一	1903年7月20日	1941年6月9日	卫生大尉	1944年9月15日	关东军部队 1939年6月30日	一八五五部队北京本部庶务课职员
44	香川正雪	1912年8月1日	1941年11月1日	卫生大尉	1945年6月10日	步兵第218联队 1939年12月1日	一八五五部队北京本部第一课寄生虫研究兼兵舍负责人
45	福井利三	1909年10月8日	1943年8月2日	卫生大尉	1945年1月31日	第8师团部队 1941年7月28日	一八五五部队太原支部职员
46	汤浅倭佐雄	1912年1月27日	1945年6月22日	主计大尉	1945年6月10日	独立步第75大队 1944年9月9日	不详
47	濑户丰	1915年12月8日	1941年12月20日	军医中尉	1944年9月30日	步兵第101联队 1941年10月20日	一八五五部队郑州支部郾城出张所所长
48	尾崎繁夫	1923年8月1日	1943年7月16日	技师	1945年3月31日	不详	一八五五部队北京本部第三课事务、研究室职员
49	冈田和夫	1917年2月12日	1940年7月16日	技师	1945年3月31日	关东军部队 1939年5月8日	一八五五部队北京本部第三课特别研究室兼事务、研究室职员
50	嘉阳宗永	1908年2月25日	1940年3月23日	技师	1945年3月31日	池井部队 1938年9月30日	一八五五部队北京本部第二课痘病室负责人
51	篠田统	1899年9月21日	1940年7月20日	技师	1944年9月30日	关东军部队 1938年3月10日	一八五五部队北京本部第三课课长
52	土居博	1916年2月23日	1940年3月23日	技师	1945年6月30日	吉井部队 1938年9月25日	不详

续表

序	姓名	出生日期	编入时间	军衔或职级	晋级时间	此前所属及编入时间	职务
53	马场贞义	1917年4月22日	1940年3月23日	技师	1944年11月20日	菊池部队 1939年12月1日	一八五五部队北京本部第二课第一血清室职员

依据《留守名簿》整理的上述表格可见，一八五五部队本部部队长由陆军军医大佐担任，本部总务部长由陆军军医中佐担任，各课负责人由陆军军医少佐和陆军技师担任，分别为：北京本部部长为陆军军医大佐西村英二、总务部部长军医中佐吉见亨、总务部企划课课长后藤正彦军医少佐、总务部庶务课课长渡部忠重军医少佐、第一课课长小森源一军医少佐、第二课课长平野晟军医少佐、第三课课长篠田统陆军技师、资材课课长上田正臣药剂少佐、经理课课长山野武夫主计少佐、诊疗课课长桥本泰男军医少佐、教育队队长村田英太郎军医少佐。

一八五五部队各支部部长及出张所所长主要由陆军军医少佐和陆军军医大尉担任。石门支部支部长为军医少佐田山吉政，太原支部支部长为军医少佐远藤吉雄，济南支部支部长为军医大尉大森玄洞，张家口支部支部长为军医大尉川锅里吉，郑州支部支部长为军医少佐上村秀胜，天津出张所所长为军医大尉立石五郎，塘沽出张所所长为军医大尉黑川正治，运城出张所所长为军医少佐松尾梅雄，青岛出张所所长军医大尉铃木武夫，开封出张所所长军医大尉广濑一郎，新乡出张所所长军医大尉隆文雄，郾城出张所所长军医中尉濑户丰。

据《留守名簿》记载，一八五五部队部队长西村英二：“军医大佐，出生于1891年11月20日，此前所属为华中派遣军司令部（编入时间是1939年1月5日），1939年3月9日编入一八五五部队，1945年8月29日转属华北方面军司令部。”西村英二1932年时曾任陆军军医学校防疫研究室部员，是石井四郎筹备建立七三一部队的核心成员，于1933年9月到1937年12月就职于七三一部队。西村英二和陆军军医中尉松桥保在“北支甲第一八五五部队发刊记事番号第207号”上发表《从流行病学角度观察北支那的黑热病——特别关注其地理上的浓度分布》①，该文另于1942年3月在第11回日本医学会发表。另外，西村英二在“北支甲第一八五五部队发刊记事番号第134号”指导了松桥保的论文《“北支那”室内环境卫生领域“床”及暖房法相关研究》②。1942年3月4日，陆军军医学校防疫研究报告第2部第345号，刊载了西村英二的论文《关于痢疾本菌化学提取浓

① 原日文标题为《北支ニ於ケルKala-azarノ疫学的観察　特ニ其地理的濃度分布ニ就テ》，“北支甲第一八五五部队发刊记事番号第207号，哈尔滨市社会科学院七三一问题国际研究中心档案室藏，编号：A1-99。
② 原日文标题为《北支ノ室内環境衛生ノ領域ニ於ケル「床」並ニ暖房法ニ関スル研究》，北支甲第一八五五部队发刊记事番号第134号，哈尔滨市社会科学院七三一问题国际研究中心档案室藏，编号：A1-98。。

缩抗原免疫效果的实验研究》[①]和《“北支那”部队中流行的赤痢菌相关调查研究》[②]。

据《留守名簿》记载，郑州支部支部长上村秀胜：“出生于1913年8月28日，1939年6月14日编入一八五五部队，1944年3月1日晋升为军医少佐，此前所属为步兵第5联队。”上村秀胜曾任济南支部开封出张所所长，开封出张所又被称之为“仁第一八五七部队上村队”。另，来自菊池部队的西赖夫中尉也曾任开封出张所代理所长。

1944年4月，太原支部军医大尉大桥义臣、笠不二夫和野口龙雄撰写了《关于山西省太原地区的细菌性痢疾调查》[③]。1944年4月20日，笠不二夫和野口龙雄撰写了《传染病预防方法及针对敌方医学谋略的对策》[④]，该文引用《细菌谋略一览表》，记录了在中国宝山城、嘉定、南京、九江、开封、石家庄、博山、石家庄东里村等地使用炭疽菌和霍乱菌的状况。

据《极密·驻蒙军冬季卫生研究成绩》[⑤]记载，1941年3月，“北支那”防疫给水部张家口支部和大同陆军医院、驻蒙军司令部在锡林郭勒盟西苏尼特地区共同实施了人体实验，受试者是8名中国人，姓名是刘春（27岁）、潘春（22岁）、高付（33岁）、下关（15岁）、高百（49岁）、郝贵（35岁）、张义（21岁）、陈远（38岁），这些受害者显然被日军人为地隐去了姓或名，或者仅仅是化名。此次实验的目的“是为了严寒期在内蒙古草原作战时卫生服务的需要，是为了下次作战的调查准备”。实验结束后受试者全部死亡，这是侵华日军防疫给水部之间联合进行的人体实验，北支那防疫给水部张家口支部军属小林茂、高桥实参加了此次人体野外实验。另外，还有军医少佐齐藤钦二、药剂中尉古柳喜一、卫生准尉泷口尊次、西村重夫、森本正、卢泽直、朝比奈三郎、军属南部春雄、平冈升、田崎博、诹访金五郎等11人参加，《留守名簿》中记载了小林茂和高桥实的个人信息，而没有记载其他11人的信息。

《留守名簿》中有三个小林茂的信息。其一：“小林茂，1927年9月29日生，1945年1月31日被编入一八五五部队，卫生兵，此前所属部队是独步第81大队，入伍时间1944年11月18日，1945年8月29日转属第12军司令官指定兵站医院。”[⑥]其二：“小林茂，1922年11月26日生，1943年5月20日被编入一八五五部队，卫生兵，此前所属部队是独步第78大队，

---

① 《痢疾本型菌ニヨリ科学的抽出シタル濃縮抗元免疫効果ニ関スル実験的研究》，《十五年戦争極秘資料集 補巻23：陸軍軍医学校防疫研究報告[復刻版]》，不二出版，2004年5月—2005年12月，第4册第345号。

② 原文标题为《北支那ノ部隊ニ流行セル赤痢ニ関スル調査研究》。

③ 簿册標題：《業務詳報／本文（3）》，請求番号：支那－大東亜戦争北支－309，資料作成年月日：1944年4月，防衛省防衛研究所。

④ 簿册標題：《附録第3伝染病予防法並敵側医学的謀略に対する対策に就て 北支那防疫給水部太原支部／表紙》，請求番号：支那－大東亜戦争北支－309，資料作成年月日：1944年4月20日，防衛省防衛研究所。

⑤ 鱒沢彰夫著、冬季衛生研究班編集：《極秘 駐蒙軍冬季衛生研究成績》，現代書館，1941年。

⑥ 《北支那防疫給水部·甲第1855部隊留守名簿》第72页。

入伍时间 1943 年 2 月 1 日。”① 其三：“小林茂，1907 年 9 月 30 日生，1940 年 3 月 23 日被编入一八五五部队，业务手，此前所属部队是菊池部队，入伍时间 1939 年 2 月 8 日。”② 从三个小林茂编入一八五五部队时间、从军时间和年龄上来看，作为“北支那”防疫给水部张家口支部部员参与 1941 年冻伤实验的小林茂当是出生于 1907 年者。《留守名簿》所载高桥实信息如下：“高桥实，1905 年 12 月 7 日生，1940 年 3 月 23 日被编入一八五五部队，此前所属部队是菊池部队，入伍时间是 1939 年 3 月 14 日，1945 年 8 月 29 日转属第 165 兵站医院。”

三、一八五五部队人员来源状况

“北支那”防疫给水部主要以菊池部队、园田部队、池井部队、吉村部队、西村（正）部队为基础，并依托关东军部队、陆军军医学校、陆军医院、野战医院、气球联队、步兵联队和独立步兵大队整编而成。一八五五部队所属佐官、尉官、技师和助理技师主要来自菊池部队、关东军部队、陆军军医学校和陆军医院。据《留守名簿》记载，来自菊池部队的 71 人，园田部队的 4 人，池井部队的 12 人，吉村部队的 11 人，西村（正）部队的 14 人；来自关东军部队的 5 人，陆军军医学校的 6 人，陆军医院的 73 人，野战医院的 9 人，气球联队 192 人，步兵联队的 286 人，独立步兵大队 269 人。

（一）来自关东军部队

《留守名簿》中记载一八五五部队成员此前所属关东军部队的共有 5 人，分别是军医少佐高桥传、军医大尉石塚仪一、陆军三等技师篠田统、陆军七等技师冈田和夫、助理技师八谷五郎。《留守名簿》第 101 页对高桥传信息记载：“高桥传，出生于 1903 年 10 月 16 日，1944 年 12 月 2 日编入一八五五部队，军医少佐，此前所属关东军部队（编入时间 1943 年 3 月 1 日），1945 年 8 月 29 日转属第 151 兵站医院，留守担当者为高桥传妻子高桥公子，留守住所仙台市新寺小路，满洲第四四〇邮政所气付满洲第七三一部队宿舍。”此中所记载的“满洲第四四〇邮便所气付”指的是七三一部队的“军事邮政”地址，而“满洲第七三一部队”宿舍即位于今哈尔滨市平房区的“东乡宿舍住宅区”，现今仍存有 34 栋住宅楼旧址。

《留守名簿》对篠田统有如下记载：“出生于 1899 年 9 月 21 日，1940 年 7 月 20 日编入一八五五部队，陆军技师，此前所属关东军部队（编入时间 1938 年 3 月 10 日），1945 年 8 月 29 日，免职。”篠田统，毕业于京都帝国大学，理学博士，是七三一部队早期核心成员，担任七三一

① 《北支那防疫給水部・甲第 1855 部隊留守名簿》第 72 页。
② 《北支那防疫給水部・甲第 1855 部隊留守名簿》第 72 页。

部队昆虫研究班班长。日本防卫省防卫研究所存有一份名为《野外昆虫检索表》[①]的史料，就由哈尔滨加茂部队的陆军技师篠田统、尾崎繁夫、植木一郎和冈田和夫共同制作，完成日期是1940年7月。[②]日本防卫省防卫研究所还藏有以篠田统技师为主撰写的《哈尔滨石井部队赴外地调查报告》[③]，共157页，主要记述的是对黑河、瑷珲、孙吴、密山、虎林等地昆虫、传染病、水源等方面进行的调查，当时篠田统的身份是石井部队陆军技师。篠田统曾参与1939年诺门罕细菌战，1941年12月8日篠田统等人强占北京静生生物调查所，成立了一八五五部队第三课。日本投降后，篠田统逃回日本，后在大阪教育大学任教，1965年退休，死于1978年8月10日。

《留守名簿》对陆军技师冈田和夫有如下记载："出生于1917年2月12日，1940年7月16日编入一八五五部队，陆军技师，此前所属关东军部队及编入时间1939年5月8日，1945年8月29日辞职。"如前所述，冈田和夫在七三一部队时，曾与篠田统等人编写《野外昆虫检索表》。《留守名簿》关于助理技师八谷五郎有如下记载："出生于1909年1月21日，1942年2月15日编入一八五五部队，助理技师，此前所属关东军防疫部及编入时间1939年4月8日，1945年8月29日转属第155兵站医院"，关东军防疫部即为七三一部队前身。

（二）来自菊池部队

据《留守名簿》记载，一八五五部队成员此前所属菊池部队的有71人，除佐佐木长助1人之外，其余70人全部在1940年3月23日被编入一八五五部队。在这71人中，有少佐2人、大尉9人、中尉3人、少尉2人、准尉15人，其他有卫生兵、雇员等40人。菊池部队是"北支那"防疫给水部的核心组成部分，曾以"北支那"防疫部为部队代号，隶属于"北支那"方面军，部队长菊池齐毕业于东京帝国大学医学部，于1942年8月至1945年8月任七三一部队细菌实验部部长，军医少将。来自菊池部队的71人中担任支部长、所长的有3人，即：塘沽出张所所长军医大尉黑川正治、青岛出张所所长军医大尉铃木武夫和张家口支部支部长军医大尉川锅里吉。菊池部队尉官以上者在本部工作的有6人，即总务部企划课课长军医少佐后藤正彦、第一课课长军医少佐小森源一、第一课结核研究室军医中尉中沟保三、第二课第二疫苗室兼事务室室长军医大尉岩濑滋、第二课第一血清室兼培养基室室长军医大尉大桥义臣、诊疗课诊疗室室长军医大尉关根健儿。

---

① 簿册標題：《野外昆蟲検索表》，請求番号：中央－軍事行政その他－159，資料作成年月日：1940年7月，防衛省防衛研究所。

② 如前述，篠田统是1940年7月20日调入一八五五部队，而据《留守名簿》，作者之一的冈田和夫是1940年7月16日，调入一八五五部队，故《野外昆虫检索表》可能完成于1940年7月16日前。

③ 簿册標題：《哈尔賓在石井部隊における出張並調査報告書》，請求番号：満洲－全般－88，防衛省防衛研究所。

（三）来自军医学校、陆军医院和野战医院

《留守名簿》所载来自陆军军医学校的有6人，其中田山吉政、平野晟、上田正臣均为军医少佐。此前所属野战医院的有9人，除柳田纯孝中尉1人来自第26师团野战医院外，其余8人全部来自第32师团野战医院。此前所属陆军医院的共有73人，其中来自日军占领区域陆军医院者共有24人，如北京陆军医院11人，天津陆军医院6人，保定陆军医院人1人，济南陆军医院1人，张家口陆军医院2人，齐齐哈尔陆军医院1人，太原陆军医院1人，潞安陆军医院1人；来自日本国内的共有49人，如国府台陆军医院28人，金泽陆军医院4人，仙台陆军医院2人，村松陆军医院1人，横须贺陆军医院1人，习志野陆军医院1人等。

（四）来自其他部队

据《留守名簿》记载，一八五五部队成员此前所属池井部队的有12人，全部于1940年3月23日被编入一八五五部队，其中技师嘉阳宗永为北京本部第二课痘病室室长，军医大尉门多魁在北京本部第一课负责细菌研究。此前所属吉村部队的有11人，除小林正三1人之外，其余10人全部在1940年3月23日被编入一八五五部队。此前所属西村（正）部队的有14人，全部于1940年3月23日被编入一八五五部队，其中军医大尉立石五郎为天津出张所所长，军医大尉并河靖供职于太原支部。

综上所述，一八五五部队人员来源主要以中国华北地区日军驻地为主，以下六个部队所占人员的比例最高，即来自菊池部队的有71人，来自步兵第149联队102人，来自步兵第157联队134人，来自独立步兵第81大队179人，来自野战重炮兵第8联队49人，来自气球联队193人。总体来看，来自菊池部队、关东军部队、陆军军医学校成员军阶职级较高，而来自步兵联队、独立步兵大队、气球联队等当地日军驻军人员数量较多，但军衔职级较低，多为下士官、兵和雇员。

四、结 语

《留守名簿》的发现、整理和研究，对于全方位认知一八五五部队及其各支部机构建制、人员身份和职级构成等基本史实问题无疑具有重要价值。据此并参酌保存于日本防卫省的相关档案文献，可以基本厘清一八五五部队的机构、建制和沿革状况，全面认知该部队的整体规模、隶属关系、活动范围、分支机构等详细情况。《留守名簿》是研究一八五五部队的基础史料，而《“北支那”防疫给水部临时整编暨防疫给水机关部分复原要领》的发现，更使学术界首次认定一八五五部队是在原有的菊池部队、西村部队、园田部队、池井部队、吉村部队等基

础上组建的，对一八五五部队早期的活动和基本形态有了进一步认知。《留守名簿》的发现对一八五五部队相关问题的系统研究、全面梳理以及深化日本细菌战问题的学术考证具有十分重要的意义。

此外，据日本解密档案中记载“北支那防疫给水部”通称号为“甲第一八五五部队”，北京本部通称号为“甲第一八六〇部队”，郑州支部通称号为“甲第一八五〇部队”，太原支部通称号为“甲第一八五六部队”，济南支部通称号为“甲第一八五七部队”，石门支部通称号为“甲第一八五八部队”，张家口支部通称号为“甲第一八五九部队”。[①]这是此前学界研究中所未曾涉及的新内容和新发现，对于深入研究一八五五部队的部队沿革、机构设置、战时行为和战争责任均有重要的史证价值。

《留守名簿》涵盖了1945年时一八五五部队本部和支部的所有人员名单，以佐官和尉官构成该部队的核心领导层，其中部队长为大佐1人，总务部长为中佐1人，除第三课课长由篠田统技师担任，其余本部各课课长及直属队长均由少佐担任，支部部长由少佐和大尉担任，出张所所长主要由大尉担任，个别由少佐担任。一八五五部队人员管理层及尉官以上军衔者多来自七三一部队、陆军军医学校、陆军医院和野战医院，而下士官、兵、雇员等以步兵联队、气球联队和其他陆军野战部队所占比例较大。

从一八五五部队人员来源和身份构成上来看，一八五五部队与七三一部队关系密切；从其组建的时间、机构的设置、活动的方式上来看都与七三一部队有着极为相似之处。同时一八五五部队部队长西村英二，一八五五部队前身菊池部队部队长菊池齐、池井部队部队长池井贞夫等均与七三一部队有着极为密切的渊源。此外，一八五五部队高桥传军医少佐曾在七三一部队担任重要职务，其在《陆军军医学校防疫研究报告Ⅱ部》中曾以陆军军医学校防疫研究室名义发表了《沙门氏菌属检验血清研究》[②]《四种混合防疫接种液的改善研究》[③]《伤寒菌相关研究》[④]《俄国流行性传染病史》[⑤]等多篇研究报告，大多是针对苏联细菌战和细菌武器等方面的研究成果。高桥传是日本细菌战研究领域中非常重要的人员，但在此前的资料记载和

---

① 簿册標題：《部隊通称番号一覧表（1001 ~ 38500）昭和21年11月11日 第一復員局調製（1）》，請求番号：中央－軍事行政編制－162，資料作成年月日：1946年11月11日，防衛省防衛研究所。

② 《汎サルモネラ菌属檢出血清ノ研究》，《十五年戦争極秘資料集 補巻23：陸軍軍医学校防疫研究報告[復刻版]》，不二出版，2004年5月—2005年12月，第6册第541号。

③ 《四種混合予防接種液ノ改善ニ関スル研究》，《十五年戦争極秘資料集 補巻23：陸軍軍医学校防疫研究報告[復刻版]》，不二出版，2004年5月—2005年12月，第4册第345号。

④ 《チフス菌ニ関スル研究》，《十五年戦争極秘資料集 補巻23：陸軍軍医学校防疫研究報告[復刻版]》，不二出版，2004年5月—2005年12月，第6册第541号。

⑤ 《ロシアニ於ケル流疫史》，《十五年戦争極秘資料集 補巻23：陸軍軍医学校防疫研究報告[復刻版]》，不二出版，2004年5月—2005年12月，第2册第162号。

学术研究中却从未提及。由是观之，因为日本细菌战历史档案资料的缺失、细菌战行为的隐蔽性和绝密性，致使围绕细菌战问题的研究仍有很多疏漏、难点和疑点，这是研究者必须重视的问题，细菌战专题研究的深化和细化也成为当前和今后的一个重要课题。

从宏观上讲，一八五五部队的活动范围以华北地区为主，以北京、石家庄、大同、郑州、太原、天津等地为主要活动区域，其不仅进行了一定规模的细菌战准备、实验和实施，还进行了大规模的人体实验。此外，以"防疫给水"名义出现的一八五五部队，其"防疫活动""给水成绩"也是其部队的主要职能之一。从微观上看，一八五五部队人员共有1242人，人员总体数量不大，较之于其他相同级别陆军部队的编制和规模要小，但其活动的范围却极广。因此，笔者认为一八五五部队是作为具有特殊军事目的的部队而存在的，且具有较强的机动性和实用性，而不是作为主要作战部队而存在。

此前学界一直未能厘清一八五五部队的整体规模、隶属关系、活动范围和各支部设置构成情况。随着《留守名簿》的发现，与此前的文献档案彼此认证、互为佐证，才使全面认知一八五五部队及其支部的研究成为可能，且有助于揭示一八五五部队的战时活动，并对考证其部队成员的战后活动也具有重要参考价值。综上所述，基本可以得出这样的结论，日本细菌战体系是以中国东北部的七三一部队为核心，以中国华北地区的一八五五部队、华中地区的一六四四部队、华南地区的八六〇四部队和东南亚的九四二〇部队为重要组成部分，构成了一个体系庞大、组织完备、机构健全、管理严密的细菌战策划、准备和实施的网络。

2020年9月3日

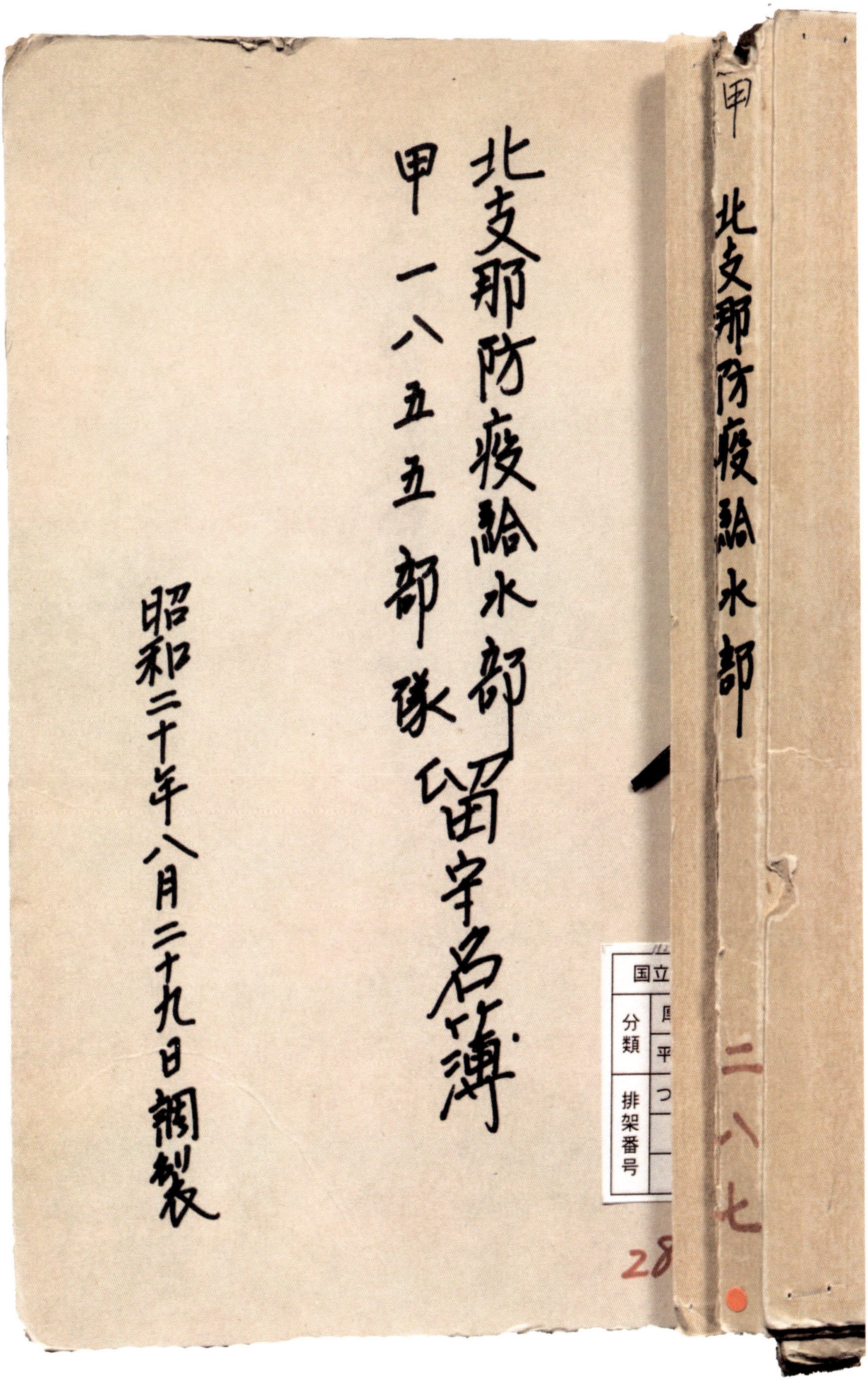
北支那防疫給水部
甲一八五五部隊留守名簿
昭和二十年八月二十九日調製

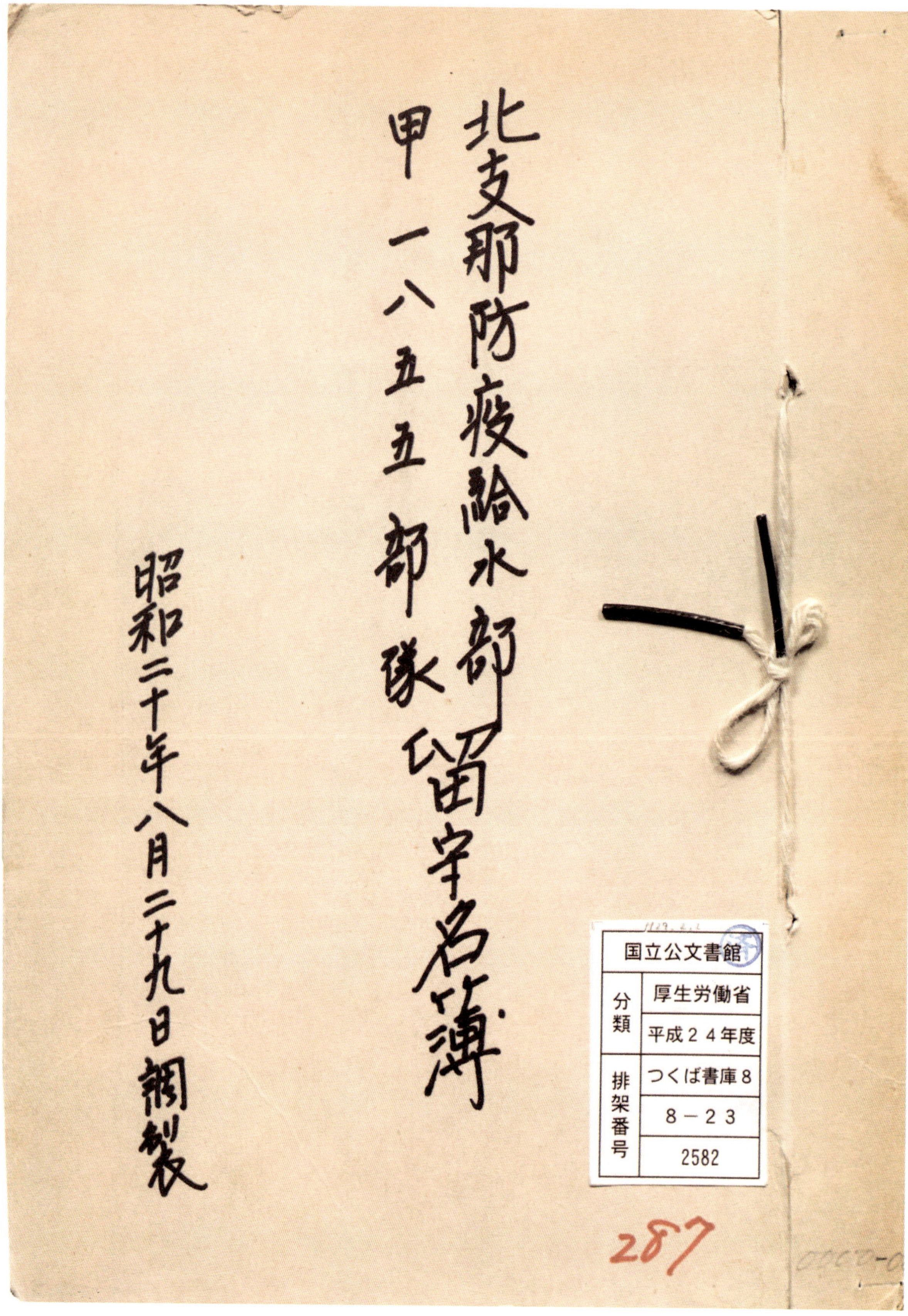

北支那防疫給水部

甲一八五五部隊留守名簿

昭和二十年八月二十九日調製

287

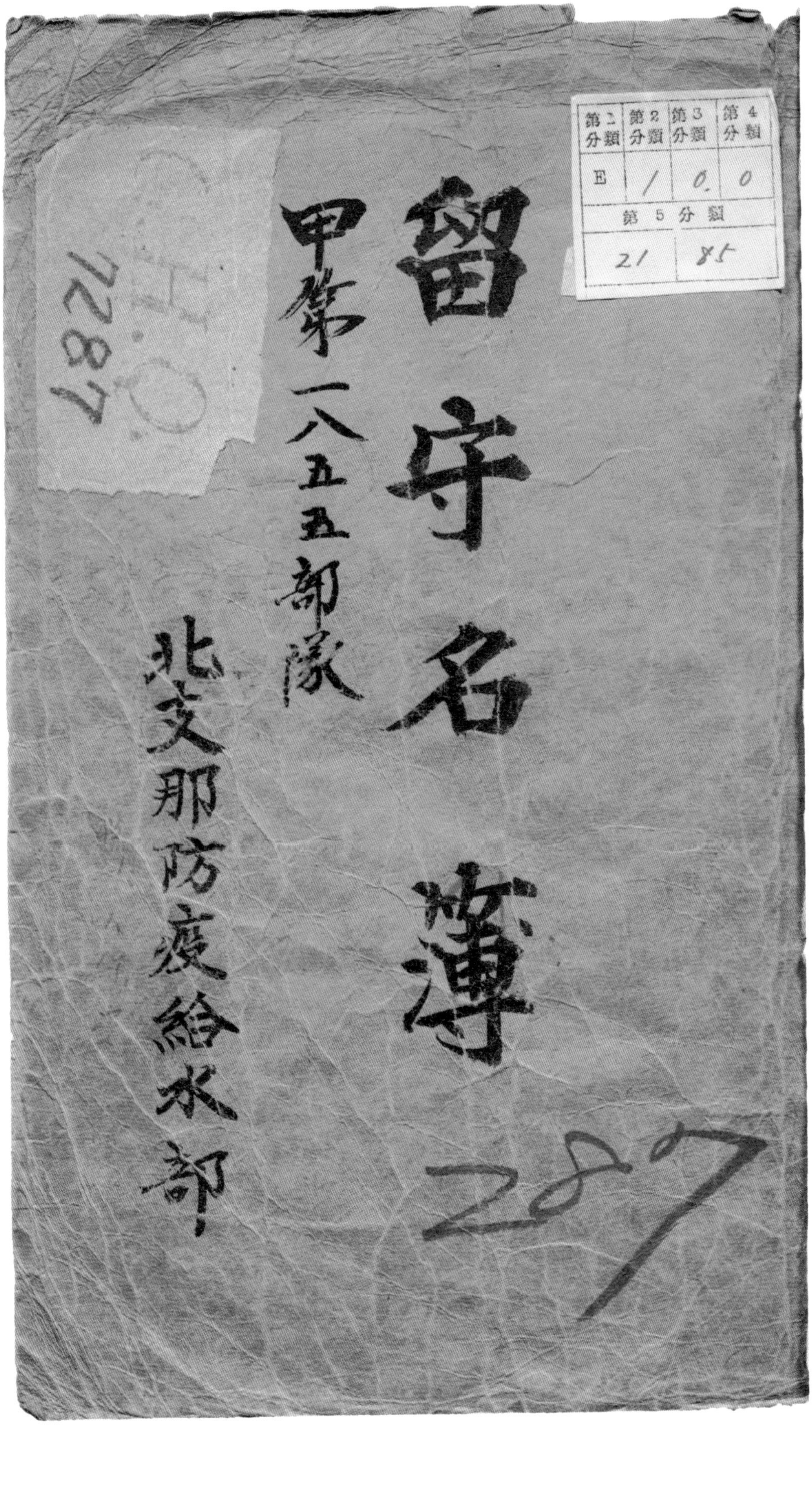

第1分類	第2分類	第3分類	第4分類
E	1	0.	0

第5分類	
21	85

留守名簿

甲第一八五五部隊

北支那防疫給水部

287

第十二軍司令官の定むる兵站病院に転属と
有るものは一応第百六十九兵站病院留守名簿
を調査されたい。

留名
番号 492

0000-02

留守名簿

一昭和廿年八月廿九日調

上部注記	編入年月日	前所屬及其編入年月日	本籍（在留地）	留守擔當者住所	續柄	留守擔當者氏名	徵集年／任官年	役種兵種官等級俸給額發令年月日	氏名	生年月日	留守宅渡ノ有無
20.8.29第一五二兵站病院転属	17.4.13	歩兵第四二聯隊補充隊 一七、一、二六	岡山縣吉備郡高松町大字平山二二六番地	同上	妻	荒木久子	昭17	陸医中尉 一、18、4、30	荒木乾	大四、八、一三	有
20.8.29第十二軍ノ定位兵站病院ニ転属	15.12.27	東京第三陸軍病院 一二、二、一〇	埼玉縣北葛飾郡東橋町大字高柳一三六番地	同上	父	新井久藏	昭12／昭14	現衛曹長 准尉 四、20、8、20 [illegible]12、31	新井秀吉	大六、一、一八	有
20.8.29第一五一兵站病院転属	16.1.6	歩兵第一〇九聯隊 一五、一二、九	神奈川縣高座郡茅ヶ崎町赤羽根一一三番地	同上	父	安齋喜壽	昭15／昭17	現衛軍曹 曹長 四、20、8、20 [illegible]12、31	安齋勇	大九、九、二	無
20.8.29第一五一兵站病院転属	16.1.6	歩兵第一四九聯隊 一五、一二、九	東京都中野区宮里町四一番地	同上	父	秋葉光吉	昭15／昭18	陸衛軍 二、19、12、31	秋葉光雄	大九、五、一二	無
20.8.29第一五四兵站病院転属	17.2.27	國府台陸軍病院 一七、一、一九	東京都世田ヶ谷区太子堂町三八九番地	同上	父	阿藤榮太郎	昭12／昭19	陸衛伍 軍 三、20、8、1 [illegible]	阿藤傳吉	大六、八、二九	無 20.8.1進級
20.6.4 東海軍管区臨時編成部転属 ア	15.9.6	野戰重砲兵第一八聯隊 一五、八、一	神奈川縣横濱市中区蓬萊町三丁目六八番地	同上	母	浅井りう	昭14／昭19	陸衛伍 19、8、1	浅井安男	大八、一一、二三	無

20.9.29 第一九八兵站病院転属	17.2.27	國府台陸軍病院	一七、一、一八	群馬縣高崎市連雀町五八番地	群馬縣群馬郡東村大字古市六四番地	妻	淺井ヲトシ	昭12 昭19	豫衛伍 軍 三 20.8.1 19.3.1	淺井愿一 大六、八、一六	無	20.6.1 現役 20.8.1 進級
20.6.4 第東海軍[illegible]	15.9.6	歩兵第一四九聯隊	一五、八、一	山梨縣東山梨郡松里村三日市場三六八三番地	同上	父	青木乙作	昭9 昭18	豫衛伍 軍 三 20.3.1	青木作助 大三、二、三	無	20.4.4 進級
20.8.29 第一五三兵站病院転属	15.9.6	歩兵第五七聯隊	一五、八、一	千葉縣夷隅郡浪花村小澤二七〇番地	同上	父	安藤久七	昭11 昭19	豫衛伍 19.3.1	安藤淺次 大五、二、二五	無	
20.8.27 第一六五兵站病院転属	18.10.1	野戰重砲第八聯隊	一八、九、五	新潟縣長岡市四郎丸本町三丁目一八〇番地	同上	弟	荒木傳一郎	昭16	豫衛伍 20.8.20	荒木喜久八 大一〇、八、二三	無	
20.8.29 第一五一兵站病院転属	17.2.27	國府台陸軍病院	一六、一〇、二〇	東京都世田ヶ谷區玉川瀬田町六九五番地	同上	父	淺川銀造	昭12	一補衛長 19.12.1	淺川喜榮 大六、二、一三	無	
20.8.6 陸軍運輸部 [illegible]	17.2.27	國府台陸軍病院	一六、一〇、二〇	東京都神田區神保町一丁目二四番地	東京都淺草區田町一丁目七八番地	兄	鮎川阿久利	昭12	一補衛長 20.8.20	鮎川德選 大六、五、一四	無	
20.8.27 第一六五兵站病院転属	16.1.6	歩兵第一四九聯隊	一五、一二、九	千葉縣市原郡富山村古敷谷三七三番地	同上	叔父	鎌滝勇治	昭15	豫衛伍 20.8.20	天和太郎 大九、九、六	無	
20.8.29 第一五一兵站病院転属	18.10.1	氣球聯隊	一八、九、二〇	宮城縣玉造郡一栗村池月字上宮根岸前一一五番地	同上	父	阿部好	昭10	二國衛上 20.6.20	阿部磨 大四、一〇、七	無	

2

留守名簿

ア

	1	2	3	4	5	6
（欄外）	20、8、29 第一五二兵站病院転属	20、8、29 第一六[illegible]兵站病院転属	20、8、29 第一五四兵站病院転属	20、8、29 第一五三兵站病院転属	20、8、29 第一五三兵站病院転属	20、8、29 第一五三兵站病院転属
編入年月日	16、1、6	20、1、31	20、1、31	18、10、1	18、10、1	15、4、6
前所属及其編入年月日	歩兵第一〇九聯隊 一五、一二、九	独歩第八一大隊 一九、一二、一八	独歩第八一大隊 一九、一二、一八	野戦重砲第八聯隊 一八、九、五	気球聯隊 一八、九、二〇	野戦重砲第一八聯隊 一五、八、一
本籍（在留地）	東京都淀橋區戸塚町一丁目五一七番地	千葉縣市原郡平三村平蔵一八八九八番地	山梨縣甲府市櫻町二七番地	新潟縣柏崎市本町一丁目九九七番地	宮城縣桃生郡矢本町小松字下砂利田一五二番地ノ一	山梨縣北都留郡上野原田五八二番地
留守擔當者 住所	同上	同上	同上	同上	同上	同上
留守擔當者 續柄	兄	父	父	母	姉	父
留守擔當者 氏名	荒井長次郎	愛信義	雨宮猛	相田タミ	高田ときよ	安藤清平
徵集任官年	昭15	昭19	昭19	昭16	昭12	昭14
役種兵種官等級俸給發令年月日	一補 衛長 20、8、20	現 衛 廿一 20、5、18	現 衛 廿一 20、5、18	豫 一補 衛伍 20、8、20	二國 衛長 20、8、20	豫 一補 衛伍 20、8、20
氏名 生年月日	荒井眞貞 大九、七、三〇	愛正榮 大一三、一二、七	雨宮一郎 大一四、一、一五	相田司郎 大一〇、一〇、九	安積東助 大六、五、一	安藤旭 大八、九、二一
留守宅渡ノ有無	無	無	無	無	無	無
補修年月日		20、6、1進級	20、6、1進級			20、4、4進級

3

20、8、29、第一五六兵站病院轉屬	17、6、24	歩兵第一五七聯隊 一七、五、二五、	千葉縣印旛郡公津村臺方五三五番地	同上	父	青柳太平	昭16	一補衛長 20、2、1、	青柳一郎	大一〇、二、一五	無	
20、8、29 第一六六兵站病院轉屬	16、1、6	歩兵第一四九聯隊 一五、一二、九、	東京都城東區北砂町五丁目二九五番地	埼玉縣児玉郡北泉町字四方田	父	新井定吉	昭15	一補衛長上 20、3、1	新井岩藏	大、九、二、一九	無	20.4.4 進級 20.3.1 現位
同右	16、1、6	歩兵第一四九聯隊 一五、一二、九	埼玉縣秩父郡上吉田村大字太田部五六七番地	同上	父	新井榮	昭15	一補衛上長 20、8、20	新井博幸	大、九、一二、三〇	無	
20、8、29 第一五五兵站病院轉屬	17、2、27	國府台陸軍病院 一六、一〇、二〇	東京都麻布區新廣尾町三丁目八三番地	東京都世田ヶ谷區太子堂町二六二番地	父	青木角太郎	昭13	二補衛上長 20、8、20	青木耕	大六、一二、一	無	
20、8、29、第一九四兵站病院轉屬	16、1、6	歩兵第一四九聯隊 一五、一二、九	千葉縣安房郡神戸村佐野八五六番地	同上	父	安藤治	昭15	一補衛上長 20、8、20	安藤十三代	大九、七、四、	無	
20、5、30、鐵道第一八聯隊轉屬	17、2、27	國府台陸軍病院 二六、一〇、二〇	東京都世田ヶ谷區大藏町八九五番地	同上	父	安藤梅太郎	昭12	一補衛上 18、10、20、	安藤孝二	大六、一〇、一四	無	
20、8、29第十三軍定台兵站病院ニ轉屬	18、10、1	氣球聯隊 一八、九、二〇	長野縣更級郡西寺尾村大字西寺尾二七三四番地	同上	兄	相澤迅	昭15	二補衛上 20、8、20	相澤健	大九、七、四	無	
20、5、30、鐵道第一八聯隊轉屬	18、10、1	氣球聯隊 一八、九、二〇	宮城縣牡鹿郡大原村大字泊濱二五番地ノ二	宮城縣志田郡三本木町南町一六番地 渡辺源三郎方	妻	阿部さくみ	昭10	二國衛一 19、3、20、	阿部善治	大四、一二、一、	無	

留守名簿

編入年月日	前所屬及其編入年月日	本籍（在留地）	留守擔當者 住所	續柄	留守擔當者 氏名	徴集任官年	役種兵種官等級俸給月額發令年月日	氏名 生年月日	留守宅渡ノ有無	留守補修年月日	備考
16.1.6	歩兵第一四九聯隊 一五、一二、九、	埼玉縣南埼玉郡潮止村大字二一七〇四番地	同上	父	秋元次郎吉	昭15	一補 衛生兵長 20.3.1	秋元清松 大九、九、一〇	無	20.4.4進級	20.8.29 第十三軍上海兵站病院歸屬
18.10.1	野戰重砲第一八聯隊 一八、九、五、	神奈川縣横濱市中區元濱町四丁目三五番地	神奈川縣横濱市中區海岸通四丁目二〇番地	母	青柳くま	昭15	一補 衛生兵長 20.8.20	青柳正春 大九、一〇、一〇、	無		同右
18.10.1	氣球聯隊 一八、九、二〇	宮城縣刈田郡円田村平澤内屋敷三九番地	同上	父	浅沼浅次郎	昭8	二國 衛生上等兵 20.8.20	浅沼藤一 大二、四、二	無		同右
15.9.6	横須賀重砲聯隊 一五、八、一	東京都本郷區駒込千駄木町五八番地	東京都荒川區日暮里町三丁目一四三七番地	母	浅岡シエ	昭14	豫 衛生伍長 20.8.20	浅岡作次 大七、一一、三〇	無		20.8.29 第一五一兵站病院轉屬
17.6.24	歩兵第一五七聯隊 一七、五、二五	埼玉縣入間郡入西村大字塚込五三番地	同上	父	芦澤七四松	昭16	豫 衛生伍長 20.4.14	芦澤豊 大一〇、八、一五	無	20.2.1任官	20.8.14 戰死
17.6.24	歩兵第一五七聯隊 一七、五、二五	千葉縣香取郡佐原町仲川岸六四六番地	茨城縣行方郡潮来町五三四番地	父	青柳重恭	昭16	一補 衛生兵長 20.8.20	青柳茶造 大一〇、九、八、	無		20.8.29 第一五一兵站病院轉屬 ア

20、8、29 鉄道第一八聯隊転属	18、3、1	独歩第二一九聯隊	一七、一、一〇	東京都杉並区高円寺七丁目九六四番地	同	上	父	綾部留次郎	昭16	19、2、1 現衛上	綾部進	大一〇、七、二七	無
20、8、29 第三五兵站病院転属	18、2、28	工兵第三三聯隊	一七、二、一	千葉県夷隅郡大原町七六五〇番地	同	上	父	秋葉常五郎	昭16	19、8、1 20、3、1 現衛長 伍	秋葉久雄	大一〇、六、八	無 20、4、1 進級
20、8、29 六兵站病院転傷	18、10、1	気球聯隊	一八、九、二〇	東京都京橋区湊町三丁目一〇番地ノ三	同	上	母	新井あさ	昭11	20、8、20 二補衛上	新井正一	大五、一、一	無
20、8、29 第一九四兵站病院転属	19、3、1	独歩第五大隊	一八、一三、三一	山梨県東山梨郡塩山町上於曽一七六三番地	同	上	父	雨宮寅吉	昭18	20、8、20 現衛井上	雨宮緒一郎	大一二、一〇、一〇	無

6

留守名簿

編入年月日	編入前所属及其編入年月日	本籍（在留地）	留守担当者 住所	続柄	氏名	徴集年 任官年	役種兵種官等並ニ等級俸月給額発令年月日	氏名 生年月日	留守宅渡ノ有無	留守補修年月日	（上欄記入）
15.3.23	[redacted] 菊池部隊 一五、三、二	東京都王子区中十條三丁目一七番地ノ五	東京都王子区上十條五丁目三二番地	母 父	岩瀬慶子 岩瀬儀十	昭14 昭14	豫医大尉 二、19、9、30	岩瀬滋 大三、五、一八、	有	20.6.1担当者	第一五一兵站病院 20.8.29
14.6.1	[redacted] 関東軍 [redacted] 部隊 一四、六、三〇	秋田縣河辺郡岩見三内村岩見字杉澤台二五番地	秋田縣秋田市川尻町總社前二〇六番地	妻	石塚トミエ	大14	豫衛大尉 三、19、9、15	石塚儀一 明三六、七、二〇	有		第一五一兵站病院 20.8.29
15.3.4	[redacted] 西村(正)部隊 一三、九、二四	三重縣渡會郡下外城田村大字岩出一〇一三番地	同上	妻	池山えい	昭17	豫衛中尉 二、19、5、15	池山官三郎			現地召集解除 20.1.10
14.8.10	気球聯隊 一八、八、五	長野縣東筑摩郡日向村七七八番地	長野縣東筑摩郡日向村上井堀	父	飯森喜方	昭16	豫衛見士 医少尉 20.3.22 依8.5	飯森勤 大六、三、三一、	無	20.4.4進級	第一五一兵站病院 20.8.29
15.3.23	[redacted] 西村(正)部隊 一三、九、二四	愛知縣渥海郡安城町大字今字奥海道一三〇番地	同上	父	伊吹周治	昭8 昭10	現衛准 三、18、12、31	伊吹正 大二、一、二五、	有		第一五一兵站病院 20.8.29
15.8.4	[redacted] 池井部隊 一三、九、二四	宮崎縣延岡市大字出北一〇九五番地	同上	父	伊東常太郎	昭11 昭13	現衛准 四、19、3、1	伊東邦男 大、五、七、五、	有		第一五二兵站病院 20.8.29 イ

20.8.29 第一九四兵站病院転属	19.3.23	[redacted]吉村部隊 一三、一〇、一	長崎県西彼杵郡矢上村平間名三一五〇番地	同上	父	池田敬市	昭10 昭13	現 衛曹 准 四、20、3、1 下19、9、31	池田武重 大四、二、八	有	20.4.4 進級
20.8.29 第一五二兵站病院転属	18.8.17	國府台陸軍病院 一七、七、一	神奈川県三浦郡浦賀町芝生二番地	山梨県甲府市塩部町一六番地	妻	石渡千代子	昭10 昭13	現 衛曹 准 四、20、3、1 下19、8、31	石渡秀男 大四、五、一八	有	20.4.4 進級
20.8.29 第一五一兵站病院転属	16.12.1	北京陸軍病院 一五、二、二九	岡山県川上郡日里村大字黒忠二、九七三番地	岡山県岡山市大供本町二丁目五七番地	母	井上於藍	昭14 昭16	現 衛曹 三、20、6、3 17、12、31	井上二郎 大九、二、二四	無	20.6.30 昇給
20.8.29 第一五一兵站病院転属	16.1.10	歩兵第一四九聯隊 一五、一二、九	東京都荒川区尾久町三丁目一、三五八番地	新潟県東頸城郡菱里村字蓑萩平	父	池田豊吉	昭15 昭18	予 衛軍 二、19、12、31	池田弘 大八、一二、二八	無	20.6.1 現任
20.8.29 第一五一兵站病院転属	18.4.8	野戦重砲第八聯隊 一八、三、二〇	茨城県新治郡石岡町大字石岡五、三九八番地	同上	父	磯部太郎平	昭9 昭14	予 衛軍 二、20、3、31	磯部佳幸 大三、四、二七	有	20.4.4 進級
20.6.4 朝鮮軍管区司令部転属	16.12.1	第三七師団歩兵第二二六聯隊 一四、三、一九	鹿児島県鹿児島市平之町三七番地	鹿児島県姶良郡加治木町反土二四八番地	母	岩下ハル	昭13 昭16	現 主 軍曹 三、20、6、30	岩下吉雄 大七、一一、二一	有	20.4.4 進級 20.6.30 〃
20.8.29 第十二軍兵站病院転属	17.6.24	歩兵第一五七聯隊 一七、五、二三	神奈川県横浜市神奈川区反町二七番地	同上	妻	石井千榮	昭3 昭14	予 衛 軍曹 四、20、8、30	石井彌市 明四〇、三、八	有	20.7.1 官等
20.5.30 鉄道第一八聯隊転属	19.3.1	天津陸軍病院 一七、五、四	愛媛県温泉郡正岡村大字八反地甲一八五番地	同上	父	井上忠宣	昭16 昭19	予 衛 伍 19、3、1	井上忠衛 大一〇、一一、一七	無	

8

留守名簿

上部記入	編入年月日	前所属及其編入年月日	本籍（在留地）	留守擔當者 住所	續柄	留守擔當者 氏名	徴集年	任官年	役種兵種官等級並ニ等給俸月額發令年月日	氏名	生年月日	留守宅渡ノ有無	補修年月日
20、6、4 東北軍管區転属	19、9、5	横須賀重砲兵聯隊 一五、八、一	東京都王子區王子町三丁目二三番地	同上	父	岩城定藏	昭14	昭18	豫衛伍 軍 20、3、1	岩城達也	大八、五、三一	無	20.4.4 進級
20、8、29 第十三軍司令官ノ定ムル兵站病院転属	17、9、6	國府台陸軍病院 一七、一、一八	千葉縣印旛郡酒井町上岩橋二六五番地	同上	父	今井仲吉	昭15	昭19	豫衛伍 軍 三、20、1、1	今井善一	大九、九、二八	無	20.8.1 進級
20、8、10 北支那野戦貨物廠転属	19、3、1	独立工兵第三八聯隊 一八、六、二七	石川縣鹿島郡餘喜村字四柳ヨノ部三八	同上	母	今井佐和	昭16	昭19	現衛伍 軍 三、20、8、1	今井通夫	大一〇、一一、二三	無	20.8.1 進級
20、8、29 第十三軍司令官ノ定ムル兵站病院転属	16、1、6	歩兵第一四九聯隊 一五、一二、九	千葉縣東葛飾郡浦安町猫實二六番地	神奈川縣横濱市鶴見區濱町三七番地	父	泉澤三吉	昭15	昭19	豫衛伍 軍曹 三、20、8、20	泉澤勇	大九、一、一二	無	
20、8、29 第一八八兵站病院転属	16、1、5	歩兵第一四九聯隊 一五、一二、九	東京都王子區岸町二丁目八番地	同上	母	石井きく	昭15	昭19	豫衛伍 軍曹 三、20、8、20	石井鐵次	大九、五、二二	無	
イ 20、8、29 第一八七兵站病院転属	19、5、24	歩兵第一四九聯隊 一七、五、二五	東京都蒲田區東蒲田二丁目一三番地ノ六	同上	父	伊嶌松之助	昭15	昭19	豫衛伍 19、3、1	伊嶌政太郎	大八、一二、二八	無	

9

20、8、29 第一六一兵站病院転属	19、3、1	北支野戦兵器廠 一七、五、七	大分縣速見郡南端村大字天門四六五番地	同 上	妻	伊南榮子	昭11 昭19	豫衛伍軍 三、20、8、1	伊南正毅 大五、七、二六	無	20.8.1 進級
20、6、24 戦病死	17、5、24	歩兵第一三七聯隊 一七、五、二五	日立市助川町殿畑二六三二 東京都豊島區堀ノ内町二五一番地	同 上	父	稲垣與吉	昭16 昭19	豫衛伍軍 20、6、24	稲垣章夫 大一〇、七、九	無	20.7.1 進級
20、3、5 支那派遣野戦病院属	17、8、30	滿 和	埼玉縣南埼玉郡黒濱村大字黒濱一七二四番地ノ一	栃木縣宇都宮市築瀬町三一五	妻	猪俣ミヤ	昭7 昭18	豫技伍 18、12、1	猪俣好造 明四五、三、三	無	
20、5、30 鉄道第一八聯隊	18、3、1	歩兵第三二聯隊 一七、一、二五	神奈川縣横濱市神奈川區神奈川通九丁目三六二番地	神奈川縣横濱市南區共進町二丁目九五番地	母	石塚タミ	昭15 昭19	豫衛伍 19、3、1	石塚利吉 大九、三、二一	無	
20、8、29 第一六二兵站病院転属	18、12、1	氣球聯隊 一八、九、二〇	富山縣上新川郡大久保町下大久保二四三四番地	同 上	妻	井波トキ	昭6	二補衛十上 20、5、1	井波正信 明四四、一〇、一六	無	20.6.1 進級
20、8、29 第一五一兵站病院転属	17、2、27	國府台陸軍病院 一六、一〇、二〇	東京都杉並區上高井戸一丁目一六一番地	同 上	父	井上平太郎	昭12	一補衛卅長 20、8、20	井上利平 大五、一二、一三	無	
20、8、29 第一六五兵站病院転属	16、1、6	歩兵第一四九聯隊 一五、一二、九	千葉縣山武郡公平村姫島九五二番地	同 上	父	岩崎誠一	昭15	豫衛伍 卄補衛長 20、8、20	岩崎幹 大九、四、一二	無	
20、8、29 第一五一兵站病院転属	17、6、24	歩兵第一五七聯隊 一七、五、二五	東京都杉並區上高井戸町一丁目九番地	東京都澁谷區幡ケ谷本町二ノ二二八 （東京都澁谷區幡ケ谷原町八九九番地）	父	猪股三次郎	昭15	一、補衛卅長 20、8、20	猪股喜平郎 大九、一〇、一三	無	20.5.30 20.8.10 ㊞

10

留守名簿

編入年月日	前所属及其編入年月日	本籍（在留地）	留守担当者住所	続柄	氏名	徴集任官年	役種兵種官等級俸給月額発令年月日	氏名生年月日	留守宅渡ノ有無	補修年月日	備考
20.1.31	独歩第八一大隊 一九、一二、一八	埼玉県川口市本町一丁目一四八番地	神奈川県川崎市二子一〇五番地	父	飯田惣五郎	昭19	現 衛一 20.5.18	飯田新之烝 大一三、四、一八	無	20.6.1 進級	20.8.29 第一六一兵站病院転属
20.1.31	独立歩兵第八一大隊 一九、一二、一八	山梨県南巨摩郡増穂村春米一一一七番地	同上	父	井上恒平	昭19	現 衛一 20.5.18	井上武男 大一四、六、一	無	20.6.1 進級	20.8.29 第一六一兵站病院転属
20.1.31	独歩第八一大隊 一九、一二、一八	東京都麻布区霞町六番地	同上	父	池上藤吉	昭19	現 衛一 20.5.18	池上日出男 大一四、一、二八	無	20.6.1 進級	20.8.29 第一五兵站病院転属
20.1.31	独歩第八一大隊 一九、一二、一八	千葉県君津郡竹岡村竹岡三六四番地	同上	母	池田はる	昭19	現 衛一 20.5.18	池田直鏡 大一四、一、二八	無	20.6.1 進級	20.8.29 第一六一兵站病院転属
20.1.31	独歩第八一大隊 一九、一二、一八	東京都江戸川区平井四丁目一八三番地	新潟県南蒲原郡本成寺村	父	飯塚七藏	昭19	現 衛一 20.5.18	飯塚鐵男 大一四、三、一六	無	20.6.1 現任 20.6.1 進級	20.8.29 方面 兵站病院転属
20.1.31	独歩第八一大隊 一九、一二、一八	千葉県山武郡士気町大木戸一〇八三番地	同上	父	伊藤源一	昭14	現 衛一 20.5.18	伊藤明 大一四、一、三	無	20.6.1 進級	20.8.29 第六五兵站病院転属 イ

20.8.29第十二軍司令官ノ定ムル兵站病院ニ転属	20.1.31	独歩第八一大隊	一九、一一、一八	東京都豊島区池袋一丁目七五番地	神奈川縣横濱市神奈川区富家町五七番地	父 飯島政義	昭19	現衛一 20.5.18	飯島義次	大一四、二、一六	無	20.6.1進級
20.8.29第一五一兵站病院転属	20.1.31	独歩第八一大隊	一九、一一、一八	千葉縣山武郡千代田村小原子一二〇番地	埼玉縣大宮市上町三三五番地	父 石井金治	昭19	現衛一 20.5.18	石井甲一	大一四、三、一五	無	20.6.1進級
20.8.29第一五一兵站病院転属	17.6.24	歩兵第一五七聯隊	一七、五、二五	神奈川縣横濱市磯子区洲崎町五三番地	同上	妻 石井ふみ子	昭10	予衛 軍曹 20.8.?	石井伊助	大四、五、二四	無	20.4.4進級
20.8.29第一五一兵站病院転属	20.1.31	独歩第八一大隊	一九、一一、一八	千葉縣長生郡東郷村六ツ野一六三九番地	同上	父 石川孝一	昭19	現衛一 20.5.18	石川和夫	大一四、二、一七	無	20.6.1進級
20.8.29第一五一兵站病院転属	20.1.31	独歩第八一大隊	一九、一一、一八	千葉縣君津郡三島村辻森四八番地	同上	父 伊田重三	昭19	現衛一 20.5.18	伊田實	大一四、一一、三	無	20.6.1進級
20.8.29第十二軍司令官ノ定ムル兵站病院転属	17.6.24	歩兵第一五七聯隊	一七、五、二五	東京都目黒区鷹番町一一二五番地	同上	父 市川保吉	昭15	一補衛長 20.8.?	市川保	大九、一一、一五	無	
同右	18.6.14	氣球聯隊	一八、六、一	神奈川縣川崎市上丸子八七五番地	神奈川縣川崎市小杉町三丁目四一六番地	父 池田久衛門	昭17	一補衛上 20.6.1	池田芳一	大一一、三、二七	無	20.7.1進級
同右	18.10.1	氣球聯隊	一八、九、二〇	山梨縣中巨摩郡清川村安寺八八六番地	同上	父 飯窪義治	昭15	二補衛上 20.8.?	飯窪義徳	大九、三、二三	無	

12

留守名簿

20.8.29 第十五軍司令官ノ定ムル兵站病院転属

編入年月日	前所属及其編入年月日	本籍（在留地）	留守担当者 住所	続柄	氏名	徴集年 任官年	役種兵種官等級俸給額発令年月日	氏名 生年月日	留守宅渡ノ有無	補修年月日
18.3.1	歩兵第二一九聯隊 一七、一、二九	東京都浅草区永住町一九番地	東京都本所区菊川町三丁目一〇番地	母	石川との	昭16	現 衛上 20、2、1	石川参二 大一〇、三、二〇	無	
18.3.1	独歩第四五大隊 一七、四、八	千葉県香取郡中和村清和甲二七番地	同上	父	岩崎清松	昭15	現 衛 伍長 20.8.20	岩崎孝二 大一一、一〇、二	無	
17.6.24	歩兵第一五七聯隊 一七、五、一五	東京都城東区大嶋町七丁目一四一番地	宮城県仙台市北七番町八番地 新間榮七方	妻	伊藤咲子	昭12	豫 衛 兵長 20.6.1	伊藤敦（アツシ） 大五、一二、二九	無	20.7.1進級
17.6.24	歩兵第一五七聯隊 一七、五、二五	神奈川県横濱市中区庚台四九番地	同上	父	伊澤五郎	昭13	豫 衛 兵長 20.7.20	伊澤勇作 大七、一一、三〇	無	
15.9.6	野戦重砲一八聯隊 一五、八、一	山梨県西八代郡市川大門町二七三番地	同上	父	一瀬嘉左衛門	昭13	一補 衛 兵長 20.3.1	一瀬宗一 大七、五、二九	無	20.4.4進級
15.9.6	野戦重砲一七聯隊 一五、八、一	~~山梨県~~ 埼玉県北埼玉郡騎西町道地一三四七番地ノ一	同上	父	石原榮作	昭14	二補 衛 兵長 20.8.20	石原眞次 大八、一、七	無	

同右　同右　同右　同右　同右

イ

13

異動	年月日	部隊・年月日	本籍	留守宅	続柄	留守担当者	昭	兵種・階級	氏名・生年月日	賞罰	備考
20.8.29 第十二方面軍司令官ノ指定兵站病院転属	17.6.24	歩兵第一五七聯隊 一七、五、二五	埼玉縣南埼玉郡柏崎村大字眞福寺 石垣兼次郎方 東京都淺草區田島町六番地	同上	母	石垣よし	昭16	一補衛 20.8.20 兵長	石垣正義 大一〇、二、七、	無	20.5.30 現任
同右	17.6.14	気球聯隊 一八、六、一、	神奈川縣横濱市中區唐澤五三番地	横濱市西区一四三 山室条治方 / 横濱市南區大岡町 番地 飯島方	従姉	山室君江	昭17	二補衛長 豫衛伍 20.6.1	飯島輝雄 大一一、五、六	無	20.7.1 進級 7.15 任
20.5.30 鉄道第一八聯隊転属	17.5.14	気球聯隊 一八、六、一、	東京都向島區吾嬬町西五丁目八番地	同上	父	市村健二	昭16	一補衛 18.12.1	市村建藏 大一〇、二、一二	無	
同右	18.6.1	気球聯隊 一八、九、二〇	福島縣大沼郡西山村大字黒澤字前原三八番地	同上	妻	伊藤トシイ	昭10	二國衛 兵長 20.6.1	伊藤一義 大四、二、二〇	無	20.7.1 進級
20.8.25 第十二方面軍ノ指定兵站病院転属	18.2.28	野戦重砲三聯隊 一七、二、一、	千葉縣山武郡上堺村屋形五二〇番地	同上	父	伊藤治三郎	昭16	現衛 20.8.20 兵長	伊藤弘 大一〇、三、一五	無	
20.8.29 第一五三兵站病院転属	17.6.24	歩兵第一五七聯隊 一七、五、二五	埼玉縣北葛飾郡三輪野江村大字加藤九三九番地	同上	父	飯島初次郎	昭16	一補衛 20.8.20 兵長	飯島千年 大一〇、一一、九	無	
20.8.29 第一五三兵站病院転属	18.10.1	気球聯隊 一八、九、二〇	富山縣婦負郡木津字四方町二〇七九番地	同上	妻 / 母	井本みつい / 井本ぬい	昭6	二補衛 20.8.20 上	井本友吉 明四四、四、二七	無	20.7.1 担当
20.8.29 第一五三兵站病院転属	18.3.1	歩兵第三〇聯隊 一七、二、一、	神奈川縣横須賀市大津字池田二八九二番地	同上	父	石渡梅吉	昭16	現衛 20.8.20 兵長	石渡正雄 大九、一一、二〇	無	

14

留守名簿

イ

異動記事	編入年月日	前所属及其編入年月日	本籍（在留地）	留守担当者 住所	続柄	留守担当者 氏名	徴集年 任官年	役種兵種官等級 等級俸給月額 発令年月日	氏名	生年月日	留守宅渡ノ有無	補修年月日
20、6、4 [illegible] 転属	19、7、6	歩兵第一五七聯隊 一五、八、一	千葉縣香取郡香西村福田一五三番地	同上	母	伊能サク	昭11	衛伍 20、3、1	伊藤（能）武司	大五、三、一五	無	20、4、1 進級
20、8、29 第一八八兵站病院 転属	19、7、1	気球聯隊 一八、九、二〇	東京都日本橋区浪花町三丁目二番地	東京都澁谷区東町一二 武笠正人方 東京都京橋区新川町三丁目三番地	母	石見フサ	昭10	二補衛上 20、5、1	石見章	大四、二、三	無	20、6、1 現在 20、6、1 進級
20、8、29 第一八八兵站病院 転属	19、8、6	歩兵第一四九聯隊 一五、一二、九	東京都下谷区谷中初音町四丁目一三二番地	同上	父	今井常次郎	昭15	一補衛長 20、5、20	今井正泰	大八、一一、一五	無	
20、8、29 第一五四兵站病院 転属	19、10、1	気球聯隊 一八、九、二〇	山梨縣西八代郡市川大門町一三四二番地	大阪市都島区野田町一三番地	父	一ノ瀬良平	昭15	二補衛上 20、6、20	一ノ瀬良三	大八、一二、二四	無	
20、8、29 第一五四兵站病院 転属	19、9、6	野戦重砲第七聯隊 一五、八、一	埼玉縣北足立郡指扇村大字指扇三、六一三番地	同上	父	石川劉之助	昭14	二補衛長 20、6、20	石川兵次	大八、五、一	無	
20、8、29 第九四兵站病院 転属	18、2、28	三二師団第一野戦病院 一七、九、一二	埼玉縣北足立郡北本宿村下石戸上一一〇八七番地	同上	兄	石井幸五郎	昭13	一補衛上 20、6、20	石井己之助	大六、一二、五	無	

15

召集

20.8.29 第一九四兵站病院 転属	17.6.24	歩兵第一五七聯隊	一七、五、三五	東京都深川区住吉町二丁目四番地ノ二	同上	義兄	石川幸市郎	昭16	一 補衛 20.8.20 兵長	飯田正雄	大一〇、二、一七	無
20.8.29 第一九四兵站病院 転属	16.1.6	歩兵第一四九聯隊	一五、一二、九	東京都大森区大森九丁目四一五三番地	同上	父	伊澤甚太郎	昭15	一 補衛 20.8.20 兵長	伊澤常吉	大九、四、三	無
20.8.29 第一九四兵站病院 転属	15.9.6	野戦重砲第一七聯隊	一五、八、一	東京都向島区吾嬬町東三丁目三三番地	同上	父	井口秀作	昭14	二 補衛 20.3.1 兵長	井口廣二	大八、五、七	無
20.8.29 第一九四兵站病院 転属	14.6.14	気球聯隊	一八、六、一	東京都日本橋区蠣殻町二丁目一三番地ノ二	東京都神田区亀住町六	養父	飯塚辨次郎	昭14	一 補衛 20.6.1 兵長	飯塚賢三	大八、五、一六	無
20.8.29 第一六五兵站病院 転属	18.5.19	独歩第七八大隊	一八、二、一	東京都豊島区雑司ヶ谷町五丁目六九七番地	東京都中野区新井町二四五番地	義兄	須崎義幸	昭17	現 衛 20.8.1 上	五十嵐通	大一一、一、四	無
20.8.29 第一六一兵站病院 転属	17.2.27	国府台陸軍病院	一六、一〇、三〇	東京都小石川区小日向町一一番地	同上	父	石合一郎	昭12	二 補衛 20.8.20 兵長	石合賢三	大六、一、一二	無
20.8.29 第一五二兵站病院 転属	18.6.15	気球聯隊	一八、六、一	東京都足立区本木町二丁目一八七四番地	同上	母	岩波エイ	昭16	一 補衛 18.12.1 20.6.1 上	岩波武宣	大一〇、三、二二	無
20.8.29 第一五二兵站病院 転属	16.1.6	歩兵第一四九聯隊	一五、一二、九	東京都品川区西大崎四丁目五六二番地	東京都淀橋区戸塚三丁目一八九番地	母	石田とみ	昭15	一 補衛 20.8.20 兵長	石田良一	大九、八、一	無

20.7.1 進級　22.1.31　20.8.1 進級　20.7.1 進級

16

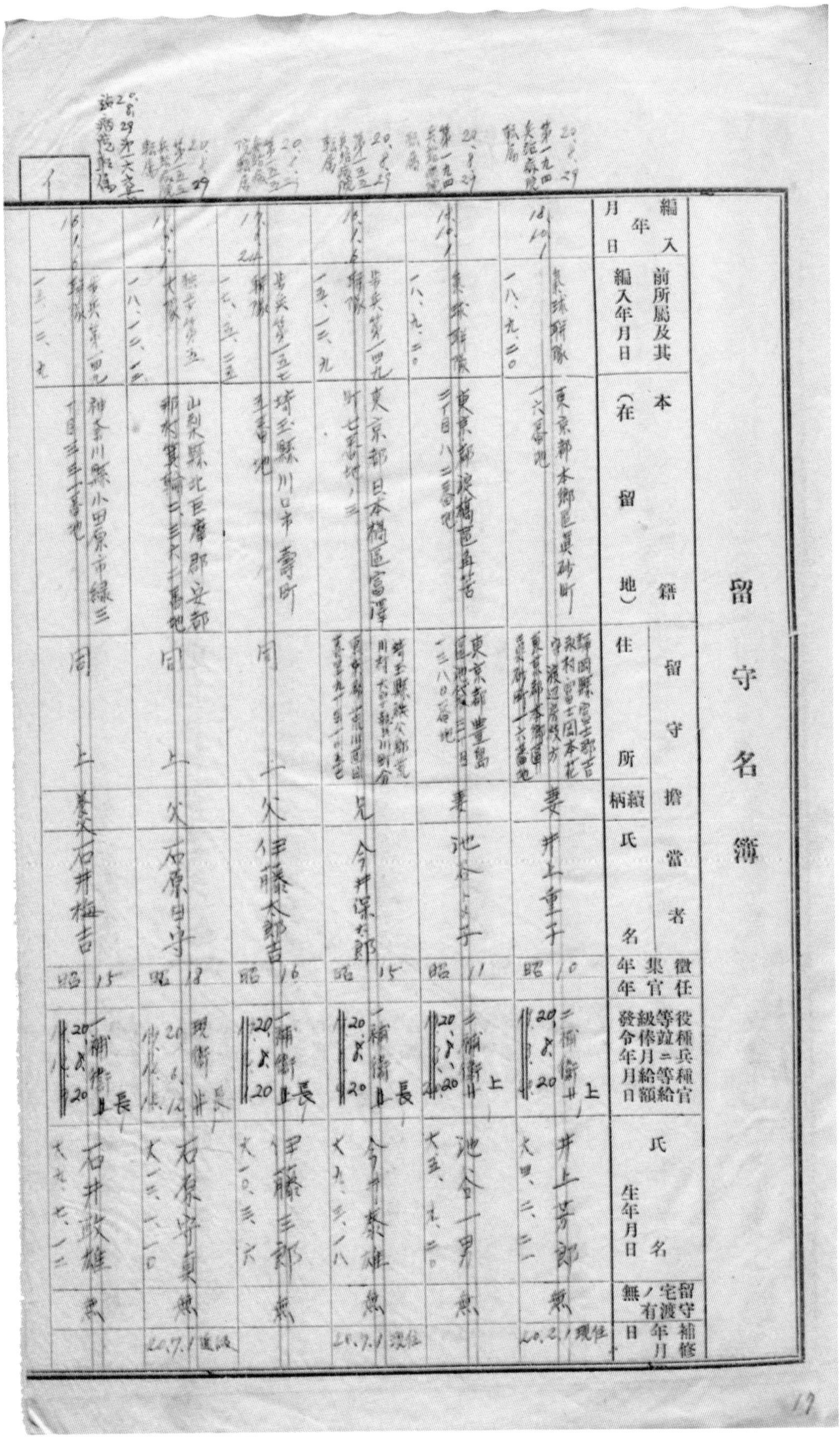

留守名簿

編入年月日	前所属及其編入年月日	本籍（在留地）	留守担当者住所	続柄	氏名	徴集任官年	役種兵種官等級俸給月額発令年月日	氏名 生年月日	留守宅渡ノ有無	補修年月日
18.10.1	集成飛行隊 一八、九、二〇	東京都本郷区真砂町一六番地	静岡県富士郡吉永村富士岡本花守渡辺房枝方 東京都本郷区真砂町一六番地	妻	井上重子	昭10	二補衛 上 20.8.20	井上芳郎 大四、二、二一	無	20.2.1 現任
18.10.1	集成飛行隊 一八、九、二〇	東京都淀橋区角筈三丁目八二番地	東京都豊島区池袋三丁目一三八〇番地	妻	池谷とよ子	昭11	二補衛 上 20.8.20	池谷一男 大五、九、二〇	無	
18.8.6	歩兵第一四九 一五、一一、九	東京都日本橋区富沢町七番地八号	埼玉県秩父郡荒川村大字白久	兄	今井深太郎	昭15	一補衛 長 20.8.20	今井泰雄 大九、三、一八	無	20.9.1 現任
17.12.24	歩兵第一五七 一六、五、三三	埼玉県川口市寿町三番地	同上	父	伊藤太郎吉	昭16	一補衛 長 20.8.20	伊藤三郎 大一〇、三、六	無	
18.1.1	独歩第五七大隊 一八、一一、一四	山梨県北巨摩郡安部那水箕輪六三六番地	同上	父	石原守	昭18	現衛 20.6.12	石原守良 大一三、一、一〇	無	20.7.1 進級
18.1.6	歩兵第一四九 一五、一一、九	神奈川県小田原市緑三丁目五十一番地	同上	父	石井梅吉	昭15	一補衛 長 20.8.20	石井政雄 大六、七、一二	無	

20.8.29 第六六兵站病院転属	18.10.1	野戦重砲兵第八聯隊 一八、九、五	茨城県北相馬郡川原代村八八番地屋敷	同	上	兄	飯塚義弘	昭 14	二補衛長 19.9.4	飯塚英[illegible] 大八、一二、二三	無	
20.8.29 第十二軍司令官ノ定ムル兵站病院転属	18.8.14	気球聯隊 一八、六、一	神奈川県横浜市中区南太田町一丁目四六番地	同	上	母	伊藤八ツ代	昭 17	一補衛 20.8.20 上	伊藤影明 大一一、一〇、五	無	
20.8.29 第六六兵站病院転属	18.10.1	気球聯隊 一八、九、二〇	山梨県西山梨郡住吉村字上一五五番地	同	上	父	井出弥	昭 15	二補衛 20.8.20 上	井出文弥 大九、七、七	無	
20.8.29 第五兵站病院転属	16.8.6	歩兵第一聯隊 一五、一二、九	東京都下谷区入谷町三八二番地	富山県新川郡宮川村字石仏	上	従兄	野田準二	昭 15	一補衛 17.12.1 兵長	石黒正文 大九、六、一〇	無	20.5.4 退職
20.8.29 第十二軍ノ定ムル兵站病院転属	17.2.7	国府台陸軍病院 一六、一〇、二〇	千葉県印旛郡八街町	同	上	父	石渡源吉	昭 15	一補衛 20.8.20 兵長	石渡富治 大九、九、一	無	
同右	18.6.8	野戦重砲兵第八聯隊 一八、五、二一	東京都板橋区板橋町八丁目二〇〇二番地	同	上	父	伊藤金太郎	昭 16	二補衛 20.6.1	伊藤正之助 大一〇、四、一〇	無	20.7.1 退職
同右	17.5.24	歩兵第一聯隊 一七、五、二五	東京都王子区王子二丁目二〇番地	同	上	母	岩田コハル	昭 16	一補衛 20.8.20 兵長	岩田孝一 大六、八、二八	無	
20.8.29 第一五一兵站病院転属	17.5.24		愛知県渥美郡泉村大字石神字中瀬古六〇番地	同	上	父	岩田市松		[illegible]	岩田静夫 昭二、六、二五	有	20.6.4 [illegible]

18

留守名簿

イ

編入年月日	前所属及其編入年月日	本籍（在留地）	留守担当者 住所	続柄	氏名	徴集年 任官年	役種兵種官等級俸月給額発令年月日	氏名	生年月日	留守宅ノ有無	補修年月日	異動
18.10.4		千葉縣海上郡船木村芹崎一三二番地	北京市内三區東四大街六條胡同八四号	母	石毛マツ		[illegible]	石毛静枝	大一二、六、二五	無	20.4.4 昇格昇給	20.8.29 第一五一兵站病院転属
15.12.18		東京都神田區東松下町三三番地	北京市内一區鶴鳴市胡同四號梅之荘一〇號	妻	今井チトセ		[illegible]	今井喜美雄	明四三、一、一	無	20.4.4 昇給昇格	20.8.29 第一五一兵站病院転属
20.1.9		京城府西大門區渼芹町四四番地	同上	父	池永文雄		[illegible]	池永純二	大一〇、九、一	無	20.4.4 昇給	20.8.29 第一五一兵站病院転属
18.11.24		岐阜縣恵那郡落上村一〇四番地ノ二	岐阜縣恵那郡中津町中津川一九二四番地	父	糸井川億		15.3.30 雇員 五八〇〇	糸井川克己	大四、七、二六	無		20.5.22 気象部隊転属
15.12.1		大阪市南區御藏跡町九番地	北京市外五區天壇内農林試驗場跡	妻	伊藤キヌ		[illegible]	伊藤諱治郎	明二八、九、八	無	20.4.4 昇給	20.8.29 第一五一兵站病院転属
15.3.23	菊池部隊 一四、六、八	京都市中京區錦小路通堀川東入ル三文字町五〇六番地	北京市内二區皮庫胡同一〇號	妻	伊地知久榮		[illegible]	伊地知幸三	明四三、八、二二	無	20.4.4 昇格昇給	20.8.29 第一五一兵站病院転属

20.7.31 留守

備考	年月日	部隊	本籍	留守宅住所	続柄	留守担当者	職・給与	氏名	生年月日	有無	昇給
20.8.29第十二軍司令官達ニ依ル兵站病院配属	15.3.23	吉村部隊 一三、九、四	栃木縣那須郡小川町大字小川一六五八三番地四	中華民國河南省新鄉縣新鄉同慶里一三號	妻	池澤春江	業務手 八六〇〇 20.3.24 [illegible]	池澤佑	大三、九、二五	無	
同右	15.3.24		鹿児島縣大島郡西方村大字古志一八四番地	同上	父	池田權太郎	自動車操縦者 七五〇〇 20.8.20 [illegible]	池田國夫	大二、一〇、二〇	無	20.4.4昇給
20.3.5 依願解雇	15.8.25		高知縣幡多郡三原村大字下長谷五〇〇番地	同上	兄	岩井利太郎	守衛 五五〇〇 19.9.30	岩井和之助	明三六、一二、九	無	
20.8.29 第一九四兵站病院配属	19.8.24		岩手縣東磐井郡興田村鳥海字西五石八三番地一一	中華民國山西省太原市新成東街一號	妻	伊東ツヤ子	自動車操縦者 六九〇〇 20.8.20 [illegible]	伊東千代吉	大七、五、一	有	20.4.4昇給
20.8.29第十二軍司令官達ニ依ル兵站病院配属	15.12.21		熊本縣熊本市駕町四二番地	北支那河南省開封市在德里一〇號	妻	到津恵美子	自動車操縦者 七六〇〇 20.8.20 七一〇〇 20.3.31 六七〇〇 19.9.30	到津光	大三、八、二〇	~~20.4.4昇給~~	20.4.4昇給
同右	18.6.5		北海道北川郡風連村貫拾三線東一九番地	濟南市經三路緯三路通惠街室來アパート	義兄	矢秋民次郎	自動車操縦者 六三〇〇 20.8.25 [illegible]	稲生芳次郎	大九、九、一	無	20.4.4昇給
20.8.29第五三兵站病院配属	15.3.23	菊池部隊 一四、二、七	長崎縣長崎市飽浦三丁目二〇八番地	天津特別市第三區月緯路四緯路三五路	妻	今村コミカ	業務手 技術雇員 八三〇〇 20.8.20 [illegible]	今村庄次郎	明四一、一二、一	無	
同右	15.3.23	菊池部隊 一四、五、三一	岡山縣御津郡牧石村大字玉柏二〇八五番地	天津特別市第三區月緯路四緯路三五號	妻	池本保子	技術雇員 七六〇〇 20.?.20 [illegible]	池本龍登	明三九、一、二七	無	20.4.4昇給

20

留守名簿

1

編入年月日	前所屬及其編入年月日	本籍（在留地）	留守擔當者 住所	續柄	氏名	徵集年 任官年	役種兵種官等竝ニ等給級俸月給額發令年月日	氏名 生年月日	留守宅渡ノ有無	補修年月日
19.5.20		京都市上京区六軒町通[illegible]番地	同上	父	池田安太郎		技術雇員 [illegible] 20.3.31	池田勇之助 大一一、五、一	有	20.9.[illegible]
19.5.27		京都市中京区壬生下溝町三一八番地	同上	父	市野瀬宗一		軍屬 [illegible] 20.3.1	市野瀬[illegible] 大一五、二、一五	有	20.9.[illegible]
19.2.20		千葉県印旛郡久住村成毛三四七番地	千葉県印旛郡遠山村駒井野一二二一番地	父	岩舘作次		自動車[illegible] 者	岩舘[illegible]郎 大九、一〇、一六	有	20.9.[illegible]
20.3.2		東京都豊島区要町一丁目六一二	中華民國河北省北京市内一区東観音寺胡同三	父	石井文吉		筆生 三二〇 20.3.2	石井[illegible] 昭二、一〇、二〇	無	
19.8.26		高知県幡多郡三原村大字下長谷五〇〇	同上	兄	岩井利太郎		女子挺仕 三四、五〇 19.9.30	岩井亀雄 明三八、四、一七	無	

20.9.29 第三[illegible]; 20.6.11 依願[illegible]; 20.8.31 [illegible]; 20.8.20 解傭; 20.3.5 依願解傭

21

留守名簿

備考	編入年月日	編入前所属及其編入年月日	本籍（在留地）	留守担当者 住所	続柄	留守担当者 氏名	徴任年 集官年	役種兵種官等級俸給月額発令年月日	氏名 生年月日	留守宅渡ノ有無	留守給 年月日
20、8、29 第一五一兵站病院転属	19、9、27	陸軍軍医学校 一九、七、七	東京都小石川区小日向台町一丁目五一番地	山梨縣北巨摩郡[illegible]摩村中小倉 輿水長雄方 ~~東京都[illegible]~~	妻	上田豊子	昭12	現薬少佐 二〇、一、三一	上田正臣 明四五、七、三	有	20、5、30現任
20、8、29 第十三師団司令部[illegible]兵站病院転属	14、6、14	歩兵第五聯隊 一三、一、八	岩手縣盛岡市上田第五十參地割字[illegible]山脇五番地ノ五	岩手縣盛岡市上田小路一七三番地	妻	上村春子	昭12	現医少佐 四、19、3、1	上村秀勝 大六、八、二八	有	
20、8、29 第一九四兵站病院転属	15、3、22	菊池部隊 一四、八、一五	神奈川縣津久井郡牧野村六六〇七番地	同上	父	内田信種	昭15	豫医中尉 大 昭二〇、六、二二	内田文雄 明四五、一、八	有	20、5、30進級
20、8、29 第一六六兵站病院転属	18、10、31	歩兵第一三聯隊補充隊 一八、一〇、一	熊本縣熊本市内坪井町一六六番地	熊本縣球磨郡渡村大島春久方 ~~熊本縣熊本市[illegible]番地~~	妻	上田京子	昭17 昭19	豫医少尉 19、7、1	上田博章 大三、一〇、六	有	20、7、1現任
20、8、29 第一六六兵站病院転属	18、8、10	千葉	千葉縣山武郡公平村道庭三二九番地	千葉縣市川市北方一四一番地	母	鵜澤弘子	昭15	豫医少尉 20、3、22	鵜澤榮一 明四三、二、三	無	20、4、4進級
20、8、29 第一五一兵站病院転属 ウ	18、10、1	集球部隊 一八、九、二〇	東京都世田ヶ谷区松原町四丁目一八七番地	東京都目黒区上目黒八丁目六二六番地	妻	梅原美智江	昭11	二補衛 20、1、20 長	梅原長次 大五、一、二三	無	

22

20.8.29 第一五一兵站病院転属	18.10.1	気球聯隊	一八、九、二〇	山梨縣東山梨郡八幡村市川三〇一番地	同上	兄 上野本春	昭15	二補衛廿上 18.10.1 20.8.20	上野架淡男	大九、八、一	無
20.8.29 第一六一兵站病院転属	20.3.31	独歩第八一大隊	一九、一二、一八	東京都赤坂区新町三丁目三番地	東京都世田谷区北沢四丁目五三〇番地	母 上原茂野	昭19	現衛廿一 18.11.18 20.5.18	上原和夫	大一四、三、三一	無
20.8.29 第一九四兵站病院転属	20.3.31	独歩第八一大隊	一九、一二、一八	東京都北多摩郡砂川村三八二九番地	同上	父 内野愛三郎	昭19	現衛廿一 18.11.18 20.5.18	内野光行	大一五、一、二六	無
20.8.29 第一五一兵站病院転属	20.3.31	独歩第八一大隊	一九、一二、一八	東京都本所区東駒形三丁目一八番地ノ三	栃木縣下都賀郡生井村網戸梅原幸一方 同上	父 梅原幸一	昭19	現衛廿一 18.11.18 20.5.18	梅原良一	大一四、一、二三	無
20.8.29 第一五二兵站病院転属	20.3.31	独歩第八一大隊	一九、一二、一八	東京都浅草区雷門二丁目一四番地	東京都八王子区追分町一八二 同上	兄 海田市之助	昭19	現衛廿一 18.11.18 20.5.18	海田岩雄	大一三、一、一	無
20.8.29 [illegible]転属	18.10.1	気球聯隊	一八、九、二〇	福島縣双葉郡久之濱町田之網字静八三番地	福島縣双葉郡久之濱町字江之網一二番地	兄 宇山金太郎	昭12	二国衛廿上 18.10.1 20.8.20	宇山源吉	大六、八、五	無
20.8.29 第一[illegible]兵站病院転属	17.6.20 18.3.5	独歩第四歩兵大隊	一七、一一、一〇	東京都王子区豊島町七丁目一五番地ノ三	同上	父 宇佐見市造	昭16	現衛廿長 20.2.1 20.8.20	宇佐見深司	大九、一〇、一五	無
20.8.29 [illegible]	18.10.1	気球聯隊	一八、九、二〇	宮城縣仙台市本櫓町一六番地ノ一	岩手縣金ヶ崎中要岩井町	妻 梅津キクエ	昭10	二国衛廿上 18.10.1 20.8.20	梅津健三	大四、八、二四	無

20.5.30 現任 20.5.30 現任 20.6.1 進級 20.6.1 進級

20.6.1 進級 20.6.1 進級

23

留守名簿

ウ

欄外	編入年月日	前所屬及其編入年月日	本籍（在留地）	留守擔當者 住所	續柄	留守擔當者 氏名	徵集年	任官年	役種兵種官等竝ニ等級俸給月額發令年月日	氏名 生年月日	留守宅渡ノ有無	補修年月日
20.8.29 第十[illegible]病院收容	18.6.14	氣球聯隊 一八、六、一	東京都荒川區尾久町五丁目一一四四番地	同上	父	梅澤態次郎	昭15		一、補衛十長 20.8.20	梅澤奈津雄 大九、七、二七	無	
同右	18.7.6	步兵第一五七聯隊 一五、八、一五	千葉縣山武郡白里村今泉戸二〇四號	東京都世田ヶ谷區松原町一丁目七〇番地	父	內山昇一	昭11		一、補衛長 17.8.1	內山秀男 大五、七、一九	無	
同右	18.9.20	氣球聯隊 一八、九、二〇	石川縣江沼郡大聖寺町字上福田ロノ四六番地	同上	母	浦千代	昭16		二、補衛廿上 20.5.1	浦武雄 大一〇、五、二	無	20.6.1 進級
20.6.29 第一九四兵站病院收容	17.6.24	步兵第一五七聯隊 一七、五、二五	東京都城東區大島町七丁目六〇番地	同上	父	上田巳之三郎	昭16		一、補衛廿長 20.8.20	上田正二 大一〇、一、一五	無	
20.8.29 第一六五兵站病院收容	17.6.24	步兵第一五七聯隊 一七、五、二五	千葉縣山武郡片貝町片貝三八四九番地	東京都下谷區上野櫻木町三六 東京都淺草區千束町一丁目一四三番地	父	梅澤仙太郎	昭16		一、補衛廿長 20.8.20	梅澤德司 大一〇、九、二九	無	20.5.30 現住
20.8.29 [illegible]兵站病院收容	18.6.14	氣球聯隊 一八、六、一	埼玉縣浦和市大字三室四、六四九番地	同上	父	內田達三助	昭12		一、補衛廿上 20.8.20	內田長松 大六、八、二五	無	

24

20.8.29 第十一[illegible]兵站病院[illegible]	16.1.6	歩兵第一四九聯隊 一五、一六、九	東京都本所区石原町二丁目一七番地ノ三	同上	父 生方秋雄	昭15	一補衛兵長 20.8.[illegible] [illegible]20	生方治郎 大九、七、三一	無
20.8.27 第一五二兵站病院	15.11.6	歩兵第一五七聯隊 一五、八、一	千葉県印旛郡船穂村草深八五〇番地	同上	父 加澤留治郎	昭11	一補衛兵長 20.8.[illegible] [illegible]20	加澤保 大五、三、二四	無
20.8.27 第一五四兵站病院	18.8.1	独歩第八一大隊 一八、一一、一二	山梨県南巨摩郡万沢村一三七〇番地	同上	母 内田みち	昭18	現衛上 20.5.1 [illegible]	内田瑧惟（トモヨシ） 大一二、一一、四	無 20.6.1 進級
20.8.29 解雇	19.2.5		千葉県千葉郡幕張町馬加三六八一	京城府城東区下往十里町山六番地六	父 内田鯤五郎		技術雇員 五六〇〇 20.3.31 [illegible]	内田康賀	無 20.4.5 昇給
20.8.29 第一五四兵站病院	18.5.17		福島県[illegible]郡小富士村御床二二五〇	中華民国山西省太原市上馬街一号	妻 内野壽美子		自動車操縦者 七四〇〇 20.8.20 [illegible]	内野要 大六、三、五	無 20.4.5 昇給

25

留守名簿

編入年月日	前所属及其編入年月日	本籍（在留地）	留守擔當者 住所	續柄	氏名	徴集年	任官年	役種兵種官等級俸月給等發令年月日	氏名 生年月日	留守宅渡ノ有無	補修年月日	備考（欄外）
14、8、2	仙台陸軍病院	宮城縣東成郡志波村大字白石字伊豆野式内前七七ノ一	宮城縣仙台市北五十人町三〇番地 佐藤方	妻	遠藤寧子		昭 5	現医少佐 一四、五、二〇	遠藤吉雄	有		20、2、1 陽東陸軍病院転属
15、3、23	菊池部隊 一四、九、一	東京都四谷區須賀町三ノ八	福岡縣飯塚市稲荷町九三番地 東京都四谷區本塩町一番	妻	衣斐美知枝		昭 14	陸軍技手 一、20、3、31	衣斐直彦 明三〇、二、一二	有	20、4、4 進級	20、8、29 第一五一兵站病院転属
20、1、31	獨歩第八一大隊 一九、一二、一八	山梨縣西山梨郡大宮村字山宮七八 山梨縣甲府市山宮町七八六番地	山梨縣甲府市深町二八一番地	父	江上義人	昭 17		現衛生軍曹 20、5、18	江上欽平 大一四、一〇、三一	無	20、6、1 進級 20、7、1 現任	20、8、29 第四軍司令官 固定兵站病馬廠転属
20、1、31	獨歩第八一大隊 一九、一二、一八	千葉縣君津郡平岡村永地一三九八番地	同上	父	榎澤肇	昭 19		現衛生軍曹 20、6、12	榎澤隆 大一四、一〇、二八	無	20、6、1 進級	20、8、29 第一六兵站衛病廠転属
20、1、31	独歩第八一大隊 一九、一二、一八	埼玉縣大宮市大字上小村田三九一番地	同上	父	榎本常吉	昭 17		現衛生軍曹 20、5、18	榎本弓次 大一三、九、一九	無	20、6、1 進級	20、8、29 一六五兵站病馬廠転属
18、6、14	氣球聯隊 一八、六、一	神奈川縣横濱市中區寺田町四ノ一〇七番地	同上	父	江藤元次郎	昭 17		予衛伍 20、6、1	江藤繁雄 大一〇、一二、四	無	20、7、1 進級	20、8、29 第一五三兵站病馬廠転属 工

	二〇、七、三一 第一五一兵站病院転属	二〇、七、三一 第一五二兵站病院転属	二〇、五、一四 [illegible]	二〇、五、二九 第十五四兵站病院転属
	一九、[illegible]	一九、[illegible]	[illegible]	一九、六、一四
	菊池部隊 一四、三、[illegible]	菊池部隊 一四、七、一六	[illegible] 一五、一六、九	[illegible]部隊 一八、六、一
	福岡県大牟田市明治町三丁目五三番地	千葉県長生郡茂原町高師九七〇ノ一	埼玉県南埼玉郡蓮田町大字閏戸二七〇四ノ三	神奈川県横浜市神奈川区中部[illegible]町曽谷二七一六
	中華民国河北省北京市内東城区[illegible]西大[illegible]公館内	同上	同上	同上
	叔父	妻	父	父
	[illegible]	江川千代	榎本[illegible]	遠藤清八
			昭15	昭17
	打字員 [illegible]	自動車操縦者 [illegible]	20、8、20 補衛 長	20、8、20 補衛 上
	江川[illegible] 大一一、一〇、九	江川克 明四四、五、一	榎本隆二 大九、九、二	遠藤[illegible] 大一一、一一、四
	無	有	無	[illegible]
	[illegible]			

27

留守名簿

欄外記事	編入年月日	前所属及其編入年月日	本籍（在留地）	留守擔當者 住所	續柄	氏名	徴集年	任官年	役種兵種官等級俸月給額・發令年月日	氏名・生年月日	留守宅渡ノ有無	補修年月日
20、8、29 第五一兵站病院	19、3、23	菊池部隊 一四、七、二〇	新潟縣中蒲原郡村松町五九二番地	同上	父	大橋貞治	昭14	昭14	豫医大尉 二、19、9、30	大橋義臣 大三、一二、一五	有	
20、6、29 兵站病院	19、6、22	歩兵第一二聯隊留守隊 一五、五、一五	岡山縣児島郡荘内村大字用吉四三番地ノ一	同上	父	大森熊次		昭15	豫医大尉 二、20、4、30	大森玄洞 大五、一、一	有	20、7、1 昇給
20、8、29 退官	18、9、16	鳥取	鳥取縣鳥取市西町二九六番地	兵庫縣城崎郡豊岡町瑞天四八番地ノ一	妻	尾崎淑子		昭18	陸軍技師（高六） 七、20、3、31	尾崎繁夫 大二、八、一	有	20、6、1 級俸
20、8、29 退官	19、9、18	関東軍部隊 一四、五、八	兵庫縣神戸市灘区岩尾北町二丁目十三番地	兵庫縣養父郡西谷村	父	岡田和市		昭19	陸軍技師（高七） 一〇、20、3、31	岡田和夫 大六、二、一二	有	20、6、1 級俸 20、8、10 任
20、6、29 兵站病院	19、3、18	千葉	千葉縣匝瑳郡八日市場町ホノ一三八一番地	埼玉縣北足立郡與野町大戸二六 矢野方	妻	小川喜代徳	昭8	昭19	豫軍医少尉 19、11、15	小川正巳 明四二、七、一九	無	20、7、25 現任
20、8、29 才㊂	19、3、23	菊池部隊 一四、六、八	滋賀縣伊香郡永原村字菅浦三〇五番地	同上	父	大石長三郎	昭9	昭13	現衛曹 四、20、3、1	大石長二 大三、一、一五	有	20、4、4 進級

28

20、8、29 第一五一兵站病院転属	17、12、30	習志野陸軍病院	一六、一〇、一	東京都神田区須田町一丁目廿番地一	東京都神田区須田町一丁目八番地ノ四	兄	大野銀之助	昭14 昭16	現衛軍曹 三、20、3、31	大野伊三郎	大八、四、一〇	無	20、4、4 進級
20、8、29 第一五五兵站病院転属	15、8、21	野重砲兵第一八聯隊	一五、八、一	神奈川県横浜市中区西中町三丁目六六番地	同上	母	小澤むる	昭14 昭17	豫衛曹長 四、20、8、20	小澤康富	大八、八、四	無	20、5、3 [illegible]
20、5、30 鉄道第八聯隊転属	17、6、24	歩兵第一五七聯隊	一七、五、二五	神奈川県横浜市港北区恩田町一、一七七番地	同上	父	岡部園治	昭9 昭12	豫衛軍 二、19、6、30	岡部美好	大三、一、三	有	
20、8、4 東北軍管区転属	15、9、6	野戦重砲兵第一八聯隊	一五、八、一	神奈川県横浜市中区元町一丁目三二番地	神奈川県横浜市中区本郷町三丁目八四番地	弟	大澤文雄	昭13 昭19	豫衛伍 19、3、1	大澤光雄	大七、一、一	無	
20、5、23 第十三軍司令官 [illegible] 病院転属	17、6、24	歩兵第一五七聯隊	一七、五、二五	埼玉県大里郡男衾村大字赤濱二三七四番地	埼玉県大里郡男衾村大字赤濱字塚田	父	大澤次郎八	昭16 昭19	豫衛伍軍 三、20、8、1 19、3、1	大澤角三	大一〇、六、二	無	20、8、1 進級
20、8、29 第一六五兵站病院転属	15、9、6	野戦重砲兵第一八聯隊	一五、八、一	神奈川県横須賀市汐留町五二番地	同上	父	小倉頼重	昭14 昭18	豫衛伍軍 四、20、3、1 18、8、1	小倉頼一	大八、二、一〇	無	20、4、4 進級
20、8、29 第一六五兵站病院転属	16、1、16	歩兵第一四九聯隊	一五、一二、九	山梨県東山梨郡松里村藤木二、一三五番地	神奈川県横浜市磯子区磯子町山田谷六二二番地	父	奥山隆光	昭15	一、補衛兵長 20、9、20	奥山敏光	大九、三、八	無	
20、8、29 第一五二兵站病院転属	19、3、1	独歩第五大隊	一八、一二、一二	山梨県南巨摩郡穂積村高下二、一〇一番地	同上	兄	大森勝利	昭18	現衛兵長 20、6、12	大森清位	大一一、五、九	無	20、7、1 進級

29

留守名簿

転属記事	編入年月日	前所属及其編入年月日	本籍（在留地）	留守擔當者 住所	續柄	氏名	徴集年 任官年	役種兵種官等級俸給額發令年月日	氏名 生年月日	留守給與ノ有無 年月日
20、5、27 第一八七兵站病院 転属	15、8、1	獨歩第五大隊 一八、一二、一一	山梨縣東山梨郡松里村小屋敷一五五二番地	同上	父	小澤重義	昭18	現衛上長 20、8、20	小澤重幸 大一三、一〇、一	無
20、8、29 第一五一兵站病院 転属	18、10、1	氣球聯隊 一八、九、二〇	東京都渋谷區幡ヶ谷笹塚町一〇五九番地	同上	兄	大野辰三郎	昭11	二補衛上 20、8、20	大野辰吾 大五、一〇、二三	無
20、8、29 第一八七兵站病院 転属	18、10、1	氣球聯隊 一八、九、二〇	山梨縣東山梨郡諏訪町大字休七三七番地	同上	父	關源太郎	昭15	二補衛上 20、8、20	關志津夫 大九、二、一	無
20、5、30 鐵道第一八聯隊 転属	18、10、1	氣球聯隊 一八、九、二〇	山梨縣中巨摩郡池田村下飯田一四一六番地	同上	父	長田氏恵	昭15	二補衛一 19、8、20	長田亀磨 大九、一一、二七	無
20、8、29 第一五一兵站病院 転属	18、10、1	氣球聯隊 一八、九、二〇	山梨縣中巨摩郡吉澤村吉澤大三二番地	同上	父	小田切唯夫	昭15	二補衛上 20、8、20	小田切正則 大九、一一、二二	無
20、8、29 第一五一兵站病院 転属 才㋵	18、10、1	氣球聯隊 一八、九、二〇	長野縣松本市大字筑摩九四六番地	同上	父	岡田定次	昭7	二国衛上長 20、8、20	岡田清 明四五、一、一〇	無

20、8、29 第一〇四兵站病院	20、1、31	独歩第八一大隊 一九、一一、一八	埼玉県入間郡所沢町大字所沢三一〇番地	埼玉県入間郡所沢町旭町四四三番地	父	落合巳之吉	昭 19	現衛井一 20、5、18 伏、水、18	落合増治 大一三、三、一一	無	20.6.30 現役 20.6.1 進級
20、5、30 鉄道第一八聯隊病	19、1、24	歩兵第一五四聯隊 一七、五、三	東京都目黒区下目黒三丁目三六三番地	東京都荏原区中延一丁目三一番地	母	大野ハル	昭 15	一補衛上 20、2、1	大野高 大一一、一〇、一六	無	
20、8、29 第一〇七兵站病院	19、6、14	気球聯隊 一八、六、一	神奈川県横浜市中区西中谷町七〇番地 神奈川区鶴屋町三丁目四五番地	同上	母	小川ナミ	昭 17	一補衛上 20、8、20	小川吉栄 大一一、六、一八	無	
20、8、29 第一八七兵站病院	19、6、14	気球聯隊 一八、六、一	神奈川県横浜市中区西戸谷町七〇番地	同上	父	大橋庄治	昭 17	予衛伍 十補衛長 20、6、1	大橋保也 大一一、四、三〇	無	20.7.1 進級
20、8、29 第一五一兵站病院	18、6、14	気球聯隊 一八、六、一	埼玉県大宮市字大宮三七五番地	同上	妻	岡田ヤス	昭 11	二補衛上 20、	岡田周作 大五、一、二〇	無	
20、8、29 第一八八兵站病院	20、1、31	独歩第八一大隊 一九、一一、一八	千葉県市原郡菊間村菊間二四六七番地	東京都江戸川区小岩町三丁目一九四六番地	父	大野博正	昭 19	現衛井一 20、5、11	大野智夫 大一四、九、七	無	20.6.1 進級
20、8、29 第一五二兵站病院	20、1、31	独歩第八一大隊 一九、一一、一八	山梨県東八代郡境川村三椚九七番地	同上	母	岡ササ	昭 19	現衛井一 20、5、18	岡武 大一四、二、二四	無	20.6.1 進級
20、8、29 第一八七兵站病院	20、1、31	独歩第八一大隊 一九、一一、一八	千葉県長生郡東郷村七渡二六〇八五番地	同上	父	岡沢米蔵	昭 19	現衛井一 20、5、18	岡沢嘉市 大一四、一一、二五	無	20.6.1 進級

31

才 ㊂

留守名簿						
（欄外）	20.8.29 第八一五二兵站病院転属	20.8.29 第一五一二兵站病院転属	20.6.1 受命野貨廠転属	20.8.29 第一五三兵站病院転属	20.8.29 第一五五兵站病院転属	20.8.29 第十三軍司令官兵站病院転属
編入年月日	19.3.1	20.1.31	20.1.31	20.1.31	20.1.31	20.1.31
前所属及其編入年月日	独歩第五大隊 一九、一六、一二	独立歩兵第八十九大隊 一九、一一、八	独立歩兵第八十三大隊 一九、一一、八	独立歩兵第八十一大隊 一九、一一、八	独立歩兵第八十一大隊 一九、一一、八	独立歩兵第八十一大隊 一九、一一、八
本籍（在留地）	山梨県北都留郡西原村六、六二一番地	東京都中野区宮園通り一丁目七番地	山口県東八代郡右左口村上向山一九四番地	東京都淀橋区角筈一丁目七五四番地	山梨県甲府市八日町二五番地	東京都南多摩郡町田町原町田一、二三二番地
留守担当者 住所	同上	同上	同上	同上	同上	同上
留守担当者 続柄	父	父	父	父	母	父
留守担当者 氏名	岡部定義	小幡金吾	長田光保	岡部織花	小澤まさ	大塚邦吉
徴集年	昭18	昭19	昭19	昭18	昭19	昭15
任官年						
役種兵種官等級俸給額発令年月日	現 衛 #長 20.6.12	現 衛 #一 20.5.18	現 衛 #一 20.5.18	現 衛 #一 20.5.18	現 衛 #一 20.5.18	現 衛 #一 20.5.18
氏名 生年月日	岡部利治 大一四、一〇、二九	小幡慶吾 大一三、六、五	長田仲雄 大一四、一一、二七	岡部勝治 大一四、五、四	小澤英雄 大一三、一二、一六	大塚邦信 大一三、三、二七
留守宅渡ノ有無	無	無	無	無	無	無
補修年月日	20.7.1 進級	20.6.1 進級	20.6.1 進級	20.6.1 進級	20.6.1 進級	20.6.1 進級

記事	日付	部隊・日付	本籍	留守宅	続柄	留守担当者	昭	兵種・日付	氏名・生年月日	家族	備考
20、8、29 第一五二兵站病院転属	20、1、31	独立歩兵第八十一大隊 一九、一一、一八	東京都浅草区清川町二丁目八番地ノ二	東京都浅草区日本堤三ノ一ノ二 岩崎軍三郎方	父	大橋興吉	昭15	現衛十一 19、11、18 20、5、18	大橋清 大一三、八、二	無	20.5.30 現役 20.6.1 進級
20、8、29 第一五二兵站病院転属	20、1、31	独立歩兵第八十一大隊 一九、一一、一八	東京都小石川区小日向台町二丁目三六番地	同	父	大関真三郎	昭19	現衛十一 19、11、18 20、5、18	大関達夫 大一三、一二、二二	無	20.6.1 進級
20、8、29 第一五二兵站病院転属	20、1、31	独立歩兵第八十一大隊 一九、一一、一八	東京都江戸川区一之江三丁目二四番地ノ一	東京都江戸川区西一之江一丁目三四七番地	母	大見テツ	昭19	現衛十一 19、11、18 20、5、18	大見茂三郎 大一四、八、一五	無	20.6.1 進級
20、1、29 第一五二兵站病院転属	20、1、31	独立歩兵第八十一大隊 一九、一一、一八	千葉県安房郡勝山町竜島一五四番地	同	父	小川吉太郎	昭19	現衛十一 19、11、18 20、5、18	小川治一 大一五、三、七	無	20.6.1 進級
20、8、6 陸軍軍医学校 [illegible] 部隊の転属	18、10、1	気球聯隊 一八、九、二〇	長野県更級郡上山田村大字上山田三六八番地ノ一号地	同	妻	大井すみ江	昭8	二 補衛 20、8 20 廿 長	大井武重 大二、一、九	無	
20、8、29 第一六三兵站病院転属	16、1、6	歩兵第一四九聯隊 一五、一二、九	東京都杉並区馬橋一丁目六三番地	同	母	落合光子	昭15	一 補衛 20、8 20 卅 長	落合健男 大九、六、五	無	
20、8、29 第一九四兵站病院転属	17、6、22	歩兵第一五七聯隊 一七、五、二五	山梨県東山梨郡中牧村倉科六七三番地	同	父	奥山定常	昭7	豫衛 20、8 20 卅 長	奥山宗重 明治四三、一、四	無	
20、8、29 第一九四兵站病院転属	18、10、1	気球聯隊 一八、九、二〇	山梨県東山梨郡山梨村上岩下三五三番地	同	父	大村好八	昭15	二 補衛 20、8 20 廿 [illegible]	大村好文 大九、三、一	無	

33

留守名簿

才

	1	2	3	4	5	6
（欄外）	20、8、29 第百九十四兵 北支派遣部隊属	20、8、29 第百六十二兵 北支派遣部隊属	20、8、29 第百六十二兵 北支派遣部隊属	20、8、29 第百六十二兵 北支派遣部隊属	20、8、29 第百四十二兵 北支派遣部隊属	20、8、29 第十三軍司令部兵器部 北支派遣部隊
編入年月日	18、10、1	16、8、6	16、6、24	18、10、1	18、10、1	18、10、1
前所属及其編入年月日	気球聯隊 八、九、二〇	歩兵第四九聯隊 一五、一〇、九	歩兵第五七聯隊 一七、五、二五	気球聯隊 八、九、二〇	気球聯隊 八、九、二〇	気球聯隊 八、九、二〇
本籍（在留地）	山梨県北都留郡棡原村 一八〇二番地	神奈川県愛甲郡荻野村 下荻野一八五番地	東京都浅草区象潟町 三丁目十番地ノ一	長野県下伊那郡 富草村二六三番地	長野県下高井郡瑞穂村 一四番地	長野県北安曇郡池田町 四三五四番イ号地
留守擔當者 住所	同上	同上	同上	同上	同上	長野県北安曇郡池田町 弐妻町五三番地
續柄	母	父	父	妻	妻	祖父
氏名	大久保しげ	小野常吉	大川伊三郎	小沢さとゑ	岡本みよし	帯刀啓一
徴集年 任官年	昭15	昭15	昭16	昭8	昭9	昭17
役種兵種官等級俸給等給額発令年月日	二補衛上 20.8.20	一補衛長 20.8.20	一補衛長 20.2.1	二補衛長 20.8.20	二補衛上 20.8.20	二補衛上 20.8.20
氏名 生年月日	大久保友平 大九、六、一	小野喜作 大九、四、三〇	大川伊助 大四、三、三	小澤藤雄 大六、五、一〇	岡本寅司 大三、六、一	帯刀邑雄 大二、七、六
留守宅渡ノ有無	無	無	無	無	無	無
補修年月日						

34

河南省 19、5、24 陸軍特設大営舎 生死不明 20.8.29 第二九四号 送致局	20、8、29 第四五十四兵站病院	20、8、29 第四五十四兵站病院 北鮮	20、8、29 第一五兵站病院	20、8、29 第一五兵站病院	20、8、29 第四五十六兵站病院	20、8、25 第二… 台湾 病院	20、8、29 第五五兵站病院
15、9、6	15、9、6	18、10、1	15、8、29	15、6、24	18、4、8	18、10、1	18、10、1
野戦重砲兵第十七聯隊 一五、八、一	野戦重砲兵第十七聯隊 一五、八、一	気球聯隊 一八、九、二〇	野戦重砲兵第十七聯隊 一五、八、一	歩兵第五七聯隊 一七、五、二〇	野戦重砲兵第十八聯隊 一八、三、三	気球聯隊 一八、九、二〇	気球聯隊 一八、九、二〇
埼玉県南埼玉郡八幡村大字大原九二五番地	東京都板橋区徳丸本町二五〇番地	福島県平市中町二一番地	東京都城東区南砂町六丁目一一五番地	埼玉県浦和市仲町二丁目四〇番地ノ一	神奈川県横浜市西区東久保町一八番地	福島県北会津郡館之内村大字宮袋中一五八〇番地	山梨県中巨摩郡豊村字猪狩 番地
同	東京都板橋区板橋町九丁目三一〇番地	同	同	同	同	同	同
上 父 小倉長吉	上 父 追川芳五郎	上 妻 小野アキノ	上 実母 室井シマ	上 父 大熊慶助	上 父 大渕音松	上 兄 長田寅治	上 母 長田よし
102.14	102.14	102.9	102.14	102.12	102.16	102.8	102.15
一補衛上 18、12、1	二補衛長 20、2、1	二回衛 19.12.1 20.2.11上	二補衛 19.12.1 20.2.11長	一補衛 19.12.1 20.2.11長	二補衛長伍 19.20.3.1	二回衛 19.20.2.1 20.2.11長	二補衛 19.12.1 20.2.11上
小倉昇 大八、五、一〇	追川平八 大八、一〇、一六	小野豊 大三、一〇、一五	奥崇治 大八、八、四	大熊秀雄 大六、五、四	大渕忠夫 大五、一〇、一五	長田正光 大二、七、一六	長田崇 大九、六、二九
無	無	無	無	無	無	無	無
					20.4.4進級		

35

才

留守名簿

編入年月日	前所屬及其編入年月日	本籍（在留地）	留守擔當者 住所	續柄	氏名	徵集年 任官年	役種兵種官等級俸月給額等ニ發令年月日	氏名 生年月日	留守宅渡ノ有無	補修年月日
18.10.1（20.8.24 第十二方面軍司令官ノ定ムル兵站病院轉屬）	氣球聯隊 一八、九、一〇	山梨縣南都留郡下吉田町下吉田五六二番地ノ三	同上	妻	小川豊子	昭15	二補衛 19.20.8.1 ［illegible］	小川貞雄 大九、七、二	無	
18.4.8（20.8.29 第百九十四兵站病院轉屬）	野戰重砲兵 東八聯隊 一八、三、三	千葉縣香取郡佐原町佐原イ三五七一番地	同上	父	輿主太郎	昭15	二補衛 18.20.8.20 ［illegible］	輿主剛 大九、二、二九	無	
17.9.6（20.6.4 東海軍管區司令部轉屬）	野戰重砲兵第八聯隊 一五、八、一	神奈川縣横濱市神奈川區白幡町九七四番地	同上	父	太田道太郎	昭13	補衛 20.3.1 伍長	太田正孝 大七、一、二八	無	20.4.4除役
18.10.1（20.8.29 第十二方面軍司令官ノ定ムル兵站病院轉屬）	氣球聯隊 一八、五、一〇	長野縣上伊那郡宮田村一五八一番地	同上	妻	太田仲惠	昭9	二補衛 19.20.9.8 ［illegible］ 20 兵長	太田正男 大二、一二、一〇	無	
15.9.6（20.8.29 ［illegible］部隊轉屬）	横須賀重砲兵聯隊 一五、八、一	東京都下谷區御徒町一丁目七番地	千葉縣千葉郡大和田町勝田四三〇 相川方	母	小川きみ	昭14	二補衛 ［illegible］ 20 兵長	小川一雄 大八、十、二五	無	
17.4.8（20.8.29 ［illegible］轉屬）	野戰重砲兵第八聯隊 一八、三、二	東京都日本橋區橘山町七番地ノ一	東京都中野區鷺宮一丁目一九四	父	大内田重藏	昭16	二補衛 ［illegible］ 20 兵長	大内田精一郎 大六、六、二八	無	22.6.1現在

36

備考	年月日	部隊	住所			続柄・氏名		区分・階級	氏名	生年月日	
20、8、29 第十二方面軍司令官定 ハル兵站病院転属	18、3、1	第三十三師団衛生隊 八、二、二	千葉県長生郡土睦村寺崎八三八番地	同	上	父 荻野耕一	10R/16	現 衛 兵長	荻野正敏	大8、1、29	無
同右	18、5、20	独歩第十七大隊 八、一、一	東京都本所区東両国三丁目二番地ノ一六	同	上	父 沖田安太郎	10R/17	現 衛 上等兵	沖田勝太郎	大2、5、3	無
20、8、29 第八十八兵站病院転属	18、8、1	独歩第五十五大隊 八、一、一二	山梨県東山梨郡日川村歌田七〇八番地	同	上	父 奥平九七	10R/18	現 衛 上等兵	奥平九夫	大3、6、29	無
20、8、29 第六十七兵站病院転属	18、10、1	気球聯隊 八、九、一	東京都中野区本町通六丁目二番地	同	上	父 小野田銑之助	10R/11	二補 衛 兵長	小野田辰男	大5、3、10	無
20、8、29 第六十四兵站病院転属	18、6、24	歩兵第百五十七聯隊 七、五、二五	埼玉県川越市新宿町一一番地	同	上	父 大野喜太郎	10R/12	一補 衛 兵長	大野達男	大6、4、13	無
同右	16、1、6	歩兵第四十九聯隊 一五、一二、九	埼玉県北埼玉郡忍町大字忍四四六番地	同	上	父 岡英雄	10R/15	一補 衛 兵長	岡英蔵	大9、9、17	無
同右	18、2、28	第三十三師団第三野戦病院 一七、六、三	東京都江戸川区小松川二丁目六六番地	同	上	兄 小笠原三郎	10R/16	一補 衛 兵長	小笠原三郎吉		無
	上 20、1、31	独歩第八十七大隊 一九、二、八	山梨県東山梨郡中牧村倉科三六三六番地	同	上	父 大村邦伸	10R/19	現 衛 十一 19、11、18 20、5、18	大村秋一	大5、9、23	無 20、6、1進級

37

留守名簿

編入年月日	前所属及其編入年月日	本籍（在留地）	留守担当者 住所	続柄	留守担当者 氏名	徴集年 任官年	役種兵種官等級俸給等給月額発令年月日	氏名	生年月日	留守宅渡ノ有無	補修年月日	欄外記入
19.3.1	独立歩兵第[illegible]大隊 大六.三.一(?)	山梨県東山梨郡勝沼町勝沼 二四〇八番地	同	父	小川菊重	昭19	現 衛 20.[illegible] 19.4.20 廿上	小川正雄	大一三.一〇.三	無		20.8.29 第五十三兵站所属
16.6.9		三重県阿芸郡明村大字林 二〇二九番地	京城府龍山 漢江通三丁目中央電話局官舎上五西(?)	妻	小田原薫		女子雑仕 20.6.20 [illegible]	小田原ひき(?)	明二二.一二.一	有	20.4.4 昇給 20.8.20 [illegible]	20.8.29 第五十三兵站所属
18.6.15		滋賀県甲賀郡大原村大字大原中 一一二五番地	同	父	大塚與一		打字手 20.6.20 [illegible]	大塚たつ子	昭三.六.一〇	有	20.4.4 昇給 20.8.20 [illegible]	20.8.29 第五十三兵站所属
18.7.6		朝鮮慶尚南道蔚山郡斗西面西河里 一六五番地	同	父	大村錫台		調理手	大村晋鎬	大八.一〇.二〇	有		20.8.3 解傭
18.6.15		滋賀県甲賀郡大原村大字大原中 一一二五番地	同	父	大塚與一		電話手(?) 19.9.20 四九(?) [illegible]	大塚やれの(?)	大一三.一〇.三	有	20.4.8 昇給 20.8.20 [illegible]	20.8.29 第五十三兵站所属
18.6.15		朝鮮慶尚南道蔚山郡下廂面南外里 二三〇番地	同	兄	大原根裁		技術雇員(?) 20.3.31 [illegible]	大原根守	大三.八.二五	有	20.4.4 昇給	20.8.20 解雇 才

38

20、8、29 華中主計部 復員局	20、8、29 華中軍兵站 復員局	20、6、23 原下休務	20、8、29 華中第十軍 兵站 復員局	20、8、29 華中第十五兵站 復員局	20、8、29 第一五〇兵站病院 復員局	20、8、29 第一五〇兵站病院 復員局	20、8、29 第十二 豪南休務
15、5、16	15、6、12	15、3、23	15、3、23	15、6、24	15、3、23	15、10、3	18、2、23
		菊地部隊 四、二、七	西村(区)部隊 一三九六二七		池中部隊 一三九六二七		
宮城県仙台市長町字北町一三七番地	千葉県安房郡鴨川町貝渚二二六七番地	山口県吉敷郡小郡町字下御堀(天津特別市第三区月緯路四経路三五号)	静岡県志太郡大川村善左衛門一二三三番地	熊本県飽託郡濱田村一七一七番地	島根県邇摩郡水上村大字三六六七番地	愛知県名古屋市中村区元宮町四丁目二番地	石川県羽咋郡西海村字千浦八丁目二一番地
同	千葉県安房郡鴨川町横渚五三一番地	同 本籍地	静岡県志太郡大川村弥左衛門	中華民国山西省太原市寧化府入號	済南市三大馬路緯九路仁平宿舎	同	同
上 父 大友多利吉	父 小野清吉	兄 織田村信一	父 大石陽太郎	妻 奥村ジズエ	妻 小田レズエ	上 父 大矢金左エ門	上 母 尾谷志く
技術雇員	自動車操縦者 技術雇員	七五、19、9、30	自動車操縦手	調理手	自動車操縦者 陸軍技手	自動車操縦者	技術雇員 一六、6、30
大友新平	小野清治 大五、八、七	織田村正治 大四、一、一	大石良一 明四、八、五	奥村又喜 明三九、七、一六	小田辰五郎 明三七、五、二一	大矢清一 大二、八、一	尾谷春雄 大三、四、一
無	無	無	無	無	無	無	無
20.4.4昇給 20.8.20昇給	20.4.4昇給 20.8.20昇給		20.4.4昇給 20.8.20昇給	20.4.4昇給 20.8.20	20.4.4昇給 20.7.31 定告	20.4.4昇給	

49

オ

留守名簿

編入年月日	前所属及其編入年月日	本籍（在留地）	留守担当者住所	続柄	留守担当者氏名	徴集年	任官年	役種兵種官等級俸給額発令年月日	氏名 生年月日	留守宅渡ノ有無	補修年月日
20、8、19 解傭 20.5.14	甲第二八五五二部隊 一八、七、三	朝鮮慶尚南道蔚山郡斗西面西下里一六五	同上	父	大村錫台			調理手 九二五 20.5.14	大村晋鎬 大八、一〇、二〇	有	
20、8、29 済南第二五兵站病院 [illegible] 20.5.15	北支那方面軍司令部 二〇、一、二〇	福島県田村郡三春町字八幡町一六六番地	同上	父	大内末吉		昭19	主中尉 二、19.8.15	大内慶重郎 大七、七、二九	有	
		山梨県中巨摩郡吉澤一七六六	同上	妻	五十滋	昭17		(曹) 衛[illegible]	長田安之九 大九、八、二五	無	21.1.25

40

カ

留守名簿

転属	編入年月日	前所屬及其編入年月日	本籍（在留地）	留守擔當者住所	續柄	留守擔當者氏名	徴集年	任官年	役種兵種官等等級俸給月額發令年月日	氏名生年月日	留守宅渡ノ有無	留守補修年月日
昭20.8.29 第百八十八兵站病院轉屬	15.3.23	[redacted] 池[redacted]部隊 一三、九、二七	愛媛縣宇和島市笹町七七番地	兵庫縣武庫郡鳴尾村西畑西部六一二	妻	門多富喜枝		昭13	豫醫大尉 一、19.4.30	門多魁 大二、四、一	有	
20.8.29 第百十六兵站病院轉屬	15.3.23	[redacted] 菊池部隊 一四、二、二〇	[redacted]琦玉縣大宮市仲町三丁目三八九ノ二番地	同上	父	川鍋智三	昭14	昭14	豫醫大尉 三、19.4.30 二、20.8	川鍋星吉 大二、六、二〇	有	
20.8.29 第百五十一兵站病院轉屬	15.3.23	[redacted] 池中部隊 三、九、三〇	沖縄縣中頭郡美里村字西原八二五番地	千葉縣安房郡保田町本郷三四番地川名ヨシ方	妻	嘉陽初子		昭17	陸軍技師（高七） 九、19.8.31 八、20.3.31	嘉陽宗永 明四一、二、二五	有	20.7.1官等
20.8.29 第百八十八兵站病院轉屬	16.11.1	歩兵第三八聯隊 一四、一一、一	香川縣仲多度郡善通寺町有園在所田二番地	同上	父	香川民介	昭6	昭16	現衛中尉 十、19.4.30 現衛大尉 二、20.6.10	香川正雪 大元、八、一	有	20.6.1級俸
20.6.1 北支那野戰貨物廠轉屬	16.8.16	兗州陸軍病院 一六、三、一〇	千葉縣安房郡和田町和田六二一番地	同上	母	粕谷シズ	昭14	昭16	豫薬中尉 一、19.9.30	粕谷健一 大七、一〇、二〇	有	20.7.1等級
20.8.29 第百五十三兵站病院轉屬	17.4.10	第二軍軍醫部 一三、八、二五	愛知縣南設楽郡作手村大字白鳥札上八七番地合併地	愛知縣豊橋市和合町若松二三番地	妻	加藤ハル子	大15	昭17	特志 現衛中尉 十、19.4.30 一、20.4.10	加藤一 明三九、一一、三	有	20.4.9役種 20.7.1等級

41

転属	入隊年月日	所属部隊	本籍	留守宅	続柄	留守担当者		官等・任官	氏名・生年月日	有無	備考
20.8.29 第百八十兵站病院転属	18.8.11	金澤陸軍病院 一七、二、一〇	富山縣東礪波郡出町杉木新三一五番地	同上	父	河本喜作	昭15 昭17	豫薬中尉 二19.9.15	河本一俊 大八、八、二一	有	
20.8.29 第百六十五兵站病院転属	17.7.31	陸軍々醫學校 一七、五、一〇	東京都大森区市野倉町二九三番地	兵庫縣西宮市高木字樋田九番地ノ五二 東京都世田谷区玉川奥沢町三丁目十二番地	父	勝谷善作	昭16 昭18	豫薬少尉 18.12.1	勝谷達三 大五、九、一〇	有	20.6.1現任
20.8.29 第百六十五兵站病院転属	18.10.31	歩兵第十三聯隊 一八、一〇、一三	熊本縣天草郡中田村一五二一番地	同上	父	角田幾太	昭16 昭19	豫醫少尉 19.7.1	角田武夫 大二、三、二	有	
20.8.29 第百五十一兵站病院転属	15.3.23	吉村[redacted]部隊	愛媛縣温泉郡余土村大字余土一一九七番地	同上	父	井上豊次郎	昭11 昭13	現主准 四19.8.1	河合浩 大五、八、八	有	
20.6.4 内地鉄道輸送司令部転属	17.6.22	東京	東京都王子区上十條町五丁目六番地三	栃木縣河内郡本郷村西汗片柳梅三郎方	妻	川畑キヨ	大7 大12	豫衛准 一18.6.10	川畑豊 明三一、四、二七	有	
20.8.29 第百五十一兵站病院転属	15.3.23	菊池部隊[redacted]	奈良縣添上郡田原村大字矢田原一一九〇番地	同上	父	金山安一	昭11 昭14	現衛曹准 四20.3.1 十19.12.31	金山賢逸 大五、二、七	有	20.4.5進級
20.6.4 東北軍管区転属	15.3.23	西村(正)部隊[redacted]	宮城縣登米郡登米町日野渡草場六九ノ二	同上	兄	堅岡正夫	昭10 昭13	現衛曹准 四20.3.1 十19.9.30	堅岡守夫 大四、三、四	有	20.4.4進級
20.8.29 第百六十六兵站病院転属	16.1.6	歩兵第二四九聯隊 一五、一二、九	東京都本郷区駒込追分町二〇番地	同上	養母	角石スズ	昭15 昭18	豫衛軍 二19.12.31	角石精次 大八、一二、一二	無	

42

20、6、4 北部軍轉屬

20、8、29 第百五十五兵站 北病院轉屬

20、6、4 北部軍轉屬

20、8、29 第二九四兵站病院進轉 病

20、8、29 駐蒙軍司令部轉屬 第百九十八兵站病院轉屬 5、30

20、 鉄道第八聯隊轉屬

力

留守名簿

編入年月日	前所屬及其編入年月日	本籍（在留地）	留守擔當者 住所	續柄	留守擔當者 氏名	徵集年	任官年	役種兵種官等級ニ等給俸月給額發令年月日	氏名 生年月日	留守宅渡ノ有無	補修年月日
18.4.8	野戰重砲第八聯隊 一八、三、二〇	茨城縣那珂郡玉川村大字八田一六七三番地	同上	養母	梶山のぶ	昭7	昭13	豫衛軍曹 二、20.3.1 十、19.8.31	梶山重雄 明四五、一、一四	有	20.4.1進級
15.3.23	[redacted]池井部隊 三、二、一〇	埼玉縣比企郡高坂村大字毛塚八五五ノ一番地	北支済南市三大馬路緯九路二號宿舎	妻	亀山サキ		昭18	陸軍技手 四、20.8.20 五、19.9.30 才、19.3.30	亀山利助 明四二、九、二四	無	19.9.30進級 20.8.20〃
18.4.8	野戰重砲第八聯隊 一八、三、二〇	東京都日本橋区両國三八番地	東京都足立区千住本町二丁目三一番地	義兄	米田千代吉	昭13	昭19	豫衛伍 17.4.1	加藤忠一 大七、一、一七	無	
15.9.6	野戰重砲兵第八聯隊 一五、八、一	神奈川縣小田原市早川四六番地	東京都王子区王子町四丁目三〇番地ノ六	母	加藤チヨ	昭14	昭17	豫衛伍軍 三、20.8.1 十、19.8.1	加藤貞治 大八、三、一	無	20.8.1進級
17.6.24	歩兵第一五七聯隊 一七、五、二五	神奈川縣足柄上郡曽我村上大井九六九番地	同上	母	加藤タケ	昭8	昭19	豫衛伍軍 三、20.8.1 十、19.8.1	加藤雄三 大元、一二、五	有	20.8.1進級
19.3.1	北支那野戰兵器廠 一七、五、×	長崎縣北松浦郡中津良村上中津良免五三七番地ノ二	長崎縣北松浦江迎町高岩八番地ノ二	父	川口彌作	昭15	昭19	豫衛伍 19.3.1	川口清美 大九、二、一	無	

43

20、5、30 西部軍銃属	15、9、6	野戦重砲兵第八聯隊 一五、八、一	神奈川縣横濱市戸塚区矢部町一〇六三七番地	同上	父	川島徳次郎	昭14 昭19	19、8、1 豫衛伍	川島寅	大八、二、一二	無	20.4.4進級
20、8、29 第百五十一兵站病院附属	19、4、1	比島陸軍病院 一七、四、八	静岡縣濱松市揚子町一〇二七番地	同上	兄	加藤壬子郎	昭16 昭19	19、20、3、1 現衛伍	加藤八郎	大六、五、三	無	
20、7、29 第百五十五兵站病院附属	18、4、8	野戦重砲兵第八聯隊 一八、三、二	千葉縣君津郡中郷村曽根九番地	同上	母	輕米ちか	昭16	19、8、1 三補衛長	輕米忠雄	大六、二、九	無	
20、8、29 第百六十一兵站病院附属	18、5、20	独立第七八大隊 一八、二、一	埼玉縣比企郡野本村大字下野本六九六番地	同上	母	加藤きよ	昭17 昭20	19、20、8、3、1 現衛長伍	加藤市三	大二、二、三五	無	20.4.4進級
20、8、29 第百八十七兵站病院附属	18、6、14	気球聯隊 一八、六、一	神奈川縣横濱市鶴見区平安町一丁目二二五番地	香川縣香川郡中讃郡十郷村字造田森近隣太郎方	父	川崎秀次	昭17	19、20、12、6、1 豫補衛長伍	川崎日出男	大二、二、三	無	20.7.1進級 20.8.7往
20、8、29 第百五十二兵站病院附属	15、9、6	野戦重砲兵第七聯隊 一五、八、一	東京都向島区吾嬬町東三丁目三一番地	同上	父	金子由藏	昭14 昭20	19、20、8、3、1 三補衛伍長	金子芳雄	大八、五、二	無	20.4.4進級
20、8、29 第百八十一兵站病院附属	18、5、20	歩兵第七八大隊 一八、二、一	東京都向島区吾嬬町東四丁目一一六番地	同上	父	加藤酉藏	昭17 昭20	19、20、20、8、8、1、1、20 三現衛長 選	加藤德三郎	大二、一、一五	無	20.4.4進級
20、8、29 第百五十一兵站病院附属	18、5、20	歩兵第七八大隊 一八、二、一	埼玉縣比企郡南吉見村大字前河内四六一番地	同上	父	神田福次	昭17	19、20、8、1、1 現衛伍長	神田重信	大二、三、二一	無	20.8.1進級

44

留守名簿

	1	2	3	4	5	6
（欄外記入）	第百五十五兵站病院転属 20.8.29	第百五十三兵站病院転属 20.8.29	第百五十四兵站病院転属 20.8.29	第百五十五兵站南病院転属 20.8.29	第百五十七兵站病院転属 20.8.24	第百五十一兵站病院転属 20.8.29　力
編入年月日	18.5.20	18.5.20	20.1.31	20.1.31	20.1.31	20.1.31
前所属及其編入年月日	歩兵第七八大隊 一八、三、一	歩兵第七八大隊 一八、七、一	独歩第八一大隊 一九、二、八	獨歩第八一大隊 一九、二、八	独歩第八一大隊 一九、二、八	独歩第八一大隊 一九、二、八
本籍（在留地）	東京都本所区東両国三丁目五番地ノ一	神奈川県足柄上郡岡本村塚原二三七六番地	埼玉県北足立郡箕田村大字川面三〇五番地	埼玉県南埼玉郡柏崎村大字谷下六五番地	東京都世田谷区世田谷五丁目二九八四番地	東京都渋谷区千駄谷二丁目四七八番地
留守担当者 住所	東京都杉並区高円寺三丁目三三一番地	同上	同上	同上	同上	同上
留守担当者 続柄	父	義兄	父	父	父	父
留守担当者 氏名	金子亀蔵	太田八郎	河嵜紋助	加藤子之助	川北信義	片野清次
徴集年	昭17	昭17	昭19	昭19	昭19	昭19
任官年						
役種兵種官等級 発令年月日	現 衛 [illegible] 20.4.1	現 衛 十上 20.8.1 19.8.1	現 衛 十一 20.5.18 19.11.18	現 衛 十一 20.5.18 19.11.18	現 衛 十一 20.5.18 19.11.18	現 衛 十一 20.5.18 19.11.18
氏名 生年月日	金子一 大二、一、一	神戸操 大二、二、一五	河嵜清志 大一三、一、一三	加藤正好 大一三、七、二九	川北忠匡 大一四、五、一三	片野鉄雄 大一四、八、一八
留守宅渡ノ有無	無	無	無	無	無	無
補修年月日		20.8.1進級	20.6.1進級	20.6.1進級	20.6.1進級	20.6.1進級

45

	1	2	3	4	5	6	7	8
転属	20、8、29 第百五十三兵站病院転属	20、5、30 鉄道第十八聯隊転属	20、8、29 第百六十七兵站病院転属	20、8、29 第百五十一兵站病院転属	20、8、29 第百五十一兵站病院転属	20、8、29 第百五十三兵站病院転属	20、8、29 第百七十七兵站病院転属	20、8、29 第百五十三兵站病院転属
	20、1、31	20、1、31	20、1、31	20、1、31	20、1、31	20、1、31	20、1、31	18、6、23
	独歩第八一大隊 一九、二、一八	独歩第八一大隊 一九、二、一八	独歩第八一大隊 一九、二、一八	独歩第八一大隊 一九、二、一八	独歩第八一大隊 一九、二、一八	独歩第八一大隊 一九、二、一八	独歩第八一大隊 一九、二、一八	歩兵第一五七聯隊 一七、五、二五
	東京都本郷区本郷四丁目四三番地	東京都渋谷区伊達町四四番地	東京都足立区本木町二丁目一三一番地	東京都目黒区上目黒一丁目一五二番地	山梨県西八代郡岩間村三一三一番地	埼玉県北足立郡馬宮村大字西遊馬一九一番地	埼玉県熊谷市大字平戸一六九一番地	山梨県北巨摩郡穂足村大豆生田五三七番地
	同 上	同 上	同 上	東京都目黒区上目黒一丁目一四三番地	同 上	同 上	同 上	同 上
	父 刈部喜郎	甥 金子吉太郎	父 桂次郎	父 河野友郎吉	父 河口元蔵	父 金子孝作	父 加藤芳治	妻 上村貴子
	昭19	昭19	昭19	昭19	昭19	昭19	昭19	昭8
	現衛キー 19、11、18 20、5、18	現衛キー 19、11、18 20、5、18	現衛キー 19、11、18 20、5、18	現衛キー 19、11、18 20、5、18	現衛キー 19、11、18 20、5、18	現衛キー 19、11、18 20、5、18	現衛キー 19、11、18 20、5、18	豫衛長 19、12、1
	刈部光雄 大四、一、三	金子一郎 大四、七、一	桂圭治 大一四、一〇、一六	河野廣治 大四、七、八	河口進 大三、一、〃	金子武男 大一三、一〇、二五	加藤昌利 大一三、九、四	上村一雄 大二、一一、一五
	無	無	無	無	無	無	無	無
	20、6、1進級	20、6、1進級	20、6、1進級	20、6、1進級	20、1、1進級	20、6、1進級	20、6、1進級	

46

力

留守名簿

編入年月日	前所屬及其編入年月日	本籍（在留地）	留守擔當者 住所	留守擔當者 續柄	留守擔當者 氏名	徵集年 任官年	役種兵種官等級 等級俸給額 發令年月日	氏名 生年月日	留守宅渡ノ有無	補修年月日	欄外記入
20、1、31	独歩第八一大隊 一九、二、一八	東京都小石川区表町四三番地	東京都大森区調布嶺町二丁目六九番地	父	栗林多津治	昭19	現 衛上 1920、11、5 1818	川又誠二 大四、三、三	無	20.6.1進級	20、8、29 第百五十五兵站病院轉属
17、6、24	歩兵第一五七聯隊 一七、五、二五	千葉県長生郡新治村大字大澤一〇九番地	千葉県長生郡本納町本納三〇五二番地ノ一	父	金坂廣太	昭16	二補 衛上 19、8、1	金坂信義 大六、八、一〇	無		20、5、30 鉄道第八聯隊轉属
18、3、1	独歩第四三大隊 一七、一、一〇	埼玉県児玉郡長幡村大字五明六一〇番地	群馬県多野郡新町川崎町今井友雄方 東京都荏原区西中[illegible]町二丁目[illegible]番地	母	川浦だい	昭16	現 衛伍長 1920、8、1 120	川浦十一 大六、一、一二	無	20.7.1現任	20、8、29 第百五十三兵站病院轉属
18、6、14	気球聯隊 一八、六、一	埼玉県北足立郡大久保村大字五関八〇番地	同上	妻	神田ちよ	昭11	一補 衛 1820、8、1 120 上	神田次郎 大五、六、一	無		20、8、29 第十三軍司令官ノ定ル兵站病院轉属
16、1、16	歩兵第四九聯隊 一五、一二、九	山梨県中巨摩郡榊村平岡一〇七三番地	同上	父	河野國作	昭15	一補 衛伍長 1820、6、8 920	河野光重 大九、一一、一二	無		20、8、29 第百五十三兵站病院轉属
18、10、1	気球聯隊 一八、九、二〇	石川県金澤市柳町二七番地ノ三	同上	母	鍛冶とみ	昭12	二國 衛 1920、3、8 1020 上	鍛冶多一 大六、三、一二	無		20、8、29 第百八兵站病院轉属

47

20、8、29 第百五十五兵站病院転属	17、6、24	歩兵第一五七聯隊 一七、五、二五	埼玉県秩父郡秩父町大字大宮一一九八番地イ號	同上	父	片山要次 昭13	一補衛 20、8、20 兵長	片山忠利	大七、四、二二	無
20、8、29 第百五十一兵站病院転属	17、6、24	歩兵第一五七聯隊 一七、五、二五	埼玉県入間郡狭澤町大字北岩岡三八三番地	同上	父	粕谷秀義 昭16	一補衛 20、8、20 兵長	粕谷豊治	大六、四、五	無
20、8、29 第百五十三兵站病院転属	18、10、1	野戦重砲兵第八聯隊 一八、九、五	東京都浅草区番門一丁目二七番地ノ二	横浜市港北区元石川町六八七三村田方 東京都浅草区松葉町三七番地	父	金井房吉 昭15	二補衛 20、8、20 兵長	金井光國	大九、二、一七	無 20.6.1 現住
20、8、29 第百五十二兵站病院転属	18、6、14	気球聯隊 一八、六、一	神奈川県横浜市中区千代町四丁目九八番地	同上	父	上村藤吉 昭17	一補衛 20、8、20 兵上	上石芳意	大二、一、一九	無
20、8、29 第百五十四兵站病院転属	16、1、6	歩兵第一四九聯隊 一五、一二、九	埼玉県南埼玉郡新方村大字大杉一〇三番地	同上	父	川上太郎右衛門 昭15	一補衛長 20、6、6 補衛 9、1 兵	川上源一	大九、二、一二	無 20.7.1 進級
20、5、30 鉄道第八聯隊転属	18、5、15	独歩第四四大隊 一五、一二、三	千葉県香取郡府馬町四、八二二番地	同上	父	金親吉平 昭15	現衛上 18、12、9	金親直	大九、一〇、七	無
20、5、30 鉄道第八聯隊転属	16、1、6	歩兵第一四九聯隊 一五、一二、九	東京都荒川区南千住町六丁目二〇五番地	同上	父	加瀬利助 昭15	一補衛上 18、12、9	加瀬芳太郎	大九、一一、二〇	無
20、5、29 第百五十一兵站病院転属	17、6、24	歩兵第一五七聯隊 一七、五、二五	東京都神田区司町二丁目四番地	東京都神田区西神田町三丁目二七番地	母	河村みさ 昭15	二補衛 20、8、20 兵長	河村寿男	大九、一一、一二	無

48

留守名簿

編入年月日	前所属及其編入年月日	本籍（在留地）	留守担当者 住所	続柄	氏名	徴集任官年	役種兵種官等級俸給月額発令年月日	氏名 生年月日	留守宅渡ノ有無	補修年月日	付記
18、10、1	気球聯隊 一八、九、二〇	宮城県仙台市成田町一〇七番地	宮城県仙台市三百人町八七番地	兄	勝又勇	昭10	国衛一 19、3、20	勝又清吉 大四、二、一	無		20、5、10 鉄道第十八聯隊転属
18、3、1	歩兵第三〇聯隊 一七、一、三	神奈川県平塚市平塚一四九番地	同上	父	片野好也吉	昭16	現衛上等兵 20、8、20	片野清 大六、五、一五	無		20、8、29 第十二陸軍病院ヨリ定舎病院転属
18、[illegible] 15、9、6	野戦重砲兵第七聯隊 一五、八、一	埼玉県南埼玉郡江面村大字江面一五四二番地	同上	父	柏浦惣次郎	昭14	一補衛上等兵 20、8、20	柏浦金五郎 大八、一、一八	無		同右
16、1、6	歩兵第四九聯隊 一五、一二、九	東京都牛込区市ヶ谷町一〇八番地	同上	母	柏田トキ	昭15	一補衛上等兵 20、8、20	柏田武彦 大九、六、六	無		20、8、29 第六陸軍病院転属
18、3、1	歩兵第三二聯隊 一七、二、一	東京都麻布区東町三四番地	東京都豊島区西巣鴨一丁目二五二七番地	養父	川島倉次郎	昭16	現衛上等兵 20、8、20	川島孝雄 大六、九、九	無		同右
16、1、6	歩兵第四九聯隊 一五、一二、九	埼玉県北足立郡馬宮村大字西遊馬九四〇番地	同上	父	金子仁三郎	昭15	一補衛上等兵 20、8、20	金子竹蔵 大九、二、一三	無		20、8、29 第四陸軍病院転属 力

49

20、7、29 第百九十四兵站病院転属	18、3、1	独歩第四大隊 一七、一、一〇	千葉県安房郡丹尾村大川面五三六番地	同上	父 粕谷貞治	昭16	現衛 1.1.20 兵長	粕谷作治 大六、三、一四	無
20、8、29 第十二軍司令官指定兵站病院転属	15、9、6	野戦重砲第七聯隊 一五、八、一	神奈川県横浜市南区高根町三丁目一七番地	同上	父 河野寅吉	昭14	一補衛 1.1.20 兵長	河野廣 大八、一、二五	無
20、6、4 朝鮮軍管区司令部転属	15、9、6	歩兵第一五七聯隊 一五、八、一	千葉県匝瑳郡白浜村木戸七三〇番地	同上	父 海保静一	昭11	19、2、1 20、3、1 補衛 衛伍	海保豊 大四、一一、一二	無 20.4.4 [illegible]
20、8、29 第十二軍司令官指定兵站病院転属	15、9、6	野戦重砲兵第一聯隊 一五、八、一	山梨県東八代郡石和町市部一一五三番地	山梨県西山梨郡甲運村字川田九四四番地	父 笠井清吉	昭13	一補衛 1.1.20 兵長	笠井清次 大七、二、一〇	無
同右	18、10、1	気球聯隊 一八、九、二〇	山梨県東山梨郡西保村北原七八七番地	同上	兄 加々美壽一	昭15	二補衛 1.1.20 上	加々美良行 大九、一、一	無
20、8、29 第百五十二兵站病院転属	18、3、1	独歩第四三大隊 一七、一、一〇	東京都江戸川区逆井二丁目二七七番地	長野県南佐久郡小海村 [illegible]	母 金子ゆん	昭16	現衛 1.1.20 兵長	金子芳之助 大六、二、二七	無 20.5.1 伍
20、8、29 第十六兵站病院転属	18、10、1	気球聯隊 一八、九、二〇	宮城県本吉郡唐桑村大字唐桑字崎浜一三〇番地ノ二	同上	父 片桐留三郎	昭9	二国衛 1.1.20 上	片桐幸喜 大二、三、二五	無
20、8、29 第十二軍司令官指定兵站病院転属	18、5、1	独歩第七六大隊 一八、三、二	千葉県印旛郡白井村神々廻三三三番地	同上	父 笠井清太郎	昭17	現衛 1.1.20 兵長	笠井魁 大六、一二、一八	無

50

留守名簿

20、7、29 第□八十六兵站病院駐屬

20、8、29 第□五十五兵站北病院駐屬

20、6、4 [illegible]

20、8、29 第□十六兵站北病院駐屬

20、8、29 第□五十五兵站北病院駐屬

20、8、29 第□□□九兵站病院駐屬

力

編入年月日	18、10、1	18、10、1	15、9、6	16、1、6	19、3、1	15、9、6
前所屬及其編入年月日	野戰重砲兵第八聯隊 一九、九、一〇	野戰重砲兵第八聯隊 一八、九、五	歩兵第一五七聯隊 一八、八、一	歩兵第一四九聯隊 一五、一二、九	独歩第五大隊 一八、一二、三	歩兵第一五七聯隊 一五、八、一
本籍（在留地）	長野縣下伊那郡上郷村大字黒田二〇五〇番地	埼玉縣入間郡東吾野村虎秀五番地ノ五	千葉縣長生郡一松村甲一六〇三番地	神奈川縣横濱市戸塚區由谷町一四五四番地	山梨縣南都留郡下吉田町下吉田一六五番地	千葉縣印旛郡元吉村大室一八二六番地
留守擔當者 住所	同 上	同 上	同 上	同 上	同 上	同 上
留守擔當者 續柄	父	妻	妻	父	母	父
留守擔當者 氏名	金森清	加藤てい	具塚ゆき	金高一	萱沼げん	海方五郎
徴集年	昭15	昭11	昭11	昭15	昭18	昭11
任官年						
役種兵種官等級俸給發令年月日	二補衛 兵長 19、20、3、1、15	二補衛 上等兵 19、20、20	後補衛 兵長 19、20、3、1、1	後補衛 兵長 19、20、12、3、9、1	現衛 上等兵 19、20、20	二補衛 兵長 19、20、20
氏名 生年月日	金森政雄 大八、二、二	加藤大助 大五、八、二三	具塚要 大五、二、二	金高幹夫 大九、二、九	萱沼満 大一二、三、一四	海方芳雄 大九、七、二七
留守宅渡ノ有無	無	無	無	無	無	無
補修年月日	20.7.1進級		20.4.4進級	20.4.4進級		

51

20、8、29 第百五十一兵站病院転属	16、4、2		佐賀県小城郡南多久村大字長尾三五四三番地ノ二	佐賀県杵島郡大町町三四〇番地	父	梶原萬吉	BR/12	技術雇員 [illegible]	梶原清有	大六、二、廿二	無	20.4.4昇給 20.8.20昇給
解傭 20、6、2	19、9、14		朝鮮平安北道新義州府水門洞一〇四番地	朝鮮平安北道新義州府南敏浦洞八〇番地	父	金島用彬		通訳傭人 [illegible]	金島炯燁	大五、六、二七	無	20.4.4昇給
解傭 20、8、20	19、10、1		宮城県仙台市坊主町二三番地	北京市内一区無量大人胡同一四號	父	加藤孝		技術傭人 [illegible]	加藤節子	大四、二、三	無	20.4.4昇給
20、7、29 第百五十一兵站病院転属	16、6、26		熊本県飽託郡高橋町二二八番地	北京市内五区南灰通五四	父	甲斐末藏		女子給仕 [illegible]	甲斐春江	明四四、一、五	無	20.4.4昇給 20.8.20昇給
20、8、29 第百五十一兵站病院転属	15、3、23	[redacted]	福岡県直方市大字山部一〇五番地	同	母	鐘江松乃		技術雇員 18.9.30 七八〇	鐘江哲夫	大元、九、二	無	
20、7、29 第百五十五兵站病院転属	15、3、23	[redacted]	富山県東礪波郡山野村安室四五四番地	北京市外五区天橋公平市場一〇四	妻	河原鈴		事務雇員 [illegible]	河原久光	明三三、二、八	無	20.4.4昇給
20、8、29 第百五十一兵站病院陸	16、3、18		朝鮮平安北道新義州府南敏浦洞一八番地	中華民国山東省青島市朝城路三號	妻	金森妙子		自標縦者 [illegible]	金森英一	大九、七、二四	無	20.4.4昇給 20.8.20昇給
20、7、29 第百九十四兵站病院転属	16、1、19		千葉県山武郡成東町成東三〇六二番地	中華民国山西省太原市後宰市街五四號	妻	金田ゲン		自標縦者 [illegible]	金田寛	明四四、一、一七	無	20.4.4昇給 20.8.29昇給

留守名簿

力

備考	編入年月日	前所属及其編入年月日	本籍（在留地）	留守擔當者 住所	續柄	留守擔當者 氏名	徴集年 任官年	役種兵種官等級俸給額發令年月日	氏名	生年月日	留守宅渡ノ有無	補修年月日
20、8、29 第百六十兵站病院転属	15、7、22		岩手縣下閉伊郡小本村中里第八地割岸四四番地	中華民國河北省石門市自強路陸軍宿舍	妻	加藤コウ		自操縦者 20.8.20 [illegible] 20.3.31 [illegible] 19.10.1 [illegible]	加藤忍	大三、八、五	無	20.4.4昇給 20.8.20昇給
20、8、29 第百六十兵站病院転属	15、8、26		埼玉縣入間郡三ヶ島村大字三ヶ島堀内一〇番地	中華民國河北省石門市自強路陸軍宿舍	妻	粕谷勝枝		自操縦者 20.8.20 [illegible] 20.3.31 [illegible] 19.3.31 [illegible]	粕谷舒一	大四、一、一	無	20.4.4昇給 20.8.20昇給
20、8、29 第十二軍司令官ノ区処兵站病院転属	16、4、2	第一五野戦防疫給水部 一三、九、二〇	山形縣最上郡金山町大字中田三二八番地	山形縣最上郡金山町大字下野明字片貝	義父	大場治郎吉		自操縦者 20.8.20 [illegible] 20.3.31 [illegible] 19.10.1 [illegible]	柿崎榮一	大六、九、一	無	20.4.4昇給 20.8.20昇給
同右	18、3、25		朝鮮平安北道新義州府初音町六一番地ノ一	朝鮮平安北道義州郡麻田面[illegible]三九四ノ一番地	兄	金村春得		通譯傭人 20.8.20 [illegible] 20.3.31 [illegible] 19.10.1 [illegible]	金村英得	明三九、一二	無	20.4.4昇給 20.8.20昇給
20、8、24 第百五十三兵站病院転属	15、6、17		神奈川縣愛甲郡荻野村上荻野七六四番地	和歌山縣東牟婁郡三尾川村	妻	神崎榮子		業務手 技術雇員 20.8.20 [illegible] 20.3.31 [illegible] 14.7.31 [illegible]	神崎武雄	明四四、六、一七	無	20.4.4昇給 20.8.20昇給
20、8、29 第百五十四兵站病院転属	19、12、4		沖縄縣那覇市松下町一丁目一五番地	同上	養父 / 義兄	神山丕顕 / 神山克明		女子雑仕 20.8.20 [illegible] 20.3.31 [illegible] 19.12.4 [illegible]	神山トシ	大四、二、一七	無	20.4.4昇給 20.8.20昇給

53

20、8、29 第十二 軍司令官認定 台湾沿岸病院 戦病	20、戦6 18 免筆生 (卵備)
19、6、2	20、3、2
朝鮮慶尚南道居昌郡熊陽面東湖里三八二番地	熊本縣阿蘇郡一ノ宮町大字下城四三一四番地
朝鮮忠清南道大田府儒城面九岩里一一五番地	中華民国河北省北京市内三区船板胡同羅車坑二
父 金山鉉日	母 河津タツ
自標縱者貫留 20、8、20 第五〇三号 20、8、20 戦死	筆一 生 20、戦3 2三三
金山秉浩 大九、二、二	河津憲數 昭四、二、八
無	無
20、4、4昇進 20、8、20昇進	

54

留守名簿

欄外記事	編入年月日	前所属及其編入年月日	本籍（在留地）	留守担当者 住所	続柄	氏名	徴集年	任官年	役種兵種官等級並ニ等級俸月給額発令年月日	氏名 生年月日	留守宅渡ノ有無	補修年月日
20、8、29 第一六五兵站病院転属	15、9、22	歩兵第十二聯隊留守隊 一五、五、一五	兵庫県美嚢郡淡河村北僧尾九七口番地	大阪府大阪市南区松屋町四三番地	母	清原久枝		昭15	豫医大尉 14、9、15	清原龍 大六、九、一八	有	
20、8、29 第百五十一兵站病院転属	18、3、18	金沢陸軍病院 一八、三、二	石川県金沢市古府町ホ二口二番地	同	妻	北川花子	昭6		豫衛医中尉 20、3、22	北川清男 明四三、四、一五	無	20.4.4進級
20、6、8 現地召集解除 北支那派遣軍貨物廠 119	19、2、10	福井	福井県坂井郡東十郷村上新庄才四口號二五番地	北京市外二区八角琉璃井八號	妻	北川喜美	昭10		豫衛医中尉 19、20、2、10、22	北川清治 明四二、三、六	無	20.4.4進級
20、6、4 西部軍管区転属	15、3、23	[redacted] 吉村部隊 一三、九、七	熊本県飽託郡三和町字薬師町五九五番地	同	母	清田タキ	昭10	昭12	現衛准 四18、8、1	清田茂雄 大四、九、七	有	
20、8、29 第百五十一兵站病院転属	15、3、23	[redacted] 菊池部隊 一四、二、八	広島県御調郡菅野村大字平木一五六番地	同	父	北浦静一	昭10	昭13	現衛曹准 四20、3、1 十、19、31	北浦亀作 大三、一二、一九	有	20.4.4進級
20、8、29 第十二軍兵站病院転属 キ	15、3、23	[redacted] 吉村部隊 一三、九、二	熊本県鹿本郡千田村大字広二三二番地	同	妻	木本キミエ	昭11	昭13	現衛曹准 四20、9、1 十、16、10	木本勇 大五、八、一五	有	20.4.4進級

20.8.29 第百六十四兵站病院転属	15.3.2	[redacted] 部隊	東京都麹町区飯田町三丁目一四番地ノ一	中華民国山西省大原市上肩街一號	妻	木村米	昭17	昭19.4.1 陸軍技手 19.6.30 20.8.20	木村源藏 明四〇.五.一三	無	20.8.20昇級
20.8.29 第百八十二兵站病院転属	18.4.8	野戦重砲兵第十八聯隊 八.三.二	埼玉県浦和市仲町一ノ一九番地	台湾基隆市寿町三丁目二番地	母	木村タキエ	昭15	19.7.1 20.3.1 衛生伍長	木村正紀 大四.二.三〇	無	20.4.4進級
20.8.21 第百六十四兵站病院転属	15.7.6	野戦重砲兵六十八聯隊 一五.八.一	神奈川県横浜市南区唐沢八一番地	東京都北多摩郡三鷹町下連雀二七番地	母	北折さだ	昭14 昭19	19.8.1 20.8.1 衛生伍長	北折利雄 大八.二.八	無	20.8.1進級
20.8.29 第十二軍司令部兵站病院転属	20.1.31	独歩第八一大隊 一九.一一.一八	山梨県甲府市千塚町一〇二番地	山梨県甲府市千塚町八四番地	父	橋田賢隆	昭19	19.11.18 20.5.18 現衛	橋田賢一 大四.九.一〇	無	20.6.1進級
20.8.29 第百五十兵站病院転属	20.1.31	独歩第八一大隊 一九.一一.一八	東京都日本橋区小舟町一丁目二ノ六	同上	父	木下喜次郎	昭19	19.11.18 20.5.18 現衛	木下東一 大四.三.二八	無	20.6.1進級
20.8.29 第百五十兵站病院転属	20.1.31	独歩第八一大隊 一九.一二.一八	東京都豊島区池袋四丁目七四〇番地	同上	父	木下久男	昭19	19.11.18 20.5.18 現衛	木下哲夫 大四.一.一二	無	20.6.1進級
20.8.29 第一六六兵站病院転属	17.6.24	歩兵第一五七聯隊 一七.五.二五	東京都葛飾区本田渋江町九番地	同上	妻	木村とふ子	昭12	19.12.1 衛生伍長	木村儀三郎 大八.七.三〇	無	
20.8.29 第十二軍司令部兵站病院転属	16.1.6	歩兵第一四九聯隊 一五.一一.九	千葉県香取郡瑞穂村寺内四七四ノ二	同上	父	木内金次郎	昭15	19.11.9 20.3.1 衛生伍長	木内宗吉 大九.七.二五	無	20.4.4進級

56

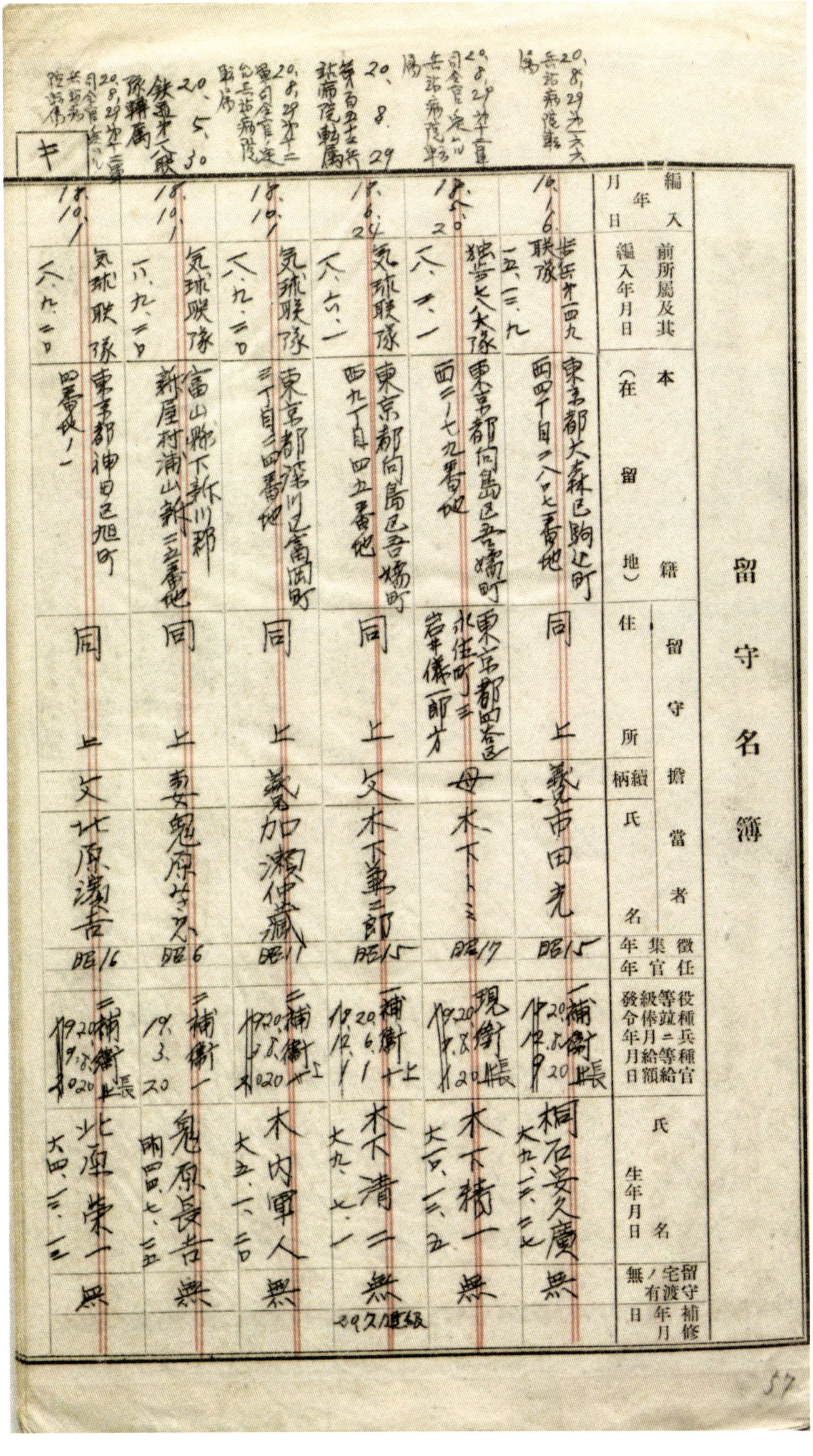

ヰ

留守名簿

編入年月日	前所属及其編入年月日	本籍（在留地）	留守擔當者 住所	續柄	氏名	徵集年 任官年	役種兵種等級ニ等級俸給額發令年月日	氏名 生年月日	留守宅渡ノ有無	補修年月日
16.1.6	歩兵第一四九聯隊 一五、一二、九	東京都大森区駒込町 四丁目二八〇七番地	同上	義兄	市田光	昭15	一補衛上長 20.8.20	桐石安久廣 大九、六、二七	無	
18.5.20	独歩七八大隊 八、一、一	東京都向島区吾嬬町 西二ノ一七九番地	東京都四谷区永住町三 岩本備府方	母	木下トミ	昭17	現衛上長 20.8.20	木下精一 大六、三、五	無	
19.6.24	気球聯隊 八、六、一	東京都向島区吾嬬町 西九丁目四五番地	同上	父	木下兼三郎	昭15	一補衛上 20.6.1	木下清二 大九、七、一	無	
18.10.1	気球聯隊 八、九、二〇	東京都深川区富岡町 三丁目二四番地	同上	義兄	加瀬伊蔵	昭11	二補衛上 20.8.20	木内軍人 大五、一、二六	無	
18.10.1	気球聯隊 八、九、二〇	富山県下新川郡 新屋村浦山新 三五番地	同上	妻	鬼原なさえ	昭6	二補衛一 19.3.20	鬼原長吉 明四四、七、二五	無	
18.10.1	気球聯隊 八、九、二〇	東京都神田区旭町 四番地ノ一	同上	父	北原滝吉	昭16	二補衛上長 20.9.8	北原栄一 大四、三、一三	無	

Marginal notes (top, right to left): 20.8.29 第一六六兵站病院転属 / 20.8.29 第十五軍司令官 兵站病院転属 / 20.8.29 第百五十二兵站病院転属 / 20.8.29 第十二軍司令官 兵站病院転属 / 鉄道第八聯隊転属 20.5.30 / 20.8.29 第十二軍司令官 兵站病院転属

[illegible]進級

57

20.5.30 鉄道第八聯隊	17.3.1	歩兵第三三聯隊 一八、一、三一	神奈川県横濱市鶴見区獅子ヶ谷町一九〇番地	同	母	岸本トク	昭16	現 衛 長伍 18.8.1 20.3.1	岸本安藏 大6.1.2	無	20.4.4進級
20.8.29 第十三方面軍司令部 第五七兵站病院 陸上勤務	19.3.1	独歩第五大隊 一八、六、二六	山梨県東山梨郡塩山町上於曽二七五二番地	同	母	菊島タチノ	昭18	現 衛 上 19.5.1 20.5.1	菊島美正 大1.3.7	無	20.6.1進級
20.8.29 第百六十五兵站病院 戦病	18.5.20	独歩第七八大隊 一八、二、一	神奈川県横須賀市浦郷一三八五番地	同	父	桐谷司造	昭17	現 衛 長伍 19.4.1 20.3.1	桐谷敏夫 大2.3.3	無	20.4.4進級
20.8.29 第百五十五兵站病院 戦病	20.1.31	独歩第八八大隊 一九、十二、一八	東京都麹町区富士見町一丁目七番地ノ五	東京都芝区三田小山町一番地	父	濱岩部芝之	昭19	現 衛 一 19.11.18 20.5.18	菊地和雄 大4.3.2	無	20.6.1進級
20.8.24 第百六十兵站病院 戦病	20.1.31	独歩第八八大隊 一九、十二、一八	埼玉県北葛飾郡櫻田村大字上川崎四四三番地	同	父	木村熊吉	昭19	現 衛 一 19.11.18 20.5.18	木村文七 大2.9.25	無	20.6.1進級
20.8.29 第百五十五兵站病院 戦病	20.1.31	独歩第八八大隊 一九、十二、一八	埼玉県南埼玉郡大袋村大字恩間七四七番地	同	父	木村武	昭19	現 衛 一 19.11.18 20.5.17	木村眞澄 大2.3.27	無	20.6.1進級
20.8.19 解傭	19.9.26		朝鮮平安南道龍岡郡瑞和面同相里三八一	同	父	菊地有萬		調理指導 雇 19.9.30 20.3.31	菊地致源 大9.4.26	無	20.4.4昇給
20.8.15 解雇	15.3.23	[redacted] 菊池二部隊	朝鮮平安北道定州郡新山面造山洞一四二七番地	中華民国山東省青島市湖南路三一號	妻	北澤百合子		自傭継者 14.5.30 20.3.31	北澤秀吉 大8.5.7	無	20.4.4昇給

58

留守名簿

キ

編入年月日	前所属及其編入年月日	本籍（在留地）	留守擔當者 住所	留守擔當者 續柄	留守擔當者 氏名	徴集年	任官年	役種兵種官等級俸給額發令年月日	氏名 生年月日	留守宅渡ノ有無	補修年月日
16、4、2（20、8、29 第百六十四兵站病院転属）		青森県西津軽郡木造町字上増田文八ノ二	同上	兄	木村政一			自操縦者 20、8、20 四四〇〇 20、3、31 三九〇〇 19、9、30 三六〇〇	木村政五郎 大六、一〇、一五	無	20.4.4 昇給 20.5.20 昇給
15、8、12（20、8、29 第百九十四兵站病院転属）		秋田県北秋田郡大館町新地九四番地	同上	父	木村三藏			同操縦者 20、8、20 三九〇〇 20、3、31 四四〇〇 19、9、30 三一〇〇	木村勇次郎 大四、三、一六	無	20.4.4 昇給 20.5.20 昇給
15、8、28（20、8、29 第百五十三兵站病院転属）	[redacted] 菊地七部二隊 一四	栃木県上都賀郡北押原村大字塩山一一七三番地ノ一	東京都荏原区[illegible]塚五三九番地	父	黒川忠三郎	昭13	昭14	豫医大尉 三、19、9、15	黒川正治 大二、一、三〇	有	

58

留守名簿

上欄記事	編入年月日	前所属及其編入年月日	本籍（在留地）	留守担当者 住所	続柄	留守担当者 氏名	徴集年	任官年	役種兵種官等級俸給月給額発令年月日	氏名 生年月日	留守宅渡ノ有無	補修年月日
20、8、29 第百五十三兵站病院転属	15、3、23	[redacted] 菊池部隊 一四、七、二〇	栃木県上都賀郡七神原村大字益山一一七三番地	東京都荏原区平塚五ノ三九一番地	父	黒川吉(?)三郎	昭13	昭14	予 軍医大尉 三、19、9、15	黒川正治 大三、一、三〇	有	
20、8、29 第百五十一兵站病院転属	15、3、23	[redacted] 西村運輸部隊 一三、九、三〇	岡山県上房郡川面村三四四七番地	同上	妻	黒瀬友子	昭10	昭13	現 衛准 四、19、12、1	黒瀬懋 大(?)四、九、二五	有	
20、8、1 第二野戦鉄道司令部転属	18、6、27	金沢陸軍病院 一六、六、一	石川県羽咋郡堀松村字神代ウ一〇番地	同上	父	倉嶋岩松	昭15	昭18	現 衛軍 三、19、12、31	倉嶋幸作 大九、一一、一四	無	
20、8、29 第百五十三兵站病院転属	16、12、1	北支(?)陸軍病院 一五、三、一	兵庫県武庫郡本庄村青木四八七番地	兵庫県武庫郡本庄村青木五〇三番地	父	楠井三治郎	昭14	昭16	現 衛曹 三、20、8、1 大阪任31	楠井憲一 大八、八、六	有	20、8、1進級
20、8、29 第百五十三兵站病院転属	19、6、24	歩兵第三十七聯隊 一七、五、二五	埼玉県熊谷市大字代三八四番地	同上	父	栗原貴嗣	昭16	昭19	予 衛伍長 四、20、8、1 19、3、1	栗原明三 大八、二、五	無	20、8、1進級
20、8、29 第百五十三兵站病院転属	19、8、1	独立歩兵第五大隊 一八、一二、一二	山梨県甲府市相生町三三六番地	同上	父	窪田勇	昭18		現 衛上 19、20、6、20、20	窪田盛親 大三、一、二〇	無	

ク

60

20、8、29 第百六十六兵站病院転属	17、5、20	歩兵第七八大隊 八、三、一	東京都下谷区新坂本町三番地	東京都下谷区入谷町一三三番地	母	楠美恵	昭17	現 衛長伍 20、3、1	楠 満	無	20.4.4進級
20、8、29 第百五十一兵站病院転属	20、1、31	独歩第八一大隊 一九、二、一八	東京都本郷区駒込東片町一一四番地	東京都世田谷区喜多見町三八九番地	父	國井眞澄	昭19	現 衛十一 20、11、5	國井偉策 大四、一、一	無	20.6.1進級
20、8、29 第百五十二兵站病院転属	20、1、31	独歩第八一大隊 一九、二、一八	東京都本郷区追分町八五番地	同	父	熊谷虎吉	昭14	現 衛十一 20、11、5	熊谷起丸 大四、一〇、二七	無	20.6.1進級
20、8、29 第百五十二兵站病院転属	18、2、27	第三師団野戦病院 一八、六、二	埼玉県北埼玉郡手子林村大字町屋一四三番地	同	父	熊井金松	昭11	一補 衛上長 20	熊井正義 大四、一三、一六	無	
20、8、10 北支那特別警備隊転属	17、6、24	歩兵第一五七聯隊 一七、五、二五	埼玉県秩父郡吉田町大字下吉田六六〇番地	同	妻	倉林満子	昭12	補 衛長伍 20、11、1	倉林延行 大六、一、五	無	20.7.1進級
20、8、29 第百五十五兵站病院転属	15、9、6	野戦重砲第七聯隊 一五、八、一	埼玉県南埼玉郡慈恩寺村大字鹿室一七二番地	同	父	桑原助蔵	昭14	二補 衛上長 20	桑原藤吉 大八、一〇、一	無	
20、8、29 [illegible]兵站病院転送	17、6、24	歩兵第一五七聯隊 一七、五、二五	東京都下谷区龍泉寺町一一四番地	同	兄	黒川芳夫	昭16	一補 衛上長 20、3、1	黒川茂男 大六、九、二一	無	20.4.4進級
20、8、29 第百九十四兵站病院転属	17、6、24	歩兵第一五七聯隊 一七、五、二五	埼玉県北足立郡志紀町大字水子四七七番地	同	父	黒田七之吉	昭16	補 衛上長 20、11、1	黒田忠夫 大六、一、二三	無	20.4.4進級 20.6.1現任

61

留守名簿

編入年月日	前所屬及其編入年月日	本籍（在留地）	留守擔當者 住所	續柄	氏名	徵集年 任官年	役種兵種官等級 等給 俸月額 發令年月日	氏名 生年月日	留守宅渡ノ有無	補修年月日	備考
17、2、27	国府台陸軍病院 一六、一〇、二〇	千葉県印旛郡成田町寺台五五三番地	同上	兄	黒川喜市	昭15	一補衛長	黒川定次郎 大九、五、二〇	無		20、8、29 第百九十六兵站病院転属
18、10、1	野戦重砲兵第八聯隊 八、九、五	富山県中新川郡新川村寺田五四三番地	同上	母	窪田ハル	昭17	二補衛上	窪田正雄 大八、二、一三	無		20、8、29 [illegible]兵站病院転属
17、2、27	国府台陸軍病院 一六、一〇、二〇	東京都牛込区袋町六	同上	父	倉持代次郎	昭12	一補衛長	倉持有三 大六、九、四	無		20、8、29 第百五十兵站病院転属
20、1、31	独歩第三八大隊 一九、一二、一八	山梨県甲府市古上條町五九八番地	同上	母	窪田安子	昭19	現衛上	窪田郁雄 大四、一〇、二 20.6.1進級	無		20、8、29 第百[illegible]兵站病院転属
19、2、29		青森県東津軽郡新城村大字鶴ヶ坂字川合一三一	同上	父	倉内慶次郎		技術傭人	倉内常太郎 大二、一、一三	有	20.4.4 解除 20.2.20	20、8、29 第百五十[illegible]兵站病院転属
15、3、23	[redacted] 崎池九部二隊	岐阜県本巣郡牛牧村祖父江九五〇ノ一	熊本県熊本市黒髪町大字黒髪留見	妻	栗山サカエ		守衛 19.9.30 五七〇〇	栗山徳一 明三七、二、五	有		解雇 20、3、2

ク

62

20、8、29 [illegible]	15、3、26		大分県北海部郡臼杵町大字二王野部十八番地	同上 兄 久保田馨	自操縦者 20.8.20 [illegible] 20.3.1 [illegible] 19.9.30 [illegible]	久保田清 大四、四、一四	無	20.4.4 昇給 20.8.20 [illegible]
20、8、29 [illegible]	15、3、23	[redacted] 菊池部隊 四、五、三	茨城県結城郡岡田村大字藏持七番屋敷	同上 父 草間嘉三郎	技術雇員 19.3.31 [illegible]	草間宗七 大四、五、四	無	
20、8、29 [illegible]	15、3、28	[redacted] 菊池部隊 四、七、三	秋田県秋田市寺内字大路七八番地	秋田県秋田市大小路七八 母 桑原トリ / 同上 兄 桑原平治	事務雇員 20.8.20 [illegible] [illegible]	桑原平藏 明四一、一四、二七	無	20.4.4 昇給 20.9.1 現住 20.6.20 昇給

63

留守名簿

コ

欄外記入	編入年月日	前所属及其編入年月日	本籍（在留地）	留守擔當者住所	續柄	留守擔當者氏名	徴集年	任官年	役種兵種官等竝ニ等級俸月給額發令年月日	氏名	生年月日	留守宅渡ノ有無	補修年月日
20、8、29 第百三十一兵站 於南方 [illegible] 属	15、3、21	[redacted] 菊池部隊 九、二七	岐阜県揖斐郡豊木村大字西方四四七番地	愛知県知多郡横須賀町大字横須賀	妻	小森あや子		昭10	現 軍医少佐 二〇、四、三〇	小森源一	明四二、九、一〇	有	20.9.1 等給
20、8、29 第百三十二兵站 於南方 [illegible] 属	15、3、23	菊池部隊 [redacted] 一四、一〇、八	宮崎県児湯郡東米良村大字尾八重九二四番地	宮崎県宮崎市宮崎町二四〇番地	妻	後藤美地		昭13	現 軍医少佐 二〇、四、三〇	後藤正孝	大九、九、七	有	20.9.1 等給
20、8、29 第百五十三兵站 [illegible] 属	15、3、23	菊池部隊 [redacted] 一四、七、二〇	東京都世田谷区若林町二四一番地	栃木県塩谷郡塩原町塩釜 君島一角方 / 同上	妻 / 母	近藤富美代 / 近藤志やオ	昭14	昭14	予 軍医大尉 一九、九、三〇	近藤信一	大三、一、一〇	有	20.9.1 現任担当
20、6、1 北支 野戦 [illegible] 属	18、3、10	村松陸軍病院 一八、一、三〇	富山県富山市清水町九九番地	同上	父	児玉通雄	昭16	昭18	予 薬剤少尉 一八、一二、一	児玉寛	大八、一、二三	有	
20、8、29 第百五十一兵站 [illegible] 属	17、6、24	歩兵第一五七聯隊 一七、五、二五	東京都牛込区神楽町三丁目五	新潟県西蒲原郡[illegible]村 田中信次方 / 同上	母	幸田セリ	昭9	昭15	予 衛生曹長 二〇、八、三〇	幸田光集	大二、二、五	有	20.6.1 現任
20、8、29 第百五十 兵站病院 入院 [illegible] 属	19、3、1	大原陸軍病院 一九、二、二四	福井県福井市照手下町九一番地ノ一	福井県福井市佐久良中町三五番地	實兄	坂口正	昭15	昭19	現 衛生[illegible] 二〇、八、一 / 一九、三、一	郡昇	大九、一、二五	無	20.7.1 進級

64

20、8、25 第十三軍司令官 指定 台岳站病院属	18、6、14	気球聯隊 八、六、一	埼玉県川口市大字安行領根岸一九三二番地	同上	父	小林源吉	昭13	一補衛上 20.1.20	小林廣 大七、五、一	無	
20、5、30 鉄道第九大聯隊編属	18、6、14	気球聯隊 八、六、一	埼玉県浦和市高砂町三丁目五九番地	同上	父	小杉秀太郎	昭12	一補衛上 19、8、1	小杉久雄 大六、六、四	無	
20、8、29 第百六十六兵站病院属	19、6、24	歩兵第十五七聯隊 一七、五、七五	東京都西多摩郡大久保野村五一五	同上	母	古山マン	昭15	上補衛長 20.8.21	古山義雄 大九、六、七	無	20.4.4 進級
20、8、29 第六十六兵站病院轉属	17、5、28	輜重兵第二十二聯隊 一七、五、二六	神奈川県川崎市大宮町三三九八番地	福岡県… 上	父	小林信吉	昭15	二補衛長 19、8、1	小林信彰 大九、二、二六	無	20.5.1 現役 20.9.1 現役
同右	18、10、1	気球聯隊 八、九、二〇	山梨県東八代郡柏村	同上	兄	後藤弘	昭16	二補衛上 20.9.30	後藤虎賀 大九、三、一〇	無	
20、8、29 第十二兵站病院轉属	18、1、6	歩兵第百九聯隊 一五、三、九	埼玉県比企郡菅谷村大字川島山一六八九七番地	同上	母	權田ほの	昭15	上補衛長 20.3.1	權田徳壽 大九、八、二	無	20.4.1 進級
20、5、30 鉄道第九聯隊轉属	18、10、1	気球聯隊 八、九、二〇	宮城県桃生郡鹿又村字梅木屋敷一三五番地	宮城県桃生郡鹿又村字内田八二番地	父	小山武藏	昭9	二衛一 19、3、20	小山敬藏 大三、六、一六	無	
20、5、29 第百五十六兵站病院轉属	18、10、1	気球聯隊 八、九、二〇	宮城県伊具郡金山町字原町一六番地	宮城県伊具郡金山町字表小路四番地	妻	鴻野とみよ	昭10	二衛一 20.1.20	鴻野國治 大四、五、一二	無	

65

20、5、29 第百八十六兵站病院転属

20、8、29 第百五十二兵站病院転属

20、8、29 第百九十四兵站病院転属

20、5、29 第百九十四兵站病院転属

20、8、29 第十六兵站病院転属

20、8、29 第百五十二兵站病院転属

コ

留守名簿

編入年月日	前所属及其編入年月日	本籍（在留地）	留守担当者 住所	続柄	氏名	徴集任官年	役種兵種官等級俸給額発令年月日	氏名	生年月日	留守宅渡ノ有無	補修年月日
18、10、1	気球聯隊 一八、九、二〇	宮城県桃生郡桃生村大田字十貫一番二三	同上	母	今野ちよみ	昭11	一 衛生兵長 19.9.10 20.6.1	今野富男	大四、六、二〇	無	20.6.1進級
18、5、20	独歩第七大隊 一八、二、一	神奈川県横浜市中区山王町四丁目二五番地	同上	父	小谷田伊三郎	昭17	現 衛生兵長 19.8.1 20.8.1	小谷田兵男	大二、二、一七	無	20.8.1進級
18、10、1	気球聯隊 一八、九、二〇	山梨県中巨摩郡昭和村押越一五八番地	山梨県中巨摩郡田富村字東花輪	養父	河西宗人	昭15	二補 衛生兵 19.5.20 20.5.20	小泉四男	大九、一、二	無	
15、9、6	野戦重砲兵第八聯隊 一五、八、一	山梨県甲府市山宮町三番地	山梨県甲府市千塚一五一番地	母	小宮山はる	昭13	補 衛生兵長 19.5.20 20.4.20	小宮山正美	大七、五、一	無	20.4.20進級
19、3、1	独歩第五大隊 一八、一二、一二	山梨県甲府市深町三四八番地	山梨県甲府市金手町四四番地	兄	小林高次郎	昭18	現 衛生伍長 19.12.12 20.6.12	小林治三郎	大三、三、一三	無	20.7.1進級
18、5、20	独歩第七大隊 一八、二、一	東京都本所区向島押上町一ノ一ノ二	埼玉県南埼玉郡大田村字青毛 同上	父	紺野末吉	昭17	現 衛生上等兵 18.8.1 20.8.1	紺野英一	大二、一〇、五	無	20.5.30現役 20.8.1進級

66

20、8、29 [illegible] 転属	20、1、31	独歩大八大隊 一九、一一、一八	山梨県西八代郡市川大門町 一〇二一番地	同 上	父	小池薫蔵 昭19	現 衛十一 20、5、17	小池武 大一三、四、一二	無	20.6.1進級
同右	20、1、31	独歩大八大隊 一九、一一、一八	東京都南多摩郡由木村東中野 八〇番地	同 上	母	小林ムラ 昭19	現 衛十一 20、5、17	小林茂 昭一、六、二九	無	20.6.1進級
20、8、29 第百五十五兵 北満陸軍病院属	20、1、31	独歩大八大隊 一九、一一、一八	東京都日本橋区十軒町 二一自六番地	東京都大森区北千束町五九四 堀田辰夫方 上	母	小林つた 昭19	現 衛十一 20、5、18	小林常男 大一四、五、二七	無	20.6.1進級 20.7.1現住
20、8、29 第百五十三兵 北満陸軍病院属	20、1、31	独歩大八大隊 一九、一一、一八	東京都本郷区駒込神明町 三八〇番地	東京都瀧野川区昭和町 一ノ七五番地	叔父	五月女愛助 昭19	現 衛十一 20、5、18	小林五郎 大一四、一、一二	無	20.6.1進級
20、8、29 第百六十三兵 北満陸軍病院属	18、12、20	独歩第七八大隊 一八、一二、一	千葉県印旛郡白井村 中三五九番地	同 上	父	小林房五郎 昭17 昭17	現 衛伍 19、12、1	小林茂 大一二、一二、二六	無	
20、8、6 [illegible]	19、6、24	歩兵第百五七聯隊 一七、五、二五	千葉県東葛飾郡木間ヶ瀬村木間ヶ瀬 三三二	同 上	父	小沼茂衛 昭12	豫 衛上長 20、6、1 19、3、15	小沼操 大六、二、一八	無	20.7.1進級
20、8、29 第百五十一兵站 南満陸軍病院属	17、2、27	國府台陸軍病院 一六、一〇、二〇	山梨県北巨摩郡神山村 北宮地 一〇二二番地	千葉県木更津市椿 [illegible]方	母	小林えん 昭12	補 衛長 19、4、20	小林公司 大六、一〇、一〇	無	
20、8、29 第百五十五 兵站病院属	17、6、24	歩兵第百五七聯隊 一七、五、二二	東京都世田谷区玉川等々力町二丁目八四二	東京都世田谷区深沢町二丁目五七番地	父	小池清次郎 昭15	補 衛長 19、8、1	小池末吉 大九、五、九	無	

67

留守名簿

備考	編入年月日	前所屬及其編入年月日	本籍（在留地）	留守擔當者 住所	續柄	氏名	徵集年 任官年	役種兵種官等級俸給月額等發令年月日	氏名 生年月日	留守補給宅渡ノ有無年月日	
20、8、29 第百五十六兵站病院戦病属	18、10、1	氣球聯隊 八、九、二〇	山梨県東山梨郡八幡村堀内一九七番地	東京都品川区南品川五ノ七二 中生己代治方	叔父	小林寅	昭15	二補衛廿七 20、3、8 伍 20、3、20	小林壽一 大九、九、三	無	
20、8、29 第百五十六兵站病院戦病属	15、4、6	野戦重砲兵第八聯隊 一五、八、一	山梨県南都留郡[illegible]村中津森三七八番地	同上	父	小林重治	昭14	一補衛長 20、8、20 伍	小林信一 大八、一、一	無	
20、8、29 第百五十六兵站病院戦病属	20、1、31	独歩第八一大隊 一九、二、一八	東京都北多摩郡三鷹町上連雀六九八番地	同上	父	小清水銀蔵	昭19	現衛十一 20、5、18 伍 11、18	小清水弘安 大四、八、七	無	20.6.1進級
20、8、29 [illegible]	20、1、31	独歩第八一大隊 一九、二、一八	東京都本郷区[illegible]町三丁目一二番地	同上	父	此木金太郎	昭19	現衛十一 20、5、15 伍 11、18	此木英一 大一四、七、一三	無	20.6.1進級
20、8、29 第四十七兵站病院戦病属	20、1、31	独歩第八一大隊 一九、二、一八	山梨県北都留郡初狩村藤沢一一五四番地	同上	父	小林佐造	昭19	現衛十一 20、5、18 伍 11、18	小林力 大四、二、二〇	無	20.6.1進級
20、5、6 戦死	20、1、31	独歩第八一大隊 一九、二、一八	東京都豊島区雑司ケ谷町三ノ三〇番地	同上	兄	小松壽雄	昭19	現衛十一 20、5、6 伍 11、17	小松正雄 大四、一〇、二	無	20.5.6進級

フ

68

備考	年月日	部隊	本籍	住所	続柄・氏名	階級	氏名・生年月日	
20.8.29 歩第五十七兵站…転属	17.6.24	歩兵第一五七聯隊 一七五三五	千葉県松戸市馬橋 一八九二番地	同上	父 東風竹次郎 昭12	衛生伍長 20.6.1	東風正雄 大六、三、二八	無 20.D.進級
20.8.29 歩第五十五…転属	17.6.24	歩兵第一五七聯隊 一七五三五	埼玉県入間郡梅園村大字中村 四七〇ノ一	同上	兄 小森武 昭10	一補衛 兵長 20.8.20	小森保寿 大三、一二、二九	無
20.8.29 第六十七兵站病院転属	18.3.1	第三師団第一野戦病院 一七九一一	埼玉県入間郡高萩村大字女影 四八〇ノ二	同上	父 小久保深平 昭16	二補衛 上等兵 20.3.4	小久保儀右衛門 大七、三、五	無
20.8.29 第二十…兵站病院転属	16.1.6	歩兵第四九聯隊 一五一六九	神奈川県中郡東秦野村蓑毛 七〇六番地	同上	父 近藤[illegible]次郎 昭15	一補衛 兵長 20.8.20	近藤好夫 大九、六、三	無
同右	18.3.1	第三師団衛生隊 一七五一一	山梨県北巨摩郡安都那村箕輪 九七五番地	同上	兄 小林久男 昭13	一補衛 兵長 20.8.20	小林馨 大七、六、一	無
同右	18.4.8	野戦重砲兵第八聯隊 一八三〇二	千葉県印旛郡和田村八木 二二六番地	同上	祖父 小田菊次郎 昭15	二補衛 兵長 20.6.1	小田治雄 大九、七、二六	無 20.6.1進級
同右	18.10.1	気球聯隊 一八九〇二〇	富山県氷見郡氷見町今町 八一番地	富山県氷見郡氷見町向島	養父 小林市之丞 昭6	二補衛 上等兵 20.8.20	小林六三 明四四、一〇、二六	無
20.8.29 第六兵站病院転属	18.5.1	第三十二師団第一野戦病院衛生隊 一七、[illegible]、二三	山梨県中巨摩郡豊村大字上今井区 九一四番地	同上	父 小林江助 昭13	一補衛 兵長 20.8.20	小林泰重 大七、一、一〇	無

69

留守名簿

コ

20、8、29 [illegible]　20、8、29 [illegible]　20、8、29 [illegible]　20、8、29 [illegible]　20、8、29 [illegible]　20、8、29 [illegible]

編入年月日	前所屬及其編入年月日	本籍（在留地）	留守擔當者 住所	續柄	氏名	徴集年 任官年	役種兵種官等級俸給月額等發令年月日	氏名 生年月日	留守宅渡ノ有無	補修年月日
18、8、1	氣球聯隊 一八、九、二〇	山梨縣中巨摩郡昭和村河西七六五番地	同	父	五味賢吉	昭15	二補衛上 [illegible]	五味達雄 大八、一〇、一〇	無	
18、10、1	氣球聯隊 一八、九、二〇	長野縣上田市大字上田四一二三番地	長野縣上田市常木町一六一番地	妻	小山律	昭7	二補衛上 [illegible]	小山清次郎 大二、七、二	無	
18、10、1	氣球聯隊 一八、九、二〇	東京都澁谷區代々木初台町五三六番地	山形縣北村山郡尾花澤町 柴崎長次郎方	妻	小林トヨ	昭11	二補衛上 [illegible]	小林孝三 大五、七、二	無	20、6、1進級
15、6、24	歩兵第五七聯隊 一七、五、二五	埼玉縣兒玉郡青柳村大字新里七九六番地	同	兄	小林鍋次郎	昭16	二補衛長 20、2、1	小林富次郎 大六、七、五	無	
15、9、6	野戰重砲兵第七聯隊 一五、八、一	東京都荒川區日暮里町一丁目一一二番地	同	母	小林ハマ	昭13	二補衛 [illegible] 伍長	小林留吉 大七、三、二五	無	
17、6、24	歩兵第一五七聯隊 一七、五、二五	東京都目黒區上目黒三丁目七八一番地	同	父	小林盛富	昭15	一補衛 20、3、1 [illegible]	小林秀雄 大九、三、一〇	無	20、4、4進級

70

留守業公 二六八号
20年7月18日
戰病死

死亡	入営	部隊・番号	本籍	留守宅	続柄・届出者	任官	氏名・生年月日	相続
	18、10、1	歩兵第一五七聯隊 一七、五、二五	千葉県香取郡東大戸村関六三五番地	同	上 父 小林喜太郎 昭16	一補衛 上長 20.20.中8. 1 20	小林與八 大六、三、一	無
日右	24	野戦重砲兵第八聯隊 一七、九、五	茨城県猿河郡檜澤村大字下檜澤三九三一番地	同	上 父 小室勝太郎 昭16	一補衛 20 出長	小室恒 大六、九、五	無
20、8、29 第九十四兵站病院	18、3、1	独歩第四三大隊 一七六下	東京都江戸川区東瑞堀町八四六	東京都葛城東区亀戸町九ノ三五	父 小日向幾之助 昭16	現衛 兵長 19 20、3、1	小日向馨慈 大六、八、一	無
20、8、29 第五十一兵站病院	19、3、1	独歩第五大隊 八、一三、一	山梨県北都留郡上野原町三七五七ノ一	同	上 兄 小林茂 昭18	現衛 一 19、6、12	小林廣治 大三、八、一九	無
20、8、29 第一大〇兵站病院	19、3、1	独歩第五大隊 八、三、三	山梨県南都留郡明見村大字明見一六四番地	同	上 父 小林武吉 昭18	現衛 上長 19、20、12、6 12/12	小林勝 大六、一三、一〇	無
20、5、22 気球聯隊	20、1、31	独歩第八大隊 一九、二、八	東京都本所区東駒形三丁目一五	同	上 父 後藤留造 昭19	現衛 二 19、11、18	後藤一男 大一四、四、三五	無
20、8、29 第十二軍司令部兵站病院附属	16、1、6	歩兵第四九聯隊 一五、一六、九	東京都浅草区北本横町十一丁目十四番地 西三筋町一三番地	東京都芝区二本榎町一丁目六二番地	養父 安達操 昭15	二補衛 上長 1 20	古宮市太郎	無
20、8、29 第五十一兵站病院	15、8、24		群馬県吾妻郡六合村大字日影九四三番地	同	上 父 小池總吉	目撃継者 20.8.20 19.5.31 20.2.2	小池眞澄 大三、八、二八	有

20.4.4 昇格　20.7.1 進級　20.4.4 進級

20.P.201

71

24.P.30

備考	入営年月日	部隊	本籍	留守宅		続柄・氏名	階級	氏名・生年月日		注記
20、8、21 第十二方面軍司令官達 兵站病院 転属	17、6、24	歩兵第一五七聯隊 一七、五、二五	千葉県香取郡東大戸村関六三五番地	同	上	父 小林喜太郎 昭16	一補衛 20、8、20 上長	小林興一 大六、三、一	無	
同右	18、10、1	野戦重砲兵第八聯隊 一七、九、五	茨城県那珂郡檜澤村大字下檜澤三九二一番地	同	上	父 小室勝太郎 昭16	一補衛 20 上長	小室恒 大六、九、五	無	
20、8、29 第九十四兵站病院 転属	18、3、1	独歩第四三大隊 一七、六、下	東京都江戸川区東瓶堀町一八四六	東京都城東区亀戸町九ノ二三五		父 小日向幾之助 昭16	現衛 伍長 20、3、1	小日向馨慈 大六、八、一	無	20.4.4進級
20、8、29 第五十一兵站病院 転属	19、3、1	独歩第五大隊 八、一三、一	山梨県北都留郡上野原町三七五七ノ一	同	上	兄 小林茂 昭18	現衛一 19、6、12	小林廣治 大三、八、一九	無	
20、8、29 第一一六兵站病院 転属	19、8、1	独歩第五大隊 八、三、三	山梨県南都留郡明見村大字明見一〇四番地	同	上	父 小林武吉 昭18	現衛 上長 20、6、12	小林勝 大六、一二、一〇	無	20.7.1進級
20、5、22 気球聯隊 転属	20、1、31	独歩第八大隊 一九、六、八	東京都本所区東駒形三丁目一五	同	上	父 後藤留造 昭19	現衛二 19、11、18	後藤一男 大一四、四、二五	無	
20、8、21 第十二方面軍司令官達 兵站病院 転属	16、1、6	歩兵第四九聯隊 一五、一六、九	東京都浅草区元本町十一番地 西三筋町一三番地	東京都芝区二本榎町一丁目六〇番地		義兄 安達輝 昭15	三補衛 20、8、20 上長	古宮市太郎	無	
20、8、29 第五十一兵站病院 転属	15、8、24		群馬県吾妻郡六合村大字日影九四三番地	同	上	父 小池總吉	自撰継者 20、8、20	小池真澄 大三、八、三八	有	20.4.4採用 20.8.20

2W.P.50

留守名簿

編入年月日	前所属及其編入年月日	本籍（在留地）	留守擔當者 住所	續柄	氏名	役種 兵種 官等級 等給 俸月給額 發令年月日	氏名 生年月日	留守宅渡ノ有無	補修年月日
16、2、5		徳島県徳島市寺島本町東一丁目一番地	中華民国河北省北京市内三区北門倉六号	妻	近藤房江	事務雇員 20、8、20 [illegible]	近藤徳 大四、五、一五	無	20、8、20 [illegible]
19、9、30		東京都向島区寺島町三丁目三〇番地	京都府京都市上京区紫野今宮町一七	父	五井野安一	筆生 20、3、31 [illegible]	五井野愛子 大三、一、一七	有	20、4、4 [illegible]
16、12、2	若林部隊 一三、九、二四	山形県西置賜郡長井町大字宮九四五番地	同上	父	小林與一郎	自操縦者 20、8、20 [illegible]	小林正三 大三、三、三	無	20、4、4 [illegible]
17、7、20		奈良県吉野郡大淀町比曽七二八番地	同上	父	小松原常雄	調理指導員 20、8、20 [illegible]	小松原正春 大九、二、一	有	20、8、20 [illegible]
15、8、23	菊池部隊 一四、四、二八	愛知県名古屋市中区伊勢山町一四九番地	愛知県名古屋市南区呼続町字朝拝三一番地	兄	小林久吉	技術雇員 業務手 20、8、20 [illegible]	小林茂 明四〇、六、一二	無	20、8、20 [illegible]
16、6、10		新潟県新潟市附船町一丁目四二六七番地	東京都中野区江古田町二ノ一二〇五番地	母	小林モト	自操縦者 20、8、20 [illegible]	小林正雄 大九、一一、一三	無	20、8、20 [illegible]

二五三

20、8、29 第百三十一兵站病院転属

20、6、1 依願免 解雇

20、8、29 [illegible] 兵站病院転属

20、8、27 第百九十四兵站病院転属

20、8、29 第百四十六兵站病院転属

20、8、29 第百六十一兵站病院転属 コ

72

留守名簿

入	20、8、29 第十二方面軍司令部 台岳病院 転属	20、8、29 第四六入部隊 病院轉属	20、8、29 第百五十兵站病院 轉属	20、8、29 第百五十三兵站病院 轉属	20、8、29 第四五十四兵站病院 轉属	20、8、29 第百三兵站病院 轉属
編入年月日	15、2、22	16、3、14	15、7、22	17、4、13	18、3、1	19、2、29
前所属及其編入年月日	歩兵第六十五聯隊補充隊 一五、五、一五	北支陸軍病院 一五、一二、二四、	歩兵第二聯隊補充隊 一五、五、一五	歩兵第五十四聯隊 一七、一、二六	北支陸軍病院 一七、一二、二六	近歩第三聯隊補充隊 一九、八、一〇
本籍（在留地）	兵庫県有馬郡本庄村須磨田二三七番地	福井県丹生郡西安井村北堀井一〇號二番地	山形県山形市小白川町五〇番地	長野県北安曇郡中土村五〇一九番地	大阪府大阪市港区市岡元町一丁目一番地	東京都神田区錦町一丁目一六番地
留守担当者 住所	大阪府大阪市東区高麗橋五丁目二五番地	福井県福井市足羽下町一〇番地	群馬県前橋市細沢町乙四八番地	東京都荏原区平塚六丁目一〇三番地	大阪府大阪市住吉区田辺本町七丁目七番地	新潟県長岡市稽古町一六六三番地
続柄	父	父	妻	父	父	妻
氏名	酒井幹夫	定豊策	澤渡俊子	齋藤浩	三宮一人	佐藤萬里
徴集年	昭15					
任官年	昭15	昭15	昭15	昭17	昭17	昭10
役種兵種官等級俸給月額発令年月日	豫医大尉 二〇、四、三〇	豫医大尉 二〇、四、二〇	豫医中尉 二〇、四、二〇	現医中尉 二〇、六、一〇	豫医中尉 一、二〇、四、三〇	豫医少尉 19、9、22
氏名 生年月日	酒井英之 大三、三、六	定豊治 大四、九、一	澤渡岩夫 大五、二、二	齋藤誠 大六、六、一	三宮茂人 大六、二、一四	佐藤恒信 明四四、六、七
留守宅渡ノ有無	有	有	有	有	有	有
補修年月日	20.7.1 普級	20.6.1 普級	20.6.1 普級	20.7.1 官等	20.7.1 普級	

廿

73

20、8、29 第百五十一兵站 北病院転属	20、1、31	独歩才八大隊 一九、二、一八	東京都豊島区西巣鴨一丁目三三四一番地	秋田県仙北郡刈和野町 東京都豊島区日出町一丁目八〇番地	姉	中村はる江	明19	現 衛 十一 中20、5、18	佐々木新四郎	大四、一、一三	無	20.6.20現住 20.6.1進級
20、8、29 才二六兵站病院転属	20、1、31	独歩才八大隊 一九、二、一八	山梨県南巨摩郡下山村仲町二二八二番地	長野県岡谷市間下通濱町二三一〇番地	母	佐野つよ	明19	現 衛 十一 中20、5、18	佐野英一	大四、一〇、一	無	20.6.1進級
20、5、30 鉄道才八聯隊転属	20、1、31	独歩才八大隊 一九、二、一八	東京都目黒区洗足三一九番地	同上	父	櫻井鏡太郎	明19	現 衛 十一 中20、5、18	櫻井聖	大四、五、六	無	20.6.1進級
20、8、29 第百五十一兵站 北病院転属	20、1、31	独歩才八大隊 一九、二、一八	東京都本郷区駒込動坂町二十四	埼玉県川口市仲町三丁目五五三 上	父	佐藤文吉	明19	現 衛 十一 中20、5、18	佐藤伸	大四、一、二	無	20.5.31現住 20.6.1進級
20、8、29 才二六兵站病院転属	20、1、31	独歩才八大隊 一九、二、一八	山梨県南巨摩郡西島村一三五六番地	同上	従兄	佐野正晴	明19	現 衛 十一 中20、5、18	佐野一友	大三、三、二八	無	20.6.1進級
20、8、29 才十二軍司令官ノ直轄兵站病院転属	20、1、31	独歩才八大隊 一九、二、一八	東京都渋谷区千駄ヶ谷三ノ五四九	同上	母	佐野さだ	明19	現 衛 十一 中20、5、18	佐藤友治	大一四、二、四	無	20.6.1進級
20、6、1 北支貨物廠転属	16、7、20	千葉陸軍病院 一五、六、一	長崎県長崎市袋町二〇番地	長崎市片淵町三丁目七六三 酒井流一方	父	酒井流一	明5 明7	現 衛 准 一七、一〇、三一	酒井實	明四四、一二、二	有	20.5.30現住
20、4、10 第四三軍司令部転属	18、4、8	国府台陸軍病院 一八、三、一七	東京都北多摩郡三鷹町下連雀四三二番地	同上	兄	坂本辯一	明13 明15	現 衛 曹 一八、一二、三一	坂本八郎	大六、三、一八	無	

74

留守名簿

廿

編入年月日	前所属及其編入年月日	本籍（在留地）	留守担当者 住所	続柄	留守担当者 氏名	徴集年	任官年	役種兵種官等級俸給月額発令年月日	氏名 生年月日	留守宅渡ノ有無	留守補修年月日	（欄外）
15.3.23	菊地部隊（一四、二、八）	新潟県中蒲原郡[illegible]町大字矢代田四一二六	同	父	坂井政次	昭10	昭13	現 衛 曹長 准 四、20.3.1 十、18.9.30	坂井留次 大四、二、一	有	22.4.4進級	20.8.29 [illegible]病院
15.9.6	野砲兵第八聯隊（五、八、一）	山梨県南巨摩郡[illegible]村伊沼七五番地	山梨県中巨摩郡鏡中條村 土橋要馬方	母	佐野トモ	昭14	昭17	予 衛 軍曹 六、19.12.31	佐野友規 大八、六、三	無		20.6.4 東部軍管区司令部附属
16.1.6	歩兵第一四九聯隊（一五、一二、九）	神奈川県[illegible]市大津一一六二番地	同	父	斉藤[illegible]衛	昭15	昭17	予 衛 伍長 四、20.8.20 六、19.12.1	斉藤治男 大九、三、七	無		20.8.29 済南[illegible]病院
18.12.1	保定陸軍病院（一七、五、一）	栃木県安蘇郡田沼町小見三三八番地	同	父	斉上安蔵	昭16	昭18	現 衛 軍 三、19.12.1	斉上勝一 大一〇、六、八	無		20.8.29 済南[illegible]病院
16.2.10	仙台陸軍病院（一五、三、一）	宮城県登米郡佐沼町西館二七番地	宮城県登米郡佐沼町的場五七番地	父	三條常雄	昭14	昭16	現 衛 軍曹 三、20.5.1 十、18.9.30	三條護 大八、三、三	無	20.8.1進級	20.8.29 済南[illegible]病院
16.8.6	歩兵第一四九聯隊（一五、一二、九）	東京都[illegible]町一丁目一一四	東京都[illegible]亀戸町三七九	父	佐藤仙三郎	昭15	昭17	現 衛 軍 六、19.12.27	佐藤光之助 大九、三、一	無		20.7.30 日令自[illegible]病院

75

20、6、4 朝鮮軍司令部 轉屬	15、9、6	步兵第一五七聯隊	一五、八、一	千葉縣香取郡佐原町 佐原山四七七三番地	同	上	兄	櫻井成雄	昭11 昭19	豫衛伍 19、3、1	櫻井伊助 大五、八、二	無
20、8、29 第百六十六兵 南方進駐 轉屬	18、1、6	步兵第四九聯隊	一五、一二、九	東京都荒川區町屋 二丁目一六五番地	同	上	父	佐藤定吉	昭15 昭19	豫衛伍 伍20、8、20 軍曹	佐藤公平 大八、一二、八	無
20、8、29 第百五十二兵站 南方進駐 轉屬	17、6、24	步兵第一五七聯隊	一七、五、二五	千葉縣千葉市千葉寺町二〇七番地	同	上	妻	櫻井智惠	昭6 昭18	豫衛伍 兵長 二、20、8、1 伍長	櫻井幸 明四、一、五	無
20、8、29 第百五十二兵站 南方進駐 轉屬	17、6、24	步兵第一五七聯隊	一七、五、二二	埼玉縣川越市大字脇田七八二番地	同	上	兄	榊豐吉	昭16 昭19	豫衛伍 二、伍20、8、1 軍曹	榊新吉 大九、一〇、一〇	無
20、8 第百五十二兵站 南方進駐 轉屬 29	17、6、24	步兵第一五七聯隊	一七、五、二二	神奈川縣横須賀市逸見町五三六番地	同	上	父	佐々木惠秀	昭9 昭19	豫衛伍 三、20、8、20 伍 軍曹	佐々木宏 大三、一〇、三	無
20、8、29 第百五十二兵站 南方進駐 轉屬	18、10、1	氣球聯隊	一八、九、二〇	宮城縣仙台市白道 荒屋敷一三番地	同	上	妻	佐藤君子	昭8	二國衛 伍20、8、20 兵長	佐藤新造 大二、二、二	無
20、8、29 第百五十二兵站 南方進駐 轉屬	18、10、1	氣球聯隊	一八、九、二〇	福島縣西白河郡釜子村 大字釜子字大清水七	福島縣西白河郡 釜子村大字釜子字北町一五〇		妻	齊須ヤス		二國衛 伍20、8、20 兵長	齊須信夫 明四二、一二、五	無
20、8、29 第百五十二兵站 南方進駐 轉屬	18、10、1	氣球聯隊	一八、九、二〇	福島縣石川郡川西村 大字… 字花畑二十八	同	上	父	佐藤平一	昭10	二國衛 伍20、8、20 兵長	佐藤平 大四、二、一四	無

21.1進級 21.9.進級

76

留守名簿

備考	編入年月日	前所属及其編入年月日	本籍（在留地）	留守擔當者 住所	續柄	氏名	徴集年 任官年	役種兵種官等級俸給月給額 發令年月日	氏名 生年月日	留守宅渡ノ有無	補修年月日
20.8.29 第十三軍司令官認定 戦病死	19.6.24	歩兵第一五七聯隊 一七、五、二五	神奈川県横浜市港北区元石川町四四四六番地	同上	父	酒井[illegible]藏	昭9	衛長 19.12.1	酒井茂久 大三、三、二四	無	
同右	19.6.24	歩兵第一五七聯隊 一七、五、二五	神奈川県横浜市中区石川町五丁目二十六番地	同上	父	斎藤廣吉	昭16	予衛伍 補衛長 20.3.1	斎藤利雄 大六、九、二	無	21.4.4 進級
同右	19.6.24	歩兵第一五七聯隊 一七、五、二五	東京都目黒区平町五五番地	東京都目黒区上目黒二丁目二九二 中村方	父	坂元豊吉	昭15	一補衛上長	坂元富明 大九、八、八	無	
20.8.29 [illegible]戦病死	18.8.8	野戦重砲兵[illegible]聯隊 八、三、二	東京都板橋区練馬南町一丁目三四二	同上	父	佐藤安[illegible]郎	昭16	予衛伍 補衛長 20.4.1 20.8.5	佐藤正栄 大六、八、一九	無	20.5.30 進級
20.8.29 [illegible]戦病死	18.6.14	気球聯隊 八、六、一	東京都本所区平川橋五ノ五ノ二	同上	兄	佐藤三郎	昭15	一補衛上長	佐藤安吉 大九、九、四	無	
20.8.29 第百九[illegible]戦病死	18.10.1	気球聯隊 一八、九、二〇	東京都世田谷区代田町二丁目七九二	同上	父	青田常吉	昭10	二補衛上長	青田国次 大四、四、二〇	無	

廿

77

20、8、29 第百九十四兵站病院	20、8、29 第十二軍司令官 兵站病院	同右	20、8、29 第六兵站病院	20、8、29 第十二軍司令官 兵站病院	20、8、29 第百九十四兵站病院	20、8、29 第百九十四兵站病院	20、8、29 第百九十四兵站病院
15、9、6	16、1、6	15、9、6	18、10、1	18、10、1	16、1、6	16、1、6	16、1、6
野戦重砲兵第七聯隊 一五、八、一	歩兵第四九聯隊 一五、一二、九	野戦重砲兵第七聯隊 一五、八、一	気球聯隊 一八、九、二〇	気球聯隊 一八、九、二〇	歩兵第四九聯隊 一五、一二、九	歩兵第四九聯隊 一五、一二、九	歩兵第四九聯隊 一五、一二、九
埼玉県南埼玉郡[illegible]大字[illegible] 五六七番地	神奈川県津久井郡牧野村四五五三番地	東京都葛飾区水元猿町二三五七番地	東京都本郷区湯島新花町三三番地	東京都浅草区北清島町一一番地	山梨県北巨摩郡若神子村穴平一五〇番地	東京都滝野川区滝野川町一六四八番地	東京都下谷区谷中真島町一十番地 一ノ二番地
同上	同上	同上	富山県富山市田刈屋町九一 古川義信方 同上	同上	同上	東京都板橋区僖丸町五四九 東京都板橋区根ノ上町[illegible]	同上
母 斉藤[illegible]	父 佐藤喜衛	父 坂本甚蔵	妻 佐奈敏江	妻 坂井恒子	父 坂本治重	父 里見誠造	父 坂本藤吉
明14	明5	明14	明11	明11	明15	明15	明15
二補衛 上長	一補衛 上長	補衛 [illegible]	二補衛 上	二補衛 上	二補衛 上長	一補衛 上長	一補衛 上長
斉藤富三 大八、四、一九	佐藤茂作 大九、五、八	坂本金一 大八、八、二	佐奈平六 大五、八、二〇	坂井正雄 大五、七、二四	坂本治男 大九、三、一〇	里見登 大九、八、五	坂本一治 大九、三、二六
無	無	無	無	無	無	無	無
			20.3.1 現在			20.7.1 現任 20.4.4 追叙	

28

留守名簿

						廿
備考	20.8.29 第百八十七兵站病院	20.8.29 第百五十四兵站病院	20.8.29 第百三十一兵站病院	20.8.29 第百三十一兵站病院	20.8.29 第百九十四兵站病院	20.7.29 第百五十兵站病院
編入年月日	18.10.1	20.1.31	20.1.31	20.1.31	20.1.31	20.1.31
前所屬及其編入年月日	気球聯隊 八、九、二〇	独歩第八一大隊 一九、二、八	独歩第八一大隊 一九、二、八	独歩第八一大隊 一九、二、八	独歩第八一大隊 一九、二、八	独歩第八一大隊 一九、二、八
本籍（在留地）	宮城県柴田郡金瀬村 大字平字本町七九番地	埼玉県入間郡所沢町 大字北中四六六番地	千葉県君津郡環村 十条駒一九六番地	東京都本郷区菊坂町 一〇番地	東京都麹町区麹町四丁目 一ノ二	山梨県南都留郡谷村町 广澤一五七四番地
留守擔當者住所	同上	同上	同上	同上	埼玉県浦和市高砂町二丁目一九九	山梨県南都留郡谷村町
續柄	父	父	父	父	母	母
留守擔當者氏名	佐藤善之七	指田忠八	笹生延太郎	佐藤泰郎	澤江美智子	佐藤よし
徴集年 任官年	昭9	昭19	昭19	昭19	昭19	昭19
役種兵種官等級俸給年月日	二国 衛 伍長 20.8.20	現 衛 上一 20.5.18	現 衛 上一 20.5.18	現 衛 上一 20.5.18	現 衛 上一 20.5.18	現 衛 上一 20.5.18
氏名	佐藤慶吾	指田伊助	笹生勇	佐藤忠雄	澤江恒明	佐藤忠利
生年月日	大三、二、二四	大一三、九、二五	大一四、三、一九	大一四、六、一九	大一四、三、二	大一四、五、九
留守宅渡ノ有無	無	無	無	無	無	無
補修年月日		20.6.1 進級	20.6.1 進級	20.6.1 進級	20.6.1 進級	20.5.30 現住 20.6.1 進級

79

摘要	年月日	部隊・番号	本籍	留守宅	続柄	留守担当者		兵種・階級	氏名・生年月日	賞罰	備考
20、8、29 第百三十三兵站病院転属	20、1、31	独歩才八一大隊 一九二二八	千葉県市原郡白鳥村朝生原一六九番地	同上	父	佐川英作	昭19	現衛十一 19、11、18 20、5、18	佐川富蔵 大四、六、四	無	20、6、1 進級
20、8、29 第百三十二兵站病院転属	20、1、31	独歩才八一大隊 一九二二八	東京都葛飾区高砂町一四四一番地	東京都葛飾区高砂町一六五五番地	父	佐藤儀蔵	昭19	現衛十一 19、11、18 20、5、18	佐藤吉夫 大四、七、一五	無	20、6、1 進級
20、8、29 [illegible]病院転属	20、1、31	独歩才八一大隊 一九二二八	東京都京橋区月島通八ノ四	同上	父	斎藤吉三郎	昭19	現衛十一 19、11、18 20、5、18	斎藤信雄 大四、八、三	無	20、6、1 進級
20、8、29 [illegible]病院転属	20、1、31	独歩才八一大隊 一九二二八	東京都本郷区駒込千駄木町一五二番地	東京都中野区桃園町七[illegible]番地	父	斎藤角太郎	昭19	現衛十一 19、11、18 20、5、18	斎藤泰麿 大四、七、一〇	無	20、6、1 進級 20、7、1 現住
20、8、29 第百三十[illegible]兵站病院転属	20、1、31	独歩才八一大隊 一九二二八	山梨県東山梨郡東雲村小佐手一一二四	山梨県東山梨郡日下部町[illegible]	父	三枝忠作	昭19	現衛十一 19、11、17 20、5、17	三枝和夫 大四、六、一	無	20、6、1 進級 20、5、30 現住
20、8、29 [illegible]病院転属	16、1、6	歩兵才四九聯隊 一五、臣九、	東京都足立区千住大川町一六五番地	福島県[illegible]郡[illegible]村[illegible]	父	佐藤保	昭15	一補衛上長 17、12、9 20、3、1	佐藤脩三 大九、三、三	無	20、4、4 進級 20、5、30 現住
20、8、29 第百三十二兵站病院転属	18、10、1	気球聯隊 一八、九、二〇	長野県[illegible]郡[illegible]村[illegible]番地	同上	父	坂口澤五郎	昭14	二国衛上長 19、9、1 20、2、20	坂口佐次郎 大八、六、一	無	
20、8、29 第百三十二兵站病院転属	18、10、1	気球聯隊 一八、九、二〇	宮城県玉造郡西大崎村南沢字中田一〇六番地	群馬県吾妻郡草津町大字谷所九一番地	妻	佐々木栄子	昭10	二国衛上 19、8、1 20、2、20	佐々木直蔵 大四、五、八	無	

80

留守名簿

記事	編入年月日	前所属及其編入年月日	本籍（在留地）	留守擔當者 住所	續柄	留守擔當者 氏名	徴集任官年	役種兵種官等級俸給發令年月日	氏名 生年月日	留守宅渡ノ有無	補修年月日
20、8、29 第五十四兵站病院附属	18、10、1	気球聯隊 一八、九、二〇	宮城県玉造郡鳴子町字[illegible]屋敷二一五番地	宮城県玉造郡鳴子町字[illegible]町一五番地	母	佐々木[illegible]	昭10	二国衛兵長	佐々木幸一 大四、一〇、八	無	
20、8、29 [illegible]	18、6、4	気球聯隊 一八、六、一	東京都本所区東駒形二丁目四ノ二	東京都世田谷区成城町七三八 / [illegible]	母 / 嫂	坂入マサ / 坂入[illegible]	昭15	一補衛兵長	坂入金之助 大七、一〇、[illegible]	無	20、[illegible] 現住[illegible]
同右	18、10、1	気球聯隊 一八、拾、一	福島県伊達郡梁川町字[illegible]町七九番地	同上	妻	斎藤[illegible]	昭10	二国衛兵長	斎藤[illegible]次郎 大四、二、二二	無	
20、8、29 第十五兵站病院附属	17、12、27	国分陸軍病院 一六、一〇、二〇	東京都牛込区早稲田鶴巻町一四一番地	東京都足立区[illegible]町一一一七番地	父	櫻井七五郎	昭12	一補衛兵長	櫻井貞男 大六、二、二六	無	
19、9、22 [illegible]	17、1、24	歩兵第一五七聯隊 一七、五、二五	神奈川県三浦郡[redacted]	神奈川県横須賀市[redacted]	母	[redacted]	昭16	二補衛上 17、8、1	[redacted]	無	
廿 [illegible] 病院附属	15、9、6	野戦重砲兵第十七聯隊 一五、八、一	埼玉県北埼玉郡田ヶ谷村大字上崎二九三番地	同上	父	坂本徳市	昭14	一補衛兵長	坂本房市 大八、一〇、一九	無	20、[illegible] 速報

81

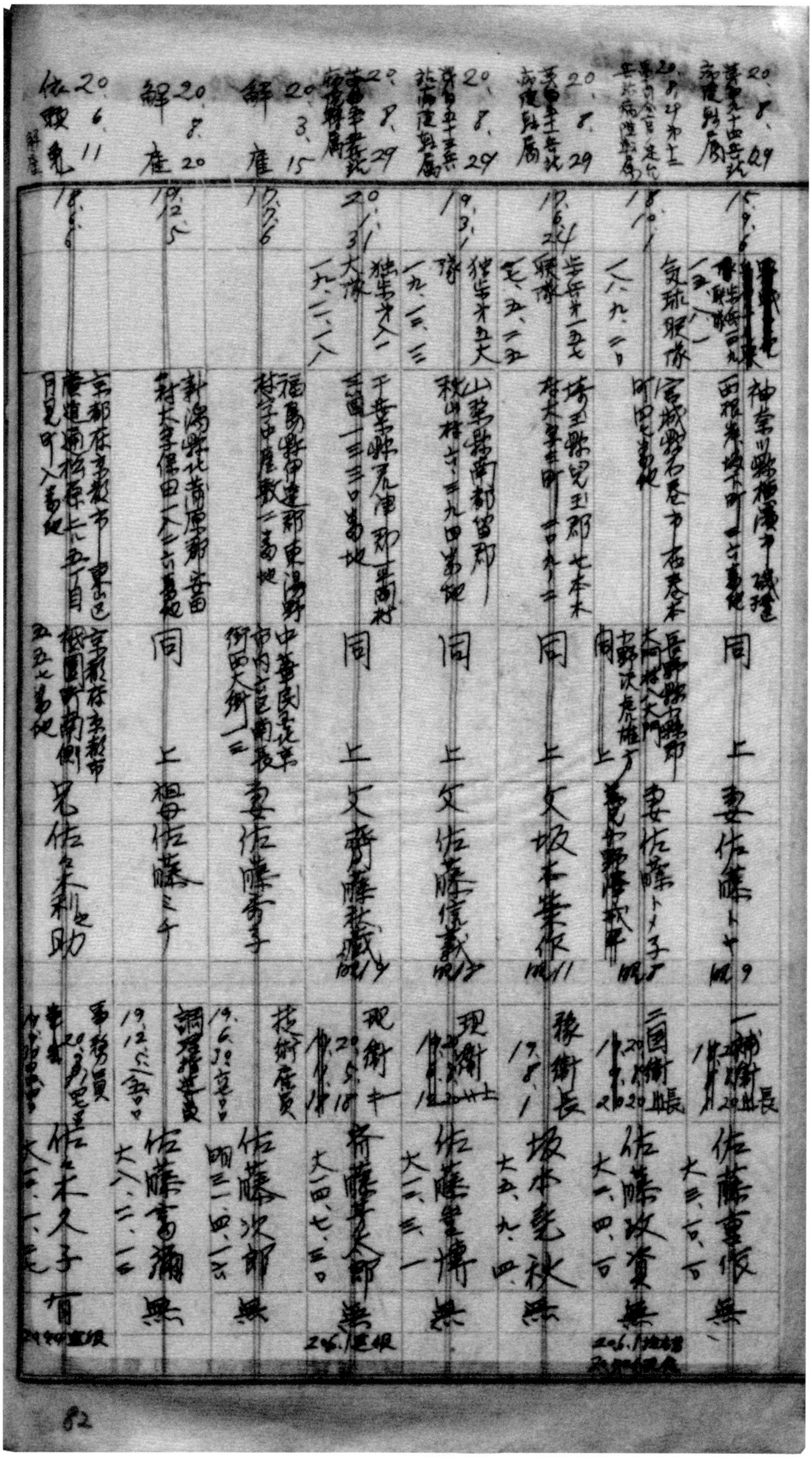

20.8.29 [illegible]兵站病院	20.8.29 [illegible]兵站病院	20.8.29 [illegible]兵站病院	20.8.29 [illegible]兵站病院	20.8.29 [illegible]兵站病院	20.3.15 解雇	20.8.20 解雇	20.6.11 依願解雇
15.9.6	18.10.1	17.6.24	19.3.1	20.1.31	17.7.6	19.12.5	18.6.6
[redacted]	気球聯隊 一八九二	歩兵第一五七聯隊	独歩第五六大隊 一九一三	独歩第[illegible]大隊 一九二一八			
神奈川県横浜市[illegible]番地	宮城県石巻市石巻本町[illegible]番地	埼玉県児玉郡七本木村大字[illegible]	山梨県南都留郡秋山村[illegible]番地	千葉県君津郡[illegible]番地	福島県伊達郡[illegible]村大字中屋敷二番地	新潟県北蒲原郡安田村大字保田[illegible]番地	京都府京都市東山区[illegible]五丁目[illegible]番地
同上	長野県[illegible]郡大岡村大門 [illegible]方 同上	同上	同上	同上	中華民国[illegible]市[illegible]	同上	京都府京都市祇園町南側五五七番地
妻 佐藤トヤ 明9	妻 佐藤トメ子 明[illegible]	父 坂本[illegible] 明11	父 佐藤信義 明13	父 斉藤[illegible] 明14	妻 佐藤秀子	祖母 佐藤ミチ	兄 佐々木利之助
一等衛生兵長	[illegible]衛生兵長	衛生兵長 19.8.1	衛生兵[illegible]	衛生兵 20.5.18	技術雇員 19.6.30	[illegible] 19.12.5	事務員
佐藤[illegible] 大3.6.6	佐藤政資 大1.4.6	坂本[illegible] 大5.9.4	佐藤[illegible] 大2.3.1	斉藤[illegible]郎 大14.7.30	佐藤次郎 明31.4.16	佐藤[illegible] 大8.2.1	佐々木久子 大[illegible]
無	無	無	無	無	無	無	有

82

サ

留守名簿

編入年月日	前所属及其編入年月日	本籍（在留地）	留守担当者 住所	続柄	氏名	徴集年 任官年	役種兵種官等級 等級ニ等給 俸給月額 発令年月日	氏名 生年月日	留守宅渡ノ有無	補修年月日	付記
18.3.24	西部(三)部隊 一三、九、二七	岩手県宮古市大字日代第三地割三九番地	同上	兄	佐々木利平		自接継者 19.9.7 七二〇	佐々木喜三郎 明四一、一、二	無		解雇 20.3.20
16.4.2	菊地部隊 一五、三、二三 二三五五	秋田県平鹿郡八沢木村大字猿田	同上	父	佐々木長吉郎		自接継者 20.8.29 七四〇 20.3.31 六〇〇 19.9.30 六〇〇	佐々木長助 大三、六、一〇	無	[illegible]	20.8.29 [illegible]
19.4.28		大阪府北区菅原町二二番地	同上	母	沢ヨシ		自接継者 20.8.29 [illegible] 20.3.31 五八〇 19.10.1 五五〇	沢隆一 大八、三、八	無	[illegible]	20.8.29 [illegible]
15.12.26		京都市上京区花園扇野町三九番地	京都市上京区大将軍鷹司町中堂後三〇番地	母	才木はる子		自接継者 20.8.29 七四〇 20.3.31 六九〇 19.9.30 六二〇	才木四郎 大六、三、一九	無	20.4.4 [illegible]	20.8.29 [illegible]

83

留守名簿

上欄記入	編入年月日	前所属及其編入年月日	本籍（在留地）	留守担当者 住所	続柄	氏名	徴集年	任官年	役種兵種官等級 等級ニ発令年月日 俸給額	氏名	生年月日	留守宅渡ノ有無	留守補修年月日
20.8.29 退官	15.9.20	[redacted] 一三、三、一〇	京都府京都市左京区北白川下池田町九六番地	同上	妻	篠田花子		昭13	陸軍技師（高三） 三、八、九、三〇	篠田流	明三六、九、二一	有	
20.1.29 気球聯隊転属	15.3.23	[redacted] 菊池部隊	和歌山県東牟婁郡三尾川村大川四四番地	同上	父	下村三藏	大15	昭17	豫衛中尉	下村辰一		有	
20.5.29 第一九四兵站病院転属	15.3.23	[redacted] 菊池部隊 一四、六、八	秋田県秋田市長野下新町南横町七番地	同上	妻	進藤京子	昭6	昭19	豫衛少尉 一八、一〇、一四	進藤鐵雄	明四五、一、一五	有	
20.4.10 第四三軍司令部転属	15.3.23	[redacted] 池井部隊 一三、九、二七	島根県出雲市大字東林木三二三番地	同上	妻	新宮清子	昭10	昭13	現衛准 四、一八、八、一	新宮信夫	大四、五、一六	有	
20.5.29 第一五一兵站病院転属	19.1.31	[redacted] 北支那通信隊材料廠 一六、一、三一	福岡県田川郡赤池町大字上野四二八ノ一	福岡県田川郡赤池町大字九和町一一二八ノ一	母	柴田ツネ	昭11	昭12	現 [illegible]	柴田良三郎	大八、三、三	有	20.5.1 昇級 20.5.1 昇等
20.5.29 第十二[illegible]転属 シ	15.3.23	[redacted] 菊池部隊 一四、二、八	鹿児島県川内市天辰町一一〇三番地	同上	父	下西小次郎	昭11	昭13	現衛准書 四、二〇、八、一	下西行雄	大五、一、二二	有	20.5.1 昇級

84

20.5.30 鉄道第一八聯隊轉属	18.10.1	氣球聯隊	一八九二〇	富山縣西礪波郡石堤村和泉一四一二番地	同	上	父	清水浅次郎	昭6		二補衛一 19.3.20	清水藤藏	明四四.九.二三	無
20.8.29 第六一兵站病院轉属	18.6.14	氣球聯隊	一八六一	埼玉縣北足立郡土合村大字関戸八番地ノ一	同	上	妻	新藤よし	昭12		豫衛伍 20.6.1 十補衛長 中.中.	新藤忠一	大六.一.二六	無
20.8.29 第一五三兵站病院轉属	18.4.8	野戰重砲第八聯隊	一八三二	神奈川縣横濱市戸塚区瀬谷町八〇一六番地	神奈川縣横濱市磯子区原町七七番地		姉	廣谷千代子	昭16		豫衛一等兵 20.3.8 20 十補衛長 中.6.1	島森清	大九.一三.八	無
20.8.29 第十二[illegible]送 [illegible]兵站病院轉属	16.1.6	歩兵第一四九聯隊	一五一三九	山梨縣北巨摩郡秋田村大八田三四五ノ一	同	上	父	清水穂積	昭15		一補衛長 20.3.1 十補衛上 中.中.9	清水熙	大八.一三.二二	無
同右	17.6.24	歩兵第一五七聯隊	一七五二五	山梨縣東八代郡相興村南野呂五三四番地	同	上	兄	白澤嘉德	昭9		豫衛長 18.5.25	白澤政直	大三.六.二〇	無
20.8.29 第一九四兵站病院轉属	19.3.1	獨歩第五大隊	一八一三一二	山梨縣南都留郡谷村町法能二三三二番地	同	上	養母	志村ちよ	昭18		現衛十上 20.4.30 中.6.中	志村勉	大一三.七.一〇	無
20.8.29 第一九四兵站病院轉属	18.4.8	歩兵第二九聯隊補充隊	一六一〇一七	福島縣岩瀬郡須賀川町大字須賀川字長録寺西一	同	上	父	柴四郎	昭12	昭14	現衛曹 二.15.10.31	柴光雄	大九.六.一八	有
20.8.29 第一五一兵站病院轉属	15.10.14	鳥取		大阪府大阪市東成区猪飼野大通二丁目三四番地	岡山縣岡山市瀬尾町七四番地		義父	田村松治		昭15	陸軍技手 三.20.3.31 中.19.3.31	塩谷榮一	明四三.三.一	無

20.4.5 解体　20.5.30進級　20.4.5進級　20.4.5進級　20.7.1進級

85

留守名簿

上欄	編入年月日	前所属及其編入年月日	本籍（在留地）	留守擔當者 住所	續柄	氏名	徴集年	任官年	役種兵種官等級俸給額發令年月日	氏名 生年月日	留守宅渡ノ有無	補修年月日
20、8、29 第五一兵站病院轉属	18、11、15	獨立第六四大隊 一六、七、二八	兵庫縣佐用郡平福町平福四五〇番地	同上	父	後藤佐市	昭14	昭17	現 主 軍曹 十八、四、三一 二〇、六、三〇	後藤恭二 大八、三、一	有	20.4.5 級俸 20.6.30 〃
20、8、29 第一五兵站病院轉属	17、6、24	歩兵第一五七聯隊 一七、五、二五	神奈川縣横須賀市長浦一一九四番地	同上	父	白鳥潤助	昭9	昭12	豫 衛 軍曹 二〇、三、一	白鳥俊満 大二、八、一九	無	20.4.5 進級
20、8、29 第十二軍司令部 [illegible] 兵站病院轉属	17、6、24	歩兵第一五七聯隊 一七、五、二五	神奈川縣川崎市末長七九三番地	神奈川縣川崎市末長七九三 澁谷市五郎方 東京都赤坂区青山南横町十五 小林車庫方	妻	澁谷濱子	昭9	昭18	豫 衛 伍長 三、二〇、三、一	澁谷猛次郎 大三、九、二五	有	20.4.5 進級 20.7.1 現住
20、6、4 朝鮮[redacted]司令部轉属	15、9、6	歩兵第一五七聯隊 一五、八、一	千葉縣山武郡二川村芝山一一二二	同上	妻	島田花子	昭11	昭19	豫 衛 伍 19、3、1	島田辰司 大五、一、二〇	有	
20、8、29 第二六六兵站病院轉属	18、4、8	野戰重砲兵第八聯隊 一八、三、二〇	東京都大森区雪ヶ谷四五九番地ノ二	同上	妻	志澤綾子	昭13	昭19	豫 衛 伍長 軍曹 二〇、八、二〇	志澤正之 大七、六、一四	無	
20、8、1 第二野戰鉄道司令部轉属 シ	18、10、1	氣球聯隊 一八、三、二〇	山梨縣東八代郡柏村上曽根五六八番地	同上	兄	志村泉造	昭15		二補 衛 一 19、3、20	志村吉平 大九、四、二五	無	

86

20.8.29第一五二兵站病院轉属	19.5.20	独立歩兵第七八大隊 一八、二、一	東京都板橋区下赤塚町一七五九番地	同上	父	篠崎儀三郎	昭17	現衛十上 20.8.1	篠崎皖己（カンジ）	大一一、五、二一	無	20.8.1進級
20.8.29第一六五兵站病院転属	19.3.1	独立歩兵第五大隊 一八、一二、一二	山梨縣中巨摩郡昭和村紙漉阿原一七一〇番地	同上	父	塩田信吉	昭18	現衛十上 20.8.20	塩田佐之（スケ ユキ）	大一二、三、七	無	
20.8.29第一五一兵站病院轉属	15.9.6	野戦重砲兵第八聯隊 一五、八、一	山梨縣北巨摩郡大泉村字西井出二四三一番地	同上	兄	進藤光雄	昭14	一補衛上兵 20.3.1	進藤温雄（ハルオ）	大八、一、一二	無	20.4.5進級
20.8.29第一六一兵站病院轉属	20.1.31	獨歩第八一大隊 一九、一二、一八	埼玉縣北葛飾郡早稲田村大廣戸一〇五六番地	同上	祖父	篠田鹿次郎	昭19	現衛キ一 20.5.18	篠田謙次郎	大一三、四、一二	無	20.6.1進級
20.8.29第一五一兵站病院轉属	20.1.31	獨歩第八一大隊 一九、一二、一八	埼玉縣北葛飾郡吉田村大字下内和田三八番地	同上	父	茂田眞之	昭19	現衛キ一 20.5.18	茂田榮市	大一三、四、一六	無	20.6.1進級
20.8.29第一五二兵站病院轉属	20.1.31	獨歩第八一大隊 一九、一二、一八	埼玉縣入間郡所澤町大字所澤八六九番地	同上	父	清水守三郎	昭19	現衛キ一 20.5.18	清水專一	大一四、八、一五	無	20.6.1進級
20.8.29第一五二兵站病院轉属	20.1.31	獨歩第八一大隊 一九、一二、一八	千葉縣山武郡東金町田間一六六五番地	同上	父	眞行寺御代司	昭19	現衛キ一 20.5.18	眞行寺新一郎	大一四、一二、一五	無	20.6.1進級
20.8.29第一六三兵站病院転属	20.1.31	獨歩第八一大隊 一九、一二、一八	東京都四谷区南元町一二番地ノ三	東京都四谷区南元町一二ノ二	父	篠田己之助	昭19	現衛キ一 20.5.18	篠田榮次郎	大一四、一二、二七	無	20.6.1進級

87

留守名簿

補修年月日	20.6.1進級		20.6.1進級	20.6.1進級	20.6.1進級	20.6.1進級
転属	20、8、29 第六六兵站病院転属	20、8、29 第一六五兵站病院転属	20、8、29 第一六五兵站病院転属	20、8、29 第六六兵站病院転属	20、8、29 第一五三兵站病院転属	20、8、29 第一五三兵站病院転属 シ
編入年月日	20、1、31	18、5、20	20、1、31	20、1、31	20、1、31	20、1、31
前所属及其編入年月日	独立歩兵第八一大隊 一九、一二、一八	独立歩兵第七八大隊 一八、五、一	独立歩兵第八一大隊 一九、一二、一八	独立歩兵第八一大隊 一九、一二、一八	独立歩兵第八一大隊 一九、一二、一八	独立歩兵第八一大隊 一九、一二、一八
本籍（在留地）	山梨県八代郡境川村寺尾方二六五番地	東京都板橋区志村長後町一ノ六二番地	千葉県君津郡中村中島二二九番地	山梨県甲府市伊勢町一四四四番地	東京都豊島区西巣鴨二丁目二五三二番地	山梨県南巨摩郡増穂村小林一六七八番地
留守担当者 住所	同上	同上	同上	同上	東京都豊島区巣鴨六丁目一三三四番地	同上
留守担当者 続柄	父	父	兄	父	父	父
留守担当者 氏名	清水泉	志賀行直	白駒武	志村房吉	柴田琢	志村房太郎
徴集年 任官年	昭19	昭17	昭19	昭19	昭19	昭19
役種 兵種 官等 級俸 発令年月日	現 衛 一 20、5、18 [illegible]	現 衛 上長 20、1、20 [illegible]	現 衛 一 20、5、18 [illegible]	現 衛 一 20、5、18 [illegible]	現 衛 一 20、5、18 [illegible]	現 衛 一 20、5、18 [illegible]
氏名 生年月日	清水洋 大一四、九、三〇	志賀一雄 大一一、六、三	白駒茂 大一四、一、二三	志村正次 大一四、六、二六	柴田勝美 大一四、一二、六	志村久 大一二、一二、四
留守宅渡ノ有無	無	無	無	無	無	無

88

20.8.29第五一兵站病院轉屬	20.1.31	獨立歩兵第八一大隊 一九、一一、一八	東京都淺草區雷門二丁目九番地	東京都杉並區荻窪町四丁目五五番地	父	芝山重	昭19	現衛一 20.5.18	芝山秀郎	大一三、一〇、一八	無	20.6.1進級
20.8.29第一五二兵站病院轉屬	17.6.24	歩兵第一五七聯隊 一七、五、二五	神奈川縣高座郡相模原町下溝三五〇六番地	同	父	白井繁三	昭16	衛伍 十補衛長 20.3.1	白井孝司	大一〇、二、二六	無	20.4.5進級
20.8.29第十三軍司令[illegible]病院	18.10.1	氣球聯隊 一八、九、二〇	山梨縣東山梨郡神金村上萩原二六八八番地	同	父	志村德登	昭15	二補衛 20.[illegible]	志村儀長	大八、一二、一四	無	
20.6.1解傭	19.2.11		富山縣上新川郡熊野村陀羅尼寺二三八番地	同	實弟	清水健治		女子雜仕 20.3.31	清水ハル	明三〇、六、二〇	無	20.4.5昇給
20.3.31解傭	18.11.1		靜岡縣靜岡市古庄一五番地	同	父	白井賢作		電話手 19.9.30	白井精子	大一五、九、一二	有	
20.8.29第一五一兵站病院轉屬	15.3.23	菊池部隊 [redacted] 一四、六、一五	熊本縣飽託郡中島村大字中島六二四番地	中華民國北京市内四區王府大街關東店花園五	妻	島田八重子		技術雇員 20.8.20	島田謙藏	明三八、一、三〇	無	20.4.5昇給 20.8.29〃
20.8.29十三軍司令官[illegible]兵站病院轉屬	15.3.23	吉村部隊 [redacted] 一四、一二、三一	朝鮮平安北道龍川郡外下面順川洞一二七	中華民國河南省新鄉縣新鄉同慶里一七	父	白川和一		通譯員 20.8.20	白川龍三	明四一、三、一	無	20.4.5昇給 20.8.29〃
20.8.29第一六一兵站病院轉屬	15.2.26		埼玉縣入間郡飯能町大字飯能元飯能村七六六番地	同	妻	島田みね		自操縦者 20.8.20	島田正次	大四、二、五	無	20.4.5昇給 20.8.29〃

89

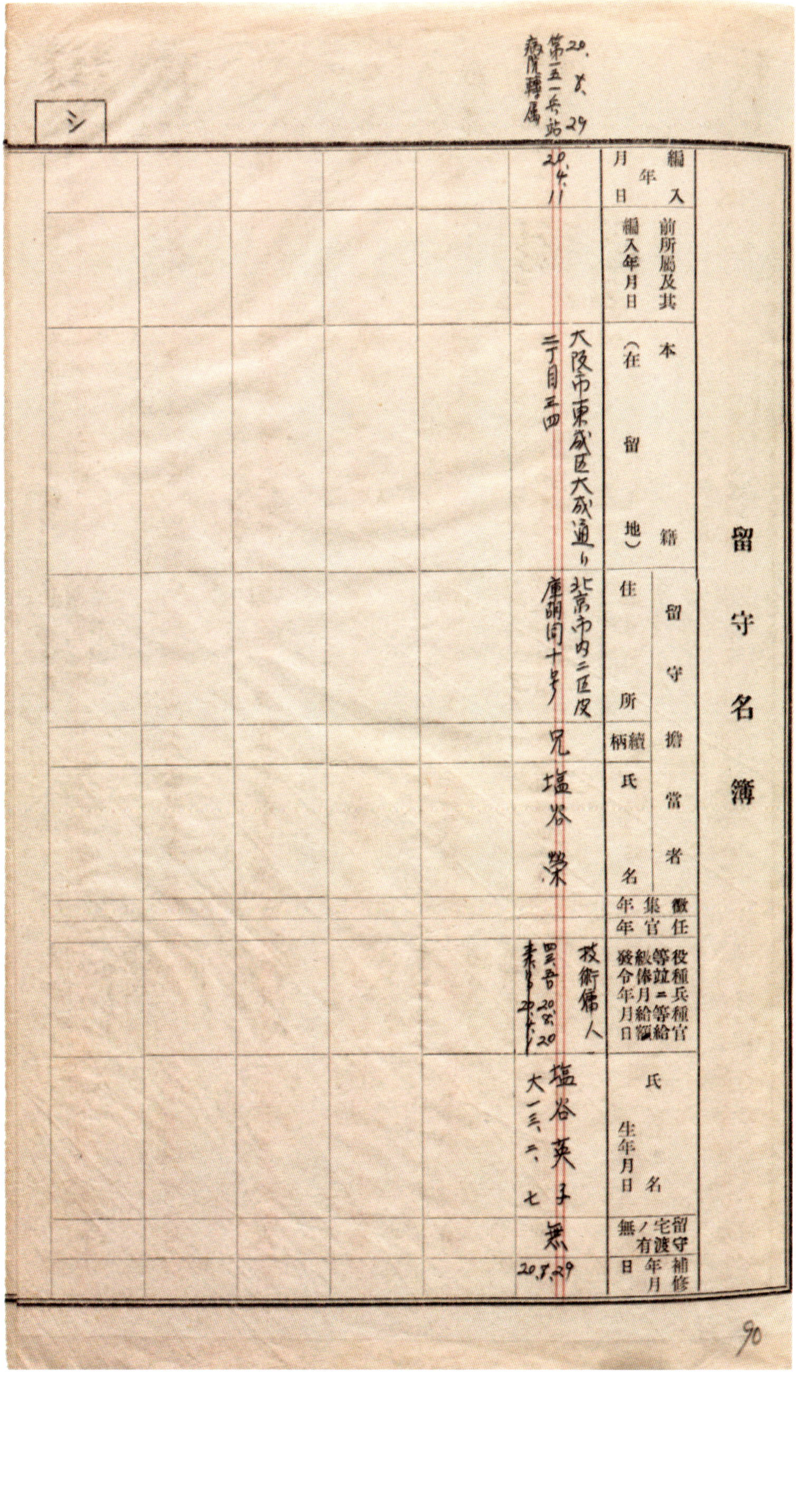

シ

20.8.29 第五一兵站病院転属

留守名簿

編入年月日	20.4.11
前所属及其編入年月日	
本籍（在留地）	大阪市東成区大成通り二丁目二四
留守担当者 住所	北京市内二区皮庫胡同十号
留守担当者 続柄	兄
留守担当者 氏名	塩谷榮
徴集年	
任官年	
役種兵種官等並ニ等級俸給月額発令年月日	技術傭人 四号 20.6.20
氏名 生年月日	塩谷英子 大一三.二.七
留守宅渡ノ有無	無
補修年月日	20.8.29

90

留守名簿

上欄記事	編入年月日	前所属及其編入年月日	本籍（在留地）	留守擔當者 住所	續柄	留守擔當者 氏名	徵集年	任官年	役種兵種官等級並ニ等給俸月額 發令年月日	氏名 生年月日	留守宅渡ノ有無	補修年月日
20.7.29 [illegible]兵站病院轉屬	15.3.23	[redacted] 菊池部隊 一四、六、二八	千葉縣山武郡豊成村高倉三一四番地	同上	父	鈴木忠	昭13	昭15	豫 [illegible] 中尉 大尉 二〇、四、二〇 十八、[illegible]、三〇	鈴木武夫 明四四、二、二〇	有	20.5.30 進級
20.8.29 第五一兵站病院轉屬	17.6.24	歩兵第百五十七聯隊 一七、五、二五	山梨縣南巨摩郡増穂村大久保三四九番地	山梨縣南巨摩郡鰍澤町一八一九番地	妻	杉田千代	昭6	昭14	豫 衛生 軍曹 曹長 二〇、[illegible]、二〇 十八、六、三〇	杉田壽人 明四四、八、二二	有	20.7.1 昇級
20.8.29 第一八七兵站病院轉屬	14.1.6	歩兵第一四九聯隊 一五、一二、九	東京都日本橋中洲九番地	同上	父	鈴木了三	昭15	昭18	豫 衛生 軍曹 曹長 二〇、八、二〇 十八、四、三一	鈴木賢一 大九、二、二四	有	
20.8.29 第一九四兵站病院轉屬	15.3.23	[redacted] 園田部隊 一四、一二、九	千葉縣安房郡勝山町龍嶋二五二番地	同上	父	須藤新次郎	昭11	昭16	現 衛生 軍曹 二〇、八、一 十八、四、三一	須藤芳雄 大五、九、二七	無	20.8.1 進級
20.8.29 第一九四兵站病院轉屬	15.3.23	[redacted] 西村(正)部隊 一三、九、二七	千葉縣市原郡牛久町當吉六四二番地	千葉縣市原郡鶴舞町亀井橋二六一番地	養母	鈴木せき		昭19	陸軍技手 五、二〇、三、三一 十八、[illegible]、三〇	鈴木定五郎 明四三、八、一二	無	20.4.5 級俸
20.8.5 獨立輕裝甲車隊轉屬 入	18.4.8	野戰重砲第八聯隊 一八、三、二一	東京都瀧ノ川區上中里町二七五番地	長野縣下諏訪町湯田町花見新道神山方	父	鈴木壽次	昭16	昭19	現 衛生 伍長 19.12.1	鈴木東吾 大一〇、六、五	無	20.6.1 現任

91

20、8、29 第八八兵站病院転属	16、1、6	歩兵第一四九聯隊 一五、一二、九	神奈川縣横須賀市田浦町四四三番地	同 上	母	鈴木トメ	昭15 昭19	豫 衛 伍 軍曹 三、20、8、20	鈴木英一 大八、七、二	無	
20、6、1 北部野貨廠転属	17、6、24	歩兵第五七聯隊 一七、五、二五	東京都蒲田区東蒲田四丁目三番地二	千葉縣香取郡佐原町イ三三八八番地	父	杉山庄太郎	昭15	一補 衛 上 19、8、1	杉山勲 大八、一二、一〇	無	
20、8、29 [illegible]兵站病院転属	16、1、6	歩兵第一四九聯隊 一五、一二、九	東京都豊島区巣鴨三丁目三一番地	同 上 埼玉縣入間郡三芳村大字藤見保	父	鈴木泰一郎	昭15	豫 衛 伍 十補 衛 長 20、3、1	鈴木秀男 大九、二、二	無	20.4.5 進級 20.6.1 現任
20、8、29 第一四四兵站病院転属	20、1、31	独歩第八一大隊 一八、一一、一八	千葉縣山武郡二川村上吹入四九五番地	同 上	母	鈴木もと	昭19	現 衛 十一 20、5、18	鈴木静 大一三、一二、三	無	20.6.1 進級
20、6、1 北支野貨廠転属	20、1、31	独歩第八一大隊 一八、一一、一八	千葉縣君津郡佐貫町亀澤一〇八番地	同 上	父	鈴木重太郎	昭19	現 衛 十一 20、5、18	鈴木正郎 大一四、一〇、四	無	20.6.1 進級
20、8、29 第一五一兵站病院転属	20、1、31	独歩第八一大隊 一八、一一、一八	千葉縣君津郡久留里町川谷五八七番地	同 上	父	鈴木金吾	昭19	現 衛 十一 20、5、18	鈴木数成 大一四、一〇、一二	無	20.6.1 進級
20、8、29 第一六五兵站病院転属	20、1、31	独歩第八一大隊 一八、一一、一八	山梨縣東八代郡英村上平井第五六八番地	同 上	父	鈴木近造	昭19	現 衛 十一 20、5、18	鈴木猛 大一四、八、一〇	無	20.6.1 進級
20、8、29 第一五三兵站病院転属	20、1、31	独歩第八一大隊 一八、一一、一八	東京都江戸川区西小松川一丁目三〇〇五番地	栃木縣那須郡親園村大字荻野目五七〇六	父	鈴木敦(トキ)	昭19	現 衛 十一 20、5、18	鈴木馨 大一四、五、一七	無	20.6.1 進級

92

留守名簿

項目	1	2	3	4	5	6
（欄外）	20.8.29第六五兵站病院転属	20.8.29第一九四兵站病院転属	20.8.29第一五三兵站病院転属	20.8.29第一五三兵站病院転属	20.8.29第五三兵站病院転属	20.8.29第一五三兵站病院転属 入
編入年月日	20.1.31	17.6.24	17.10.1	15.9.6	17.6.29	18.3.1
前所屬及其編入年月日	独歩第八一大隊 一九、一一、一八	歩兵第一五七聯隊 一七、五、二五	気球聯隊 一八、九、二〇	野重第一七聯隊 一五、八、一	歩兵第一五聯隊 一七、五、二五	独歩第四四大隊 一五、一二、一二
本籍（在留地）	東京都立川市錦町三丁目二八七四番地	神奈川県中郡大磯町大磯一〇三〇番地	福島県安達郡太田村大字外木幡字布澤六〇	埼玉県南埼玉郡蒲生村大字蒲生一六〇番地	千葉県山武郡睦岡村埴谷九八八	東京足立区北鹿浜町二四〇九番地
留守擔當者 住所	~~福島県東白川郡笹原村大字大瀬 鈴木八蔵方~~	愛知県岡崎市元能見町二十四 一本松方	~~東京都京橋区~~ 同上	同上	同上	同上
續柄	父	妻	~~妻~~ 父	兄	養母	父
氏名	鈴木八蔵	鈴木房江	~~菅野~~ 菅野栄	鈴木重雄	菅澤トク	鈴木春吉
徴集年 任官年	昭19	昭9	昭10	昭14	昭16	昭15
役種 兵種 官等級	現 衛 20.5.18 上一	予 衛 20.8. 兵長	二補 衛 20.6.1 上長	一補 衛 20 兵長	予 衛 20.3.1 伍	現 衛 20.8. 兵長
氏名 生年月日	鈴木平二郎 大一三、一〇、二〇	鈴木昇 大三、五、一	菅野徳孝 大四、五、二	鈴木清隆 大八、二、一七	菅澤義房 大一〇、四、一	鈴木武次 大九、八、二二
留守宅渡ノ有無	無	無	無	無	無	無
補修年月日	20.5.20 現住 20.6.1 進級		20.5.3 住所 20.7.1 進級		20.4.5 進級	

93

備考（上欄）	入隊年月日	部隊・年月日	本籍	留守宅住所	続柄	留守担当者	昭	役種・兵科・階級	氏名・生年月日		備考
20、8、29 第一六二兵站病院転属	15、10、1	気球聯隊 一八、九、二〇	福島県河沼郡笈川村大字笈川字王畑丙二六九番地	同上	妻	鈴木静代	昭11	二国衛 20、6、1 伍長	鈴木武 大五、一〇、二二	無	20.7.1 進級
20、8、29 第一六一兵站病院転属	15、6、24	歩兵第一五七聯隊 一七、五、二五	東京都板橋区志村西台町一五三六番地	同上	祖父	杉本直次郎	昭16	一補衛 20、5、1 兵長	杉本昇 大一〇、八、二三	無	
20、8、29 第一六一兵站病院転属	15、10、1	気球聯隊 一八、九、二〇	東京都足立郡千住龍田町一六番地	同上	母	鈴木かぎ	昭11	二補衛 20、4、[illegible] 上等兵	鈴木熙 大五、六、二八	無	
20、8、29 第一五五兵站病院転属	15、6、14	気球聯隊 一八、六、一	神奈川県横濱市磯子区六浦町四〇四八番地	同上	兄	須磨豊滉郎	昭17	一補衛 20、6、1 兵長	須磨敏夫 大二、一、三〇	無	20.7.1 進級
戦死 20、7、20 河南省南陽石頭廟東 腹部白兵創	15、8、6	歩兵第四九聯隊 一五、一〇、九	埼玉県比企郡明覚村大字田中四〇番地	同上	父	杉田喜代治	昭15	一補衛 予衛 20、[illegible] 上等兵	杉田武治 大六、七、二〇	無	
20、8、24 第十二軍司令官ノ定ル兵站病院転属	15、6、24	歩兵第一五七聯隊 一七、五、二五	東京都京橋区京橋二丁目六番地	神奈川県川崎市大師台二〇番地	兄	杉浦紫雄	昭15	二補衛 20、[illegible] 兵長	杉浦勝義夫 大九、五、九	無	
20、8、24 第十二軍司令官ノ定ル兵站病院転属	15、10、1	気球聯隊 一八、九、二〇	福島県石城郡植田町小濱字浦二三番地	同上	父	鈴木太郎	昭9	二国衛 20、[illegible] 上等兵	鈴木賢司 大六、一、一〇	無	
同右	15、9、6	野戦重砲兵第七聯隊 一五、八、一	東京都荒川区尾久町二丁目六一番地	同上	兄	鈴木次郎	昭14	一補衛 20、4、[illegible] 兵長	鈴木常男 大八、三、二六	無	

94

22.7.22

備考	入隊	部隊	本籍	留守宅		続柄	留守担当者	昭	階級	氏名・生年月日		備考
20、8、29 第一六二兵站病院転属	18、10、1	気球聯隊 一八、九、二〇	福島県河沼郡笈川村大字笈川字王胎丙二六九番地	同	上	妻	鈴木静代	昭11	二国衛 20、6、1 井長	鈴木武 大五、一〇、二二	無	20.7.1進級
20、8、29 第一六六兵站病院転属	17、6、24	歩兵第一五七聯隊 一七、五、二五	東京都板橋区志村西台町一五三六番地	同	上	祖父	杉本直次郎	昭16	一補衛 19、2、1 20、5 長	杉本昇 大〇、八、二三	無	
20、8、29 第一六六兵站病院転属	18、10、1	気球聯隊 一八、九、二〇	東京都足立郡千住龍田町一六番地	同	上	母	鈴木かぎ	昭11	二補衛 19、3、20 20、6 上	鈴木煕 大五、六、二八	無	
20、8、29 第五三兵站病院転属	18、6、14	気球聯隊 一八、六、一	神奈川県横浜市磯子区六浦町四〇四八番地	同	上	兄	須摩豊晄郎	昭17	一補衛 20、6、1 井長	須摩敏夫 大二、一、三〇	無	20.7.1進級
戦死	15、1、6	歩兵第一四九聯隊 一五、一二、九	埼玉県比企郡明覚村大字田中四〇番地	同	上	父	杉田喜代治	昭15	三補衛 20 上伍	杉田武治 大九、七、二〇	無	
20、8、29 第二兵站司令官 定 兵站病院転属	17、6、24	歩兵第一五七聯隊 一七、五、二五	東京都京橋区京橋三丁目六番地	神奈川県川崎市大師町二〇番地		兄	杉浦繁雄	昭15	二補衛 20 長	杉浦勝夫 大九、五、九	無	
20、8、29 第二十二兵站司令官 定 兵站病院転属	18、10、1	気球聯隊 一八、九、二〇	福島県石城郡植田町小濱字渚二三番地	同	上	父	鈴木太郎	昭9	二国衛 19、3、20 20 上	鈴木賢司 大六、一、一〇	無	
同右	15、9、6	野戦重砲兵第七聯隊 一五、八、一	東京都荒川区尾久町二丁目六一番地	同	上	兄	鈴木次郎	昭14	一補衛 20 長	鈴木常男 大八、三、二六	無	

94

留守名簿

入

項目	1	2	3	4	5	6
(上欄)	20.8.29 第五十五軍司令官ノ定ムル兵站病院転属	20.8.27 第五一兵站病院転属	20.8.27 第五八兵站病院転属	20.5.20 鉄道第八聯隊転属	20.8.29 第一六五兵站病院転属	20.8.29 第五一兵站病院転属
編入年月日	18.4.8	18.10.1	20.1.31	18.3.3	20.1.31	17.1.23
前所属及其編入年月日	野戦重砲兵第八聯隊 一八、三、二	重砲聯隊 一八、九、二〇	独歩第八一大隊 一九、二、八	独歩第四二大隊 一七、四、八	独歩第八一大隊 一九、六、一八	
本籍（在留地）	千葉県船橋市宮本町四丁目五二番地	東京都小石川区西丸町四三番地	東京都北多摩郡砂川村一〇番地	北海道空知郡歌志内町字下歌志内一三五四	埼玉県大宮市大宮藤引一六八番地	宮城県登米郡石越村北郷字西門二番地
留守担当者 住所	同上	鹿児島県日置郡伊集院町徳重四三四 門松勇吉方	同上	北海道空知郡砂川町上砂川東町 三井鉱業社宅八九	同上	同上
続柄	父	妻	父	父	父	母
氏名	鈴木八十八	鈴木フミ子	須崎清蔵	砂金正治	須永信義	鈴木千代
徴集年 任官年	昭16	昭11	昭19	昭15	昭19	
役種 兵種 官等 等級 俸給月額 発令年月日	二 補衛 20.8 上	二 補衛 伍 20.3.20 #長	現衛 伍 20.5.18 #一	現衛 伍 20.3.1 #長	現衛 伍 20.5.18 #一	技術雇員 20.8.20
氏名 生年月日	鈴木源治 大6.1.22	鈴木良平 大5.5.28	須崎丑之助 大4.2.12	砂金利夫 大9.8.27	須永義夫 大4.3.12	鈴木廣子（ユキコ） 大10.7.27
留守宅渡ノ有無	無	無	無	無	無	有
補修年月日		20.4.5 進級	20.6.1 進級	20.4.5 進級	20.6.1 進級	20.4.5 昇給 20.8.29 〃

95

20.8.29 方面軍司令官指定兵站病院転属	20.8.29 第九四兵站病院転属
15.3.23	15.3.23
吉村部隊 一五九二八	[redacted] 西貢(芝)部隊 [redacted] 一三九二七
千葉縣香取郡神代村舟戸八〇九番地	千葉縣香取郡久賀村大門三九二番地
同	同
上	上
父 菅谷萬太郎	兄 菅澤太市
業務手 合格 20.8.20 [illegible]	業務手 合格 20.8.20 [illegible]
菅谷武 大元.九.八	菅澤政吉 大四.二.二五
有	無
20.4.5 昇給 20.8.29 〃	20.4.5 昇給 20.8.29 〃

90

留守名簿

編入年月日	前所屬及其編入年月日	本籍（在留地）	留守擔當者 住所	續柄	留守擔當者 氏名	徵集年／任官年	役種兵種官等級 俸給月額 發令年月日	氏名 生年月日	留守宅渡ノ有無	留守補給年月日	備考
15.3.23	[redacted]南池部隊 一五、三、二	東京都品川区上大崎長者丸二五四番地	福島県西白河郡三神村三城目関根義直方	父	関根要八	昭14／昭14	予医大尉 二、19.9.30	関根健児 大五、一、八	有	20.6.1 現住	20.7.6 陸軍軍医学校ニ出張中ノ地ニ在留中ナル作戦地所管区司令官ノ定ムル部隊ニ転属
16.12.20	歩三聯隊 一六、一〇、二〇	東京都渋谷区大和田町一六番地	東京都大森区雪ヶ谷町五〇二	兄	瀬戸昇	昭16／昭16	予医中尉 一、19.9.30	瀬戸豊 大四、一〇、八	有		20.8.29 第十二軍司令官ノ定ムル兵站病院転属
16.1.6	歩兵二四九聯隊 一五、一二、九	埼玉県入間郡高麗村大字横手三八六番地	同上	父	関口傳三	昭15	一補衛長 19.12.9	関口正平 大九、四、一五	無		20.8.29 第五一兵站病院転属
18.3.20	独歩兵七八大隊 一八、三、一	埼玉県南埼玉郡蓮田町大字蓮田一四八三番地	同上	父	関根重蔵	昭17	現 衛長 伍 20.3.1	関根重雄 大一一、三、一九	22.1 無	20.4.5 進級	召集解除 21年6月24日
20.1.31	独歩八十大隊 一九、一二、一八	埼玉県南埼玉郡河合村大字平林寺八三二番地ノ二	同上	兄	関根善作	昭19	現 衛 一 20.5.18	関根文雄 大一二、一二、一四	無	20.6.1 進級	20.8.29 第五四兵站病院転属
20.1.31	独歩八十大隊 一九、一二、一八	埼玉県北葛飾郡豊野村大字銚子口二四番地	埼玉県南埼玉郡春日部町一八八七番地	兄	関根喜傳治	昭19	現 衛 一 20.5.18	関根全次郎 大一三、九、三〇	無	20.6.1 進級	20.8.29 第五二兵站病院転属

七

97

留守名簿

欄外記事	編入年月日	前所属及其編入年月日	本籍（在留地）	留守担当者 住所	続柄	氏名	徴集年 / 任官年	役種兵種官等級俸給額・発令年月日	氏名 生年月日	留守宅渡ノ有無	留守補給年月日
20.8.6 陸軍軍医学校ニ出張中内地ニ残留中ノ在所管区司令官ノ定ムル部隊ニ転属	15.3.23	[redacted]菊池部隊 一五、三、二	東京都品川区上大崎長者丸二五四番地	福島県西白河郡三神村三城目 関根義直方	父	関根要八	昭14 / 昭14	豫医大尉 二、19.9.30	関根健児 大五、一、八	有	20.6.1 現住
20.8.29 第十二軍司令官ノ定ムル兵站病院転属	16.12.20	歩一〇一聯隊 一六、一〇、二〇	東京都澁谷区大和田町一一〇番地	東京都大森区雪ヶ谷町五〇二	兄	瀬戸昇	昭16 / 昭16	豫医中尉 一、19.9.30	瀬戸豊 大四、一一、八	有	
20.8.29 第一五一兵站病院転属	16.1.6	歩兵一四九聯隊 一五、一二、九	埼玉県入間郡高麗村大字横手三八六番地	同上	父	関口傳三	昭15	一補衛長 19.12.9	関口正平 大九、四、一五	無	
20.8.29 第一八八兵站病院転属	18.5.20	独立歩兵七十八大隊 一八、二、一	埼玉県南埼玉郡蓮田町大字蓮田一四八三番地	同上	父	関根重蔵	昭17	現衛兵長（伍） 20.3.1	関根重雄 大二、二、一九	22.11 無	20.4.5 進級
20.8.29 第一九四兵站病院転属	20.1.31	独歩八十大隊 一九、一二、一八	埼玉県南埼玉郡河合村大字平林寺八三番地ノ二	同上	兄	関根善作	昭19	現衛#一 20.5.18	関根文雄 大一二、一二、一四	無	20.6.1 進級
20.8.29 第一五二兵站病院転属	20.1.31	独歩八十大隊 一九、一二、一八	埼玉県北葛飾郡豊野村大字鉄子口二四番地	埼玉県南埼玉郡春日部町一八八七番地	兄	関根喜傳治	昭19	現衛#一 20.5.18	関根金次郎 大一三、九、三〇	無	20.6. 進級

七

97

20、8、29第五一兵站病院転属	20、8、1 31	独歩第八二六隊 一九、二、一八	埼玉縣南埼玉郡蒲生村大字登戸一、一七八番地	同上	父	関根健之助	昭19	現衛卅一 20、5、18	関根孝治 大一三、四、九	無	20.6.1進級
20、8、29第十二軍司令官ノ定ムル兵站病院転属	18、10、1	気球聯隊 一八、九、二六	宮城縣名取郡館腰村本郷字西六軒六三番地	同上	父	瀬野尾新助	昭12	二国衛廿上 20、8、20	瀬野尾新二 大六、九、二八	無	
20、8、29第一九四兵站病院転属	18、10、1	気球聯隊 一八、九、二〇	富山縣下新川郡山崎村山崎四二八番地	同上	養父	仙名仙吉	昭6	二補衛卅長 20、6、1	仙名小太郎 明四四、五、一	無	20.7.1進級
20、8、29第一九四兵站病院転属	16、1、6	歩兵一四九聯隊 一五、一二、九	埼玉縣比企郡三保谷村大字釘無一五五番地	同上	兄	関一司	昭15	一補衛伍長 20、8、20	関快夫 大九、二、三	無	
20、8、29第一九四兵站病院転属	16、1、6	歩一四九聯隊 一五、一二、九	神奈川縣三浦郡三崎町小網代一四八三番地	同上	父	関本繁治	昭15	一補衛卅長 20、8、20	関本義則 大九、八、二六	無	
20、5、30鉄道第六聯隊転属	18、10、1	気球聯隊 一八、九、二〇	富山縣富山市東岩瀬町六二二番地	富山縣富山市東岩瀬町六八八ノ二番地	兄	関井栄太郎	昭6	二補衛一 19、3、20	関井清一郎 明四三、一二、二七	無	
20、8、29司令官ノ定ムル兵站病院転属	15、6、24	歩五七聯隊 一七、五、二五	埼玉縣南埼玉郡川通村大字大口二九七番地	同上	父	関根房五郎	昭16	一補衛伍長 20、8、20	関根西吉 大一〇、二、一四	無	
20、8、29第一九四兵站病院転属	18、10、1	野戦重砲兵第八聯隊 一八、九、五	新潟縣東蒲原郡西川村大字神谷八三七番地	同上	父	清野甚八	昭16	一補衛伍長 20、8、20	清野八郎 大一〇、一、一七	無	

98

七

留守名簿

氏名 / 生年月日	役種兵種官等級 / 等級号俸月給額 / 発令年月日	留守宅渡ノ有無	留守補修年月日	留守担当者氏名	続柄	住所	本籍（在留地）	前所属及其編入年月日	編入年月日	備考
清野義男 大五、一、一七	業務手 中央電報[illegible]本 八六〇〇 20.8.20	無	20.5.20 停給	清野さよ	妻	在留地 同上	北海道有珠郡伊達町北黄金九三番地（天津特別市第三区黄緯路七一号）	[redacted] 菊池部隊 一四、二、七	15.3.23	20.8.29 第一五三兵站病院転属
妹尾一士 大九、六、一	軍務雇員 五〇〇〇 19.3.31	無		妹尾鶴造	兄	同上	広島県蘆品郡近田村七五五番地	[redacted] 菊池部隊 一四、五、二八	15.3.23	20.8.29 第一六四兵站病院転属
瀬戸政夫 大五、九、二三	自動車操縦[illegible] 七六〇〇 20.5.20	無	20.4.5 停給 20.5.20 〃	瀬戸新之助	兄	同上	神奈川県小田原市久野二八二番地	勝兵団独立歩兵大隊 一三、七、五	15.4.16	20.8.27 第一二六兵站病院転属
芹沢誠 大八、一、二〇	衛長 （印）		21.1.25				山梨県東八代郡錦生村[illegible]場五六〇			[illegible] 戦病死 ② [illegible]

99

七				
備考	20.8.29 第一五三兵站病院転属	20.8.29 第一六四兵站病院転属	20.8.27 第一六〇兵站病院転属	20.[illegible] 戦病死 [illegible]

留守名簿

編入年月日	前所属及其編入年月日	本籍（在留地）	留守担当者 住所	続柄	留守担当者 氏名	徴集年 任官年	役種兵種官等級 等級ニ俸給 月給額 発令年月日	氏名 生年月日	留守宅渡ノ有無	留守給与補償年月日
15.3.23	[redacted] 菊池部隊 四、二、七	北海道有珠郡伊達町北黄金九三番地（天津特別市第三区 黄緯路七一號）	同上 在留地	妻	清野さよ		操 7.6.30	清野義男 大五、一、一七	無	20.5.20 昇給
15.3.23	[redacted] 菊池部隊 一四、五、二八	広島県蘆品郡近田村七五五番地	同上	兄	妹尾鶴造		軍務雇員 五〇〇〇 19.3.31	妹尾一士 大九、六、一	無	
15.4.16	騎兵第四旅団 独立騎兵第[illegible]大隊 一三、七、五	神奈川県小田原市久野二八二一番地	同上	兄	瀬戸新之助		自動車操縦手 七六〇〇 20.8.20 [illegible]	瀬戸政夫 大五、九、二三	無	20.4.5 昇給 20.8.20 〃
		山梨県東八代郡錦[illegible]村[illegible]五六〇					(傭) [illegible]長	芹澤誠 大八、一、二〇		21.1.25

99

ソ

20.8.29第一六一兵站病院転属

20.8.29第一五一兵站病院転属

20.8.29第一六六兵站病院転属

留守名簿

編入年月日	20.1.31	20.1.31	18.3.5
前所属及其編入年月日	独歩第八一大隊 一九、一一、一八	独歩第八一大隊 一九、一一、一八	独歩第四三大隊 一七、一、一〇
本籍（在留地）	東京都小石川区林町九二番地	東京都下谷区池之端七軒町三六	東京都荒川区南千住町六丁目一二三番地
留守担当者 住所	同上	同上	同上
留守担当者 続柄	父	父	父
留守担当者 氏名	荘司伊八	染谷為吉	染谷謙次郎
徴集年 任官年	昭19	昭19	昭16
役種兵種官等級並ニ等給俸月額 発令年月日	現 衛 卄一 20.5.18	現 衛 卄一 20.5.18	現 衛 長 20.1.20
氏名 生年月日	荘司達郎 大四、四、二九	染谷貞一 大一三、三、九	染谷良一 大九、一二、一九
留守宅渡ノ有無	無	無	無
補修年月日	20.6.1進級	20.6.1進級	

100

留守名簿

欄外	編入年月日	前所属及其編入年月日	本籍（在留地）	留守担当者住所	続柄	留守担当者氏名	徴集年	任官年	役種兵種官等級並ニ等給俸給月額発令年月日	氏名 生年月日	留守宅渡ノ有無	補修年月日
20.8.29 第一五一兵站病院転属	19.12.1	[redacted] 関東軍[redacted]部隊 一八、三、一	宮城県柴田郡村田町大字村田字町二一〇番地	仙台市新寺小路二三 武者健二方 [illegible]	妻	高橋公子		昭7	現医少佐 一、19、4、30	高橋傳 明三六、一〇、一六	有	20.4.5 住所
20.8.29 第一五三兵站病院転属	16.12.22	陸軍兵器本部附陸軍々医学校 一三、七、一	茨城県新治郡藤沢村藤沢一三八番地	同上	妻	田山亜子		昭13	現医少佐 二、20、4、30 [illegible]	田山吉政 明四三、八、一〇	有	20.4.5 発令月日 20.7.1 等給
20.8.29 第一五二兵站病院転属	15.3.23	[redacted] 西村（正）部隊 一三、九、二八	福岡県大牟田市西有明町四番地	同上	母	立石ヤツ		昭13	予医大尉 一、19、4、30	立石五郎 明四五、七、六	有	
20.8.29 第一九八兵站病院転属	17.8.24	騎兵第十三聯隊 一五、七、二二	京都府与謝郡宮津町字川向一一三〇番地	同上	父	高岡佐兵衛		昭14	予医大尉 二、20、4、30 [illegible]	高岡満 大四、六、二三	有	20.7.1 等給
20.8.29 第十一軍司令官ノ定ムル兵站病院転属	16.3.14	北京陸軍病院 一五、一二、二四	東京都牛込区矢来町三番地	同上	妻	隆達子		昭15	予医中尉（大） 三、20、4、22 [illegible]	隆文雄 大三、八、四	有	20.5.30 現住
20.8.29 第一五一兵站病院転属	16.3.16	済南陸軍病院 一六、二、二一	東京都神田区三崎町一丁目一番地ノ一	東京都小石川区武島町七番地	父	田中喜一	昭14	昭16	予薬中尉 一、19、9、30	田中實 大七、一二、四	有	

夕

101

備考	年月日	部隊	本籍	留守宅	続柄	留守担当者	昭	官等	氏名・生年月日	有無	記事
20、3、20 氣球聯隊転属	19、6、10	金澤	石川縣金澤市泉野町一丁目四番地	同上	妻	高橋米	昭14	豫衛中尉 一、18、9、30	高橋太七 明二六、一、二	有	
20、3、20 氣球聯隊要員	19、6、10	松本	長野縣小縣郡長久保町新町五六四番地合併地	長野縣松本市清水町東区	妻	高橋義恵	昭15	豫衛中尉 二、19、4、15	高橋衆太郎 明二二、六、一〇	有	
20、8、29 第一六兵站病院転属	19、8、10	氣球聯隊 一八、八、五	千葉縣千葉市富貴町四〇番地	同上	妻	高橋とく子	昭4 昭8	豫薬中尉 二、20、4、20 休本作	高橋要 明四一、九、八	有	20、6、1 特給
20、8、29 第一九四兵站病院転属	17、11、20	横須賀陸軍病院 一七、七、三一	東京都荒川区町屋一丁目四四五番地	同上	父	武井経廣	昭16 昭18	特志 豫薬少尉 18、12、1	武井経利 大九、一、四	有	20、4、5 兵種
20、8、29 第十二軍司令官ノ定ムル兵站病院転属	18、7、31	歩兵二聯隊補充隊 一七、一〇、一	廣島縣豊田郡上北方村一五七番地	廣島縣三原市須波町一七三九番地	父	田村節夫	昭16 昭19	豫医少尉 19、7、1	田村節彦 大一〇、五、二四	有	
20、8、29 第一五四兵站病院転属	18、7、31	陸軍々医学校 一八、五、一〇	神奈川縣横須賀市鴨居町十九番地	同上	父	高木鉦尋郎	昭16 昭19	豫薬少尉 19、7、1	高木晧次 大一二、七、二九	有	
20、8、29 第一五三兵站病院転属	18、3、23	横須	神奈川縣横須賀市三三番地	神奈川縣横濱市保土ケ谷区霞台二六一番地	父	高橋粲太郎	昭16	豫衛医少尉 20、3、22 休	高橋淑夫 大七、八、二一	無	20、4、5 官等
20、8、29 第十二軍司令官ノ定ムル兵站病院転属	18、3、23	池井部隊 [redacted] 一三、九、三七	奈良縣生駒郡北倭村大字上三四番屋敷	同上	父	谷岡米太郎	昭11 昭13	現衛 書准 四、20、3、23 休	谷岡薫 大五、五、七	有	20、4、5 官等

102

留守名簿

異動（欄外）		20、8、29 第一五三兵站病院転属	20、4、9 依願免本官	20、8、29 第一五三兵站病院転属	20、8、29 第一五三兵站病院転属	20、6、4 北部軍管区司令部転属	20、6、4 船舶輸送司令部転属
編入年月日		16、3、18	17、6、4	15、8、23	15、8、23	19、6、24	15、9、6
前所属及其編入年月日		朔北野病 軍病院 一三、二、一〇	東京	[redacted] 菊地部隊 一四、二、八	[redacted] 菊地部隊 一四、二、八	歩兵第一五七聯隊 一七、五、二五	野戦重砲兵第八聯隊 一五、八、一
本籍（在留地）		東京都向島区寺島町ノ一ノ三五番地	東京市淀橋区諏訪町五八番地	茨城県西茨城郡北那珂村大字門毛 一、二七九番地	茨城県北相馬郡古都村大字清水丙七六番地	埼玉県浦和市下木崎五番地	神奈川県横須賀市大津 一三四六番地ノ二八号
留守擔當者	住所	奈良県奈良市中ノ辻南町三一番地	北京市内三区五條胡同後坑五号	同 上	同 上	同 上	同 上
	續柄	父	妻	兄	父	父	父
	氏名	田辺元二	谷山きみ子	高根唐栄	舘野啓次郎	大郷市太郎	田丸栄太郎
徵集年		昭12				昭12	昭13
任官年		昭14	昭17	昭17	昭17	昭14	昭17
役種兵種官等級 等級俸給額 發令年月日		現衛曹 准尉 四、20、8、21	陸軍技手 三、20、3、31 中依 3、30	陸軍技手 三、20、8、20 中依 8、30	陸軍技手 三、20、8、20 中依 7、30	豫衛軍 一、19、9、30	豫衛軍 二、19、12、31
氏名 生年月日		田辺太一 大六、四、一六	谷山直記 明四四、二、五	高根暦晃 大三、二、二〇	舘野正雄 大四、四、三	大郷義松 大五、一二、一〇	田丸英穂 大五、五、五
留守宅渡ノ有無		有	無	無	無	有	無
留守補修年月日			20.8.29 給停	20.8.29 給停	20.8.29 給停		

タ

103

20.8.29第一工軍司令部ヨリ…兵站病院転属	19.3.1	天津陸軍病院 一七、五、四	愛媛県宇摩郡三島町…四六…番地	同	上	父	高橋新之栃	昭16	昭19	三 豫 衛 伍軍 20.8.1	高橋雅雄 大一〇、九、二六	無	20.8.1 進級
20.8.29第一五三兵站病院転属	17.6.24	歩兵第一五七聯隊 一七、五、二五	神奈川県中郡伊勢原町東大竹一、五〇三番地	埼玉県北葛飾郡東和村公地 松浦清次郎方 ~~東京都荒川区日暮里町…丁目…番地~~		妻	田中タカ	昭9	昭19	三 豫 衛 伍 20.6.20	田中新一 大三、一〇、三〇	有	20.6.1 現任
20.8.29第一六一兵站病院転属	19.3.1	天津陸軍病院 一七、五、六	三重県津市阿漕町津興二四一四番地	同	上	父	館要太郎	昭16	昭19	三 現 衛 伍軍 20.8.1	館正夫 大一〇、一、一	無	20.8.1 進級
20.6.9 戦病死	19.3.1	天津陸軍病院 一七、五、四	三重県一志郡戸木村一九三九番地	同	上	父	田端圓治	昭16	昭19	三 現 衛 伍軍 20.6.9	田端潔 大一〇、九、八	無	20.9.1 進級
20.8.29第一八七兵站病院転属	17.6.24	歩兵第一五七聯隊 一七、五、二五	東京都荒川区牡丹町一丁目九番地	東京都足立区千住町三丁目二九番地		父	田沼才二郎	昭16	昭19	三 豫 衛 伍軍 20.8.1	田沼良一 大一〇、一一、三	無	20.8.1 進級
20.8.29第一六六兵站病院転属	19.3.1	北京第一陸軍病院 一七、六、二〇	静岡県田方郡韮山村南條一〇四五番地	同	上	父	田中辨造	昭16	昭19	三 現 衛 伍軍 20.3.1	田中武夫 大一〇、一〇、一五	無	20.4.5 進級
20.8.29第一五兵站病院転属	19.2.28	工兵第三二聯隊 一七、二、一	千葉県君津郡君津町坂田一五七七番地	同	上	父	谷好藏	昭16	昭19	現 衛 伍 19.12.1	谷孝一 大一〇、一〇、二二	無	
20.8.29第一八兵站病院転属	19.2.27	国府台陸軍病院 一七、一、一八	東京都麻布区笄町七一番地	同	上	父	宝田常次郎	昭12	昭19	三 豫 衛 伍軍 20.8.1	寶田平八 大六、一〇、一五	無	20.8.1 進級

106

留守名簿

上欄記事	編入年月日	前所属及其編入年月日	本籍（在留地）	留守担当者 住所	続柄	留守担当者 氏名	徴集年 任官年	役種 兵種 官等 級 等級 俸給 月額 発令年月日	氏名 生年月日	留守宅渡ノ有無	留守補修年月日
20、8、29第一五二兵站病院転属	18、5、20	独歩第七八大隊 一八、二、一	埼玉県南埼玉郡川通村大字大野島八五〇番地	同上	父	高橋敏章	昭17 昭19	現 衛 伍 軍曹 20、8、20	高橋清 大一二、一〇、一八	無	
20、8、29第一五一兵站病院転属	18、4、8	野戦重砲兵第八聯隊 一八、三、二	東京都本郷区駒込神明町四五九番地	東京都本所区駒込千駄木町一八六番地	伯父	足立金治	昭16	二補 衛 上 20、4	俵弥平衛 大一〇、四、一〇	無	
20、8、29第一五一兵站病院転属	18、5、20	独立歩兵第七八大隊 一八、二、一	千葉県印旛郡千代田町栗山一〇七四番地	同上	父	田中政吉	昭17	現 衛 兵長 20、8、1	田中隆治 大一二、三、二〇	無	20.8.1 進級
20、8、29第一五一兵站病院転属	16、1、6	歩兵第四九聯隊 一五、一二、九	東京都南多摩郡福蔵村大丸三八七番	同上	父	田口衛五郎	昭15	一補 衛 兵長 20、8	田口正治 大九、三、一〇	無	
20、8、29第一六五兵站病院転属	18、3、5	歩兵第一五七聯隊 一七、一、一〇	山梨県東山梨郡諏訪村成沢三三一番地	同上	父	武井政治	昭16	現 衛 兵長 伍 20、3、1	武井広忠 大一〇、二、二一	無	20.4.5 官写
20、8、29第一五一兵站病院転属 タ	18、5、20	独立歩兵第七八大隊 一八、二、一	千葉県印旛郡根郷村大篠塚七〇二番地	同上	父	高宮時治	昭17	現 衛 兵長 20、8	高宮建司 大一一、八、一〇	無	

105

20.8.29 第一五一兵站病院転属	18.3.1	歩兵第三一聯隊 一七、三、一	東京都品川区大崎本町三丁目五七九番地	東京都品川区大崎本町三丁目四〇五番地	父	高橋吉三郎	昭16	現衛伍長 20.4.1	高橋一夫	大一〇、六、一〇	無	20.6.1 進級
20.8.29 第一五一兵站病院転属	18.10.1	野戦重砲兵第八聯隊 一八、九、一	栃木県下都賀郡水代村大字橋本七五四番地	同上	父	高瀬理一	昭15	一補衛長	高瀬啓一	大九、八、六	無	
20.8.29 第一五一兵站病院転属	18.10.1	氣球聯隊 一八、九、二〇	東京都芝区新堀町一〇番地	東京都荏原区東中延町四二七番地	兄	田中政勝	昭10	二補衛上	田中清	大四、三、一〇	無	
20.8.29 第一五一兵站病院転属	18.10.1	氣球聯隊 一八、九、二〇	宮城県栗原郡姫松村玉沢字狐崎中東田八五番地	同上	父	高橋喜代治	昭8	二國衛上	高橋義雄	大元、一二、二六	無	
20.8.29 第一八八兵站病院転属	15.9.6	野戦重砲兵第十七聯隊 一五、八、一	埼玉県北足立郡野田村大字代山一〇〇五番地	同上	兄	高橋榮吉	昭14	一補衛長	高橋兼吉	大七、八、二二	無	
20.8.29 第一八八兵站病院転属	18.6.14	氣球聯隊 一八、六、一	埼玉県北足立郡小室村八〇〇九番地	同上	父	高山房五郎	昭13	豫衛伍長 20.6.1	高山一二	大七、一一、三	無	20.7.1 進級
20.8.29 第一四九兵站病院転属	18.10.1	氣球聯隊 一八、九、二〇	福島県安達郡岳下村大字荻瀬字山口八〇番地	福島県福島市大神町井戸尻八番地	父	丹野吉五郎	昭9	二國衛長 20.3.1	丹野正治	大二、七、二七	無	
20.8.29 第一六[illegible]兵站病院転属	18.10.1	野戦重砲兵第八聯隊 一八、九、二〇	富山県西礪波郡東五位村内島六四六番地	富山県婦負郡神保村河原町一七〇九番地 若田文蔵方	妻	竹森丸子	昭17	一補衛上 20.7.15	竹森文次	大一一、三、二三	無	20.7.30 進級

106

留守名簿

項目	1	2	3	4	5	6
備考	20.8.29 オ一九四兵站病院転屬	20.8.29 オ一五五兵站病院転屬	20.8.29 オ十二軍司令官ノ定ムル兵站病院転屬	20.8.29 オ一五五兵站病院転屬	20.8.29 オ一九四兵站病院転屬	20.8.29 オ一九四兵站病院転屬 夕
編入年月日	15.9.6	15.9.6	18.6.14	15.9.6	16.1.6	18.3.1
前所属及其編入年月日	歩兵第五七聯隊 一五、八、一	歩兵第一九四聯隊 一五、八、一	氣球聯隊 一八、六、一	歩兵第一五七聯隊 一五、八、一	歩兵第一四九聯隊 一五、一二、九	独立歩兵第四三大隊 一七、四、八
本籍（在留地）	千葉縣印旛郡八街町八街口四四ロ番地	神奈川縣横濱市南区通町四丁目九三番地	東京都本所区厩橋三丁目十五番地ノ三	千葉縣香取郡津宮村四九八番地	東京都西多摩郡戸倉村一五四九番地	宮城縣仙台市國分町一五一番地
留守擔當者 住所	同上	同上	同上	同上	同上	同上
留守擔當者 續柄	兄	父	父	妻	父	兄
留守擔當者 氏名	田中作司	田中當助	竹内傳吉	高安きく	高橋宇一	竹丸嘉藏
徴集任官年	昭11	昭14	昭15	昭11	昭15	昭15
役種兵種官等等級俸給額発令年月日	一補衛 20.8 20以長	豫衛伍 十補衛長 20.3.1	一補衛 19.20.8.8 120以長	一補衛 予衛	一補衛上 18.12.9	現衛 20.4 長
氏名 生年月日	田中昇 大五、九、一	田中一 大八、二、一七	竹内敬一 大九、一二、一三	高安孝敏 大五、六、二五	高橋太郎 大九、一〇、八	竹丸敬吉 大九、一、一四
留守宅渡ノ有無 補修年月日	無	無 20.4.5官等	無	無 20.4.5官等	無	無

107

20、8、24第二軍司令官ノ定ムル兵站病院転属	18、3、1	歩兵第三四聯隊 一七、二、一	神奈川縣横濱市神奈川区西大口五番地ノ二	同	上	父	丹澤伊太郎	昭16	現 衛 兵長 20、8、1	丹澤武博 大一〇、一、一	無	20、8、1進級
20、8、24第一六六兵站病院転属	18、10、1	野重砲兵第八聯隊 一八、九、二〇	東京都江戸川区北篠崎町三五〇番地	同	上	父	高橋馬之助	昭16	二補 衛 上長 20	高橋平之助 大一〇、一、二五	無	
同右	18、6、14	氣球聯隊 一八、六、一	埼玉縣北足立郡川田谷村七三四四番地	同	上	父	高柳誠資	昭11	一補 衛 上 20	高柳重治 大五、九、一〇	無	
20、8、29第一五三兵站病院転属	20、1、31	独立歩兵第八十二大隊 一九、二、八	東京都麹町区九段二丁目一七番地ノ二	静岡縣富士宮市神賀区七七一番地		母	武田しま	昭19	現 衛 一 20、5、18	武田菊雄 大一四、九、二	無	20、6、1進級
20、8、29第一五一兵站病院転属	20、1、31	独立歩兵第八十二大隊 一五、二、八	東京都四谷区若葉町三丁目五番地ノ四	東京都滝ノ川区昭和町三丁目六九番地		伯父	髙木豊太郎	昭19	現 衛 一 20、5、18	髙木莊司 大一四、五、三一	無	20、6、1進級
20、8、29第一五五兵站病院転属	20、1、21	独立歩兵第八十二大隊 一五、二、八	東京都品川区上大崎中丸四四四番地	東京都麻布区宮下町一〇番地		母	田部井とよ	昭19	現 衛 一 20、5、18	田部井治吉 大一四、六、一九	無	20、6、1進級
20、8、29第一九八兵站病院転属	20、1、21	独立歩兵第八十二大隊 一九、二、八	東京都京橋区宝町三丁目六番地ノ一三	同	上	叔父	田中雄三	昭19	現 衛 一 20、5、18	田中一郎 大一四、五、二六	無	20、6、1進級
20、8、29第一六五兵站病院転属	20、1、31	独立歩兵第八十二大隊 一九、二、八	埼玉縣北足立郡北本宿村大字宮内五一五番地	同	上	父	田島末吉	昭19	現 衛 一 20、5、18	田島源作 大一三、七、一九	無	20、6、1進級

108

9

留守名簿

項目	1	2	3	4	5	6
（欄外記入）	20、8、29第一五一兵站病院転属	20、8、29第一五一兵站病院転属	20、8、29第一九八兵站病院転属	20、8、29第十一方面軍司令官ノ定ムル兵站病院転属	20、8、29第一五一兵站病院転属	20、8、29第一五一兵站病院転属
編入年月日	20、1、31	20、1、31	20、1、31	20、1、30	20、1、31	20、1、31
前所属及其編入年月日	独立歩兵第八十六大隊 一九、一一、一八	独立歩兵第八十六大隊 一九、一一、一八	独立歩兵第八十六大隊 一九、一一、一八	独立歩兵第八十六大隊 一九、一一、一八	独立歩兵第八十六大隊 一九、一一、一八	独立歩兵第八十六大隊 一九、一一、一八
本籍（在留地）	東京都足立区千住仲居町二四番地	東京都本所区向島請地町一一六番地	東京都本所区厩橋二丁目二三番地ノ一	東京都麹町区飯田町一丁目二六番地ノ四	東京都北多摩郡村山村大字三ツ木一、一四七番地	東京都浅草区芝崎町一丁目二番地ノ二
留守担当者 住所	同上	千葉県印旛郡木下町竹林字砂田	同上	同上 山梨県南都留郡 東京都麹町区飯田町一丁目三二番地	同上	東京都神田区佐久間町一丁目三番地 宮城県刈田郡白石町 豆里町
留守担当者 続柄	伯父	母	母	母	父	母
留守担当者 氏名	高橋初五郎	小川ふさ	竹内シズ	高橋いと	田代京之助	竹本ひつき
徴集年 任官年	昭19	昭19	昭19	昭19	昭19	昭19
役種 兵種 官等級 俸給月額 発令年月日	現 衛 廿一 20、5、18	現 衛 廿一 20、5、18	現 衛 廿一 20、5、18	現 衛 廿一 20、5、18	現 衛 廿一 20、5、18	現 衛 廿一 20、5、18
氏名 生年月日	高橋清七 大一三、一二、二九	瀧田敦孝 大一四、七、一八	竹内一慶 大一四、二、一九	高橋安次郎 大一四、二、一九	田代武正 大一三、一二、一八	竹本正藏 大一三、一、一八
留守宅渡ノ有無	無	無	無	無	無	無
補修年月日	20、6、1進級	20、6、1進級	20、6、1進級	20、5、30現任 20、6、1進級 20、7、1現任	20、6、1進級	20、5、30現任 20、6、1進級

109

20.8.29 [illegible] 所属	20.1.31	独立歩兵第八十六大隊 一九、二二、八	東京都浅草区雷門一丁目二五番地ノ一	同上	兄	田邊久一郎	昭19	現衛 20.5.18 #一	田邊荒吉 大一三、一、一四	無	20.6.1 進級
同右	20.1.31	独立歩兵第八十六大隊 一九、二二、八	東京都八王子市本町三番地	同上	父	高橋隆吉	昭19	現衛 20.5.18 #一	高橋[illegible]次郎 大一四、四、一五	無	20.6.1 進級
20.8.24 戦病死	20.1.31	独立歩兵第八十六大隊 一九、二二、八	東京都豊島区長崎町一丁目三三番地ノ七	東京都下谷区仲御徒町四丁目九番地	母	田島すゞ	昭19	現衛 20.5.18 #一	田島弘一 大一四、一、一九	無	20.6.1 進級
20.8.29 第一六六兵站病院転属	20.1.31	独立歩兵第八十六大隊 一九、二二、八	東京都本所区里中町一丁目一四番地ノ一	千葉県銚子市名洗町	父	竹内雲之助	昭19	現衛 20.5.18 #一	竹内喜助 大一四、一、一	無	20.6.1 現住 20.6.1 進級
同右	20.1.31	独立歩兵第八十六大隊 一九、二二、八	埼玉県北足立郡大石村大字畔吉一一八六番地ノ二	同上	父	高橋啓三郎	昭19	現衛 20.5.18 #一	高橋民二 大一三、三、一三	無	20.6.1 進級
20.8.19 解傭	18.4.16		朝鮮平安南道平原郡西海面延豊里三九	満洲國奉天省山城鎮東関門 安興精米所	父	西原景辰		傭人(通訳) 20.3.31	田中學述 大一四、三、一六	無	20.4.5 昇給
20.8.29 第一五一兵站病院転属	15.3.23	[redacted] 菊地部隊 [redacted] 一四、七、三	長崎県長崎市西町二四番地	北京市外五区 天壇農林場	妻	田補リト		調理指導員 20.8.20	田補榮太郎 明二六、三、一六	無	20.4.5 昇給 20.8.20 〃
20.8.29 第一五三兵站病院転属	18.10.6		青森県青森市大字大野字長島四番地ノ三号(天津特別市第三区大経路)	同上在留地	妻	瀧谷いく子		技術雇員 20.8.20	瀧谷守 大五、三、二五	無	20.4.5 昇給 20.8.20 〃

110

留守名簿

備考	20.8.29第一〇五兵站病院転属	20.7.29第十三軍司令官ノ定ムル兵站病院転属	第一六九兵站病院[illegible]解傭	20.8.29第一六兵站病院転属	20.5.15 解雇	20.8.29第一九四兵站病院転属 タ
編入年月日	15.3.23	15.3.23	15.6.8	15.3.23	15.9.24	15.3.23
前所属及其編入年月日	[redacted] 菊池部隊 一四、三、一四	[redacted] 園田部隊 一三、八、一〇		[redacted] 池井部隊 一三、九、二七		西村(正)部隊 [redacted] 一三、九、二七
本籍（在留地）	青森県青森市古川町美萡三三番地（天津特別市第三区大経路四号）	栃木県上都賀郡日光町大字日光二〇九八番地	宮城県仙台市新傳馬町七六番地	千葉県君津郡平岡村三箇一七三番地（中華民国河北省石門市白廟路陸軍宿舎）	京都府京都市上京区紫野門前町二八番地	千葉県香取郡香取町下小野七三八番地
留守擔當者 住所	同上在留地	同上	同上	同上	京都府京都市上京区紫野石竜町五三番地	中華民国山西省太原市上恵街一号
留守擔當者 続柄	妻	父	父	妻	母	妻
留守擔當者 氏名	高橋澄子	竹尾芳三郎	田島與兵衛	高山スミ子	谷藤時子	高岡イク
徴集年 任官年						
役種 兵種 官等級 等級俸給 給額 發令年月日	業務手 [illegible] 20.8.20	業務手 [illegible] 20.8.20	技術雇員 [illegible] 20.8.20	陸軍技手 五、20.7.31 [illegible]	技術雇員 [illegible] 20.5.15	陸軍技手 五、20.7.31 [illegible]
氏名	高橋資	竹尾湊	田島巳之助	高山城治	谷藤勝雄	高岡靖
生年月日	明三八、一二、七	明四三、一〇、二五	大六、八、三	明四一、一〇、二八	大六、一一、二七	大五、一、七
留守宅渡ノ有無	無	無	有	無	有	無
補修年月日	20.4.5 昇給 20.8.20 〃	20.4.5 昇給 20.8.20 〃	20.4.5 昇給 20.8.20 〃	20.7.1 官等	20.4.5 昇給 20.5.15 〃	20.7.31 官等

111

備考	日付	部隊	本籍	留守宅住所	続柄	留守担当者	身分	氏名・生年月日		
20.8.29第一九四兵站病院転属	15.11.18		熊本県熊本市川尻町三六一番地	同上	父	玉置知興	通譯員 三三〇〇 20.8.20	玉置通知 大一〇、七、二八	有	20.4.5昇給 20.8.20 〃
20.8.29第一五三兵站病院転属	15.8.28	独混第三旅団第六大隊 一三、三、一六	島根県邇摩郡大家村大字松代一八三番地	同上	父	竹下捨吉	自動車操縦者 二六〇〇 20.8.20	竹下義雄 大六、四、二九	無	20.4.5昇給 20.8.20 〃
唐山休養中 20.8.29第一五一兵站病院転属	15.8.23	[redacted]関東部隊 一四、六、八	秋田県雄勝郡明治村梺休六四番地ノ二	満洲国牡丹江省寧安県山市駅合達湾雄勝郷	兄	高山清助	技術雇員 一六八〇 19.3.31	高山清七 明四五、四、一	無	
唐山休養中 20.8.29第一五一兵站病院転属	18.5.27		京都府京都市上京区紫野門前町二八番地	京都市上京区紫野石竜町五三番地	母	谷藤時子	技術傭人 三九〇〇 19.4.1	谷藤喜代司 大一二、一、一〇	無	

112

留守名簿

編入年月日	前所属及其編入年月日	本籍（在留地）	留守担当者 住所	続柄	氏名	徴集年	任官年	役種兵種官等級俸給ニ等給月額発令年月日	氏名 生年月日	留守宅渡ノ有無	留守給与年月日	備考
15.3.23	菊池部隊 一〇、一〇、一八	秋田県能代市能代町字阿呼寺下六一番地	同上	父	珍田藤三郎	昭11	昭14	現 主曹 一八、九、三〇	珍田正雄 大五、一〇、二五	有		20.8.29 第五兵站病院転属
18.11.20		奈良県磯城郡櫻井町大字外山五番地	河北省北京市内三区梅嶺寺西大街四一號	妻	近本幹		昭18	陸軍技手 四、20.8.20	近本英武 大七、一、三	無		20.8.29 第一兵站病院転属
17.6.24	歩第一五七聯隊 一七、五、二五	東京都世田ヶ谷区喜田見町二七四番地	同上	母	笠原たまよ	昭15	昭19	豫 衛生軍曹 三、20.8.1	笠原隆毅 大九、八、三	無		20.8.29 第一兵站病院転属
17.6.24	歩第一五七聯隊 一七、五、二五	山梨県北巨摩郡大泉村西井出一、四〇七番地	長野県諏訪郡落合村富士見九九九八番地	妻	千野とみゑ	昭8		豫 衛生兵長 20.8.20	千野直文 大二、一、一	無		20.8.29 第一兵站病院転属
17.6.24	歩第一五七聯隊 一七、五、二五	埼玉県秩父郡大滝村大字大滝六八〇番地	同上	父	千島徳市	昭12		一補 衛生兵長 20.8.20	千野種次 大六、二、八	無		20.8.29 第五兵站病院転属
16.1.6	歩第一四九聯隊 一五、一二、九	千葉県君津郡小櫃村戸崎一八一番地	同上	父	地曳喜惣次	昭15		予 衛生伍長 20.8.20	地曳新治 大九、一、一七	無		20.8.29 第十二軍司令官ノ定ムル兵站病院転属

20.8.1 進級 20.8.20 命令

同右 手

113

20.8.29 才十二軍
司令部付定ム
兼務[illegible]

15.5.6
歩第一五七聯隊
一五、八、一
千葉縣印旛郡臼井村
字内六十六番地
千葉縣東葛飾郡手賀村
鷲野谷
六二五番地
養 文
血脇長次
昭11
二補衛兵長
20.6.20
血脇仲
大五、三、八
無

20.8.29 第一五
一兵站病院
轉屬

15.8.23
菊池部隊
一四、一一、二四
石川縣小松市今江町
戊ノ一六番地
北京市内二区
皮庫胡同
一〇號
妻 地井タマ子
陸軍技手
技術雇員
六、20.7.31
地井外次郎
大二、二、二八
無
20.4.5 昇給
20.7.31 官等

114

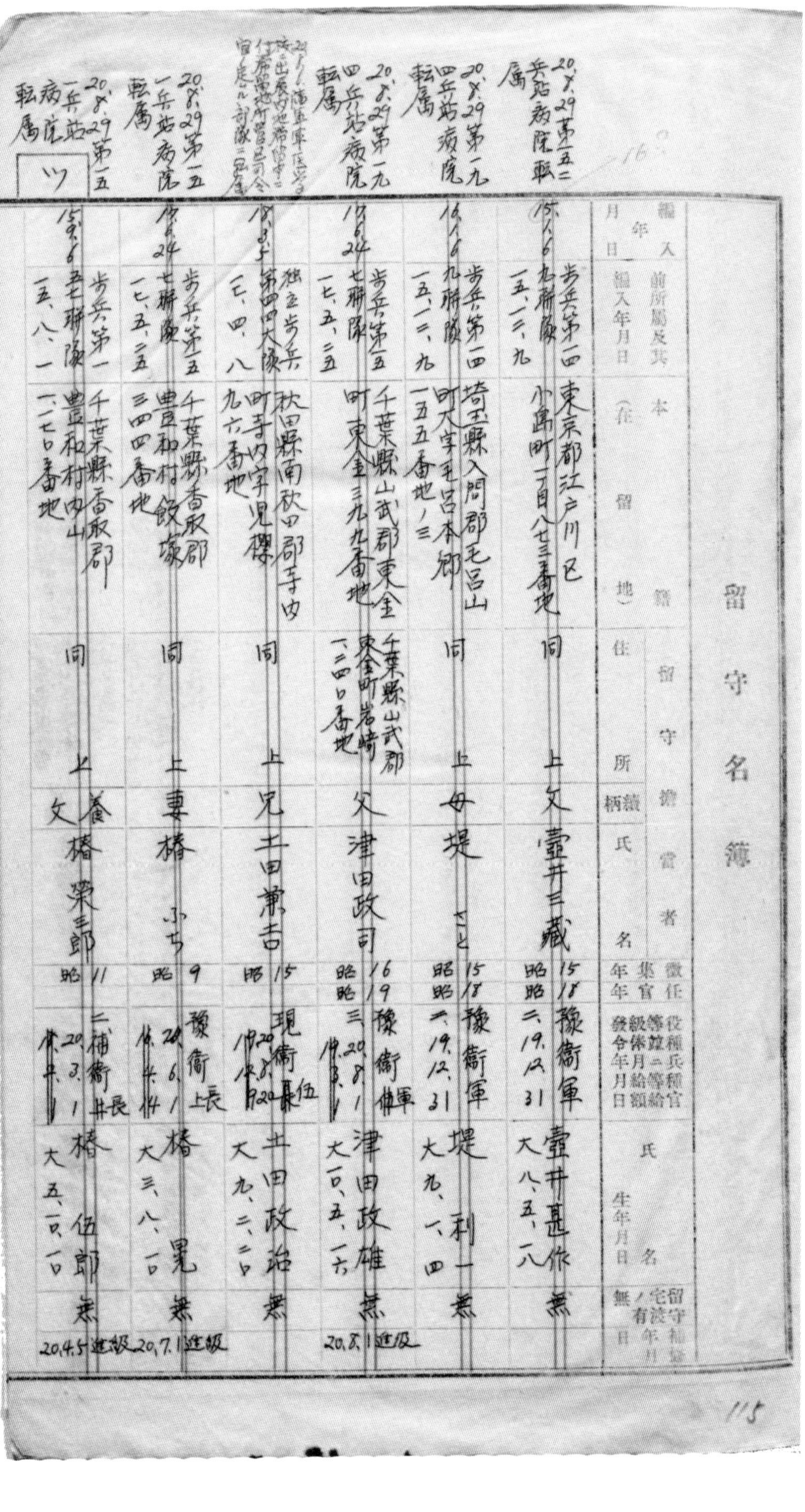
留守名簿

転属	編入年月日	前所属及其編入年月日	本籍（在留地）	留守擔當者 住所	續柄	留守擔當者 氏名	徵集年 任官年	役種 兵種 官等 等級 俸給 月給額 發令年月日	氏名 生年月日	留守宅渡 年月日 有ノ無
20、8、29第一五二兵站病院転属	15、1、6	歩兵第一四九聯隊 一五、一二、九	東京都江戸川区小島町一丁目八七三番地	同上	父	壹井三蔵	昭15 昭18	豫衛軍 二、19、12、31	壹井甚作 大八、五、八	無
20、8、29第一九四兵站病院転属	16、1、6	歩兵第一四九聯隊 一五、一二、九	埼玉県入間郡毛呂山町大字毛呂本郷一五五番地ノ三	同上	母	堤さと	昭15 昭18	豫衛軍 一、19、12、31	堤利一 大九、一、四	無
20、8、29第一九四兵站病院転属	17、6、24	歩兵第一五七聯隊 一七、五、二五	千葉県山武郡東金町東金三九九番地	千葉県山武郡東金町岩崎一二四〇番地	父	津田政司	昭16 昭19	三 豫衛 伍軍 20、8、1	津田政雄 大一〇、五、一六	無
[illegible]	18、3、5	独立歩兵第四四大隊 一三、四、八	秋田県南秋田郡寺内町寺内字児櫻九六番地	同上	兄	土田兼吉	昭15	現衛 伍長 20	土田政治 大九、二、二〇	無
20、8、29第一五一兵站病院転属	17、6、24	歩兵第一五七聯隊 一七、五、二五	千葉県香取郡豊和村飯塚三四四番地	同上	妻	椿ふち	昭9	豫衛 上長 20、6、1	椿晃 大三、八、一〇	無
20、8、29第一五一兵站病院転属	15、9、6	歩兵第一五七聯隊 一五、八、一	千葉県香取郡豊和村内山一一七〇番地	同上	養父	椿栄三郎	昭11	二 補衛 兵長 20、3、1	椿伍郎 大五、一〇、一〇	無

20.4.5進級 20.7.1進級 20.8.1進級

ツ

16

115

20.5.30 鉄道第八聯隊転属	19.6.24	歩兵第一五七聯隊 一七、五、二五	埼玉縣児玉郡旭村大字小島一四六〇番地	埼玉縣児玉郡本庄町本町	養父	塚越林五郎	昭16	一補衛長 19.8.1	塚越源次郎 大一〇、九、二三	無	
20.8.29 第一六六兵站病院転属	20.1.21	独歩第八一大隊 一九、一一、一九	東京都豊島区巣鴨五丁目一〇五番地	栃木縣下都賀郡寒川村大字小野口	父	堤崎熈	昭19	現衛 20.5.18	堤崎庚次郎 大一四、一一、一三	無	20.6.11 進級 20.7.15 現住
20.8.29 第十三軍司令官ノ定ムル兵站病院転属	17.6.24	歩兵第一五七聯隊 一七、五、二五	神奈川縣中郡高部屋村西富岡一〇三七番地	同	妻	筒浦あさ子	昭9	豫衛長 19.12.1	筒浦達雄 大三、一一、八	無	
20.8.29 第一六六兵站病院転属	18.10.1	氣球聯隊 一八、九、二〇	石川縣金澤市山田屋小路一番丁一番地	同	妻	津澤うめ	昭12	二國衛 20.2 上長	津澤貞次 大六、五、一二	無	
20.8.29 第十三軍司令官ノ定ムル兵站病院転属	18.6.14	氣球聯隊 一八、六、一	埼玉縣川口市上青木町四丁目一四八〇番地	同	弟	土屋信吉	昭9	一補衛 20.4 上	土屋新太郎 大三、一一、一五	無	
20.8.29 第一六六兵站病院転属	18.10.1	氣球聯隊 一八、九、二〇	東京都品川区鮫洲町一三二番地	長野縣諏訪市四賀普門寺伊藤左久二方	妻	土田積子	昭11	二補衛 20.2 上長	土田増太郎 大五、二、二八	無	20.7.15 現住
20.8.29 第一九四兵站病院転属	18.10.1	氣球聯隊 一八、九、二〇	山梨縣甲府市緑町四七番地	同	父	角田友義	昭15	二補衛 20.2 上長	角田吉博 大九、八、一五	無	
20.8.29 第一五五兵站病院転属	15.9.6	歩兵第一五七聯隊 一五、八、一	千葉縣長生郡鶴枝村臺町五一〇番地	同	父	鶴岡鶴吉	昭11	予衛 補衛長 伍	鶴岡仁三郎 大五、一〇、一七	無	

116

留守名簿

異動（欄外記入）	編入年月日	前所属及其編入年月日	本籍（在留地）	留守担当者 住所	続柄	氏名	徴集年 任官年	役種兵種官等級俸給発令年月日	氏名 生年月日	留守宅渡ノ有無	補修年月日
20.8.29 第十二軍司令官ノ定ムル兵站病院転属	16.1.6	歩兵第一四九聯隊 一五、一二、九	山梨県東八代郡英村成田一一三九番地	同上	父	土屋義治	昭15	一補衛長 20.8	土屋恭明 大九、三、七	無	
20.5.30 鉄道第八聯隊転属	16.1.6	歩兵第一四九聯隊 一五、一二、九	神奈川県横浜市中区竹ノ丸二四番地	同上	母	辻タケ	昭15	一補衛長 18.12.9	辻一郎 大九、三、二九	無	
20.8.29 第十二軍司令官ノ定ムル兵站病院転属	15.9.6	野戦重砲八聯隊 一五、八、一	山梨県東八代郡英村四三番地	同上	父	土田豊平	昭14	一補衛長 20.8	土屋新武 大八、六、二三	無	
同右	18.10.1	気球聯隊 八、九、二七	東京都板橋区志村前野町八四〇番地	同上	養父	角田常三郎	昭11	二補衛長 20.6.1	角田新一 大四、一二、一六	無	20.7.1 進級
20.8.29 第一五一兵站病院転属	18.8.24		愛知県名古屋市中川区青池町一丁目九五番地	同上	母	都築ふつ		衛生 20.8.20	都築光夫 昭四、六、二七	有	20.4.5 昇給 20.8.20 〃
20.8.29 第一五一兵站病院転属	18.8.10		神奈川県鎌倉郡片瀬町片瀬一六七三番地	同上	父	土屋市太郎		技術雇員 20.8.20	土屋一光 大六、八、三一	無	20.4.5 昇給 20.8.20 〃

ツ

117

20.8.29第一五一兵站病院転属	20.8.29第五五兵站病院転属	20.8.29第一九四兵站病院転属	20.8.29第一五三兵站病院転属
19.6.26	15.3.23	18.2.16	20.7.10
	菊池部隊 一四、一一、一五		生文部部隊 一九、一三、三七
滋賀縣大津市山上町市三三番地	岡山縣眞庭郡勝山町大字三田五八番地	熊本縣熊本市池田町一一七番地	熊本縣球磨郡一勝地村大字一勝丁一二四七番地
滋賀縣大津市下堅田町二六番地	北支済南市三大馬路緯九路仁寿宿舎		
父 辻井音次郎	妻 辻佳野	母 津野田トク	父 告熊年
			昭18
技術雇員	自動車操縦者	打字員	現衛 上
辻井春雄	辻伊佐夫	津野田久	告萬作
大一二、二、三	明四三、六、一四	明四二、九、二	大二、一二、一五
有	無	有	無
20.4.5 昇給 20.8.20 〃	20.4.5 昇給 20.8.20 〃	20.4.5 昇給 20.8.20 〃	

118

留守名簿

編入年月日	前所属及其編入年月日	本籍（在留地）	留守擔當者 住所	續柄	氏名	徴集年	任官年	役種兵種官等級等給俸月額發令年月日	氏名 生年月日	留守宅渡ノ有無	補修年月日	備考
18.4.8	野戰重砲兵第八聯隊 一八、三、二一	茨城縣眞壁郡下館町丙五七番地	同上	父	寺田尚義	昭16	昭19	現衛伍 19.12.1	寺田道雄 大一〇、一〇、一	無		20.5.30 鉄道第一八聯隊転属
18.10.1	氣球聯隊 一八、九、二七	長野縣更級郡信級村五三一八番地	大阪府大阪市阿倍野区阪南町中町四丁目一五番地	兄	寺島重雄	昭14		二國衛一 19.3.20	寺島昇 大七、一二、五	無		20.5.30 鉄道第一八聯隊転属
18.10.1	氣球聯隊 一八、九、二七	東京都牛込区榎町三一番地	愛知縣丹羽郡布袋曽本	妻	寺澤みや子	昭11		二補衛 伸20.3.1 2020 廿上	寺澤末廣 大四、一二、二八	無		20.8.29 第一六六兵站病院転属
18.10.1	氣球聯隊 一八、九、二七	富山縣東礪波郡福野苗島四八八六番地	同上	父	寺島瀧次郎	昭17		一補衛 伸20.[illegible] 1520 兵長	寺島富之助 大一〇、一〇、二	無		20.8.29 第一九四兵站病院転属

119

留守名簿

ト

（転属）	20.8.29第一五三兵站病院転属	20.8.29第一五一兵站病院転属	20.8.29第五五兵站病院転属	20.6.4東北軍管区司令部転属	20.8.29第五一兵站病院転属	[illegible]兵站病院転属
編入年月日	15.3.23	15.3.23	15.3.23	17.6.24	18.3.1	18.10.1
前所属及其編入年月日	池井部隊 一三、九、三〇	菊池部隊 一四、二、八	吉井部隊 一三、九、二五	歩兵第一五七聯隊 一七、五、二五	歩兵第三一聯隊 一七、一、一	築城部隊 一八、九、二〇
本籍（在留地）	山口県豊浦郡神田村九七番屋敷	東京都荏原区平塚四丁目二七番地	東京都杉並区大宮前六丁目三九〇番地	埼玉県北埼玉郡八幡村大字上高場三九ノ一	東京都世田谷区山下町一一番地	東京都日本橋区馬喰町三丁目二ノ一
留守担当者 住所	朝鮮大邱府村上町三四番地	東京都荏原区平塚町五ノ三七	同上	同上	同上	千葉県夷隅郡国吉町刈谷
続柄	母	父	父	兄	兄	父
留守担当者 氏名	豊永ナク	豊島恭次郎	土居源太郎	豊田藏吉	富岡次郎吉	富樫九八
徴集年	昭12	昭11		昭12	昭16	昭11
任官年	昭15	昭13	昭15	昭15		
役種兵種官等級等給俸月額発令年月日	現 衛 曹 二、19、9、30	現 衛 曹准 四、20、3、1	陸軍技師 20、6、30	豫 衛 準 一、20、6、30	現 衛 長 20、1、20	二 補 衛 兵長 20、6、1
氏名 生年月日	豊永安雄 大六、七、三一	豊島恭成 大五、五、一五	土居博 大五、二、二三	豊田與吉 大六、五、一九	富岡健 大一〇、三、二〇	富樫和一 大五、一〇、三〇
留守宅渡ノ有無	有	有	有	無	無	無
補修年月日		20.4.5官等 20.6.1現任	20.7.1官等	20.1.30等級		20.5.30現役 20.7.1進級

120

備考（異動）	入隊年月日	部隊	本籍	留守宅	続柄	留守担当者		階級	氏名・生年月日	有無	摘要
20.8.29第一九四兵站病院転属	18.4.8	野戦重砲兵第八聯隊 一八、三、二	千葉県君津郡松丘村高水一七六番地	同上	母	鴇田（トキダ）いく	昭16	二補衛上 20.6.1	鴇田（トキダ）竹雄 大六、三、四	無	20.7.1進級
20.8.29第十三軍司令官ノ定ムル兵站病院転属	18.6.14	気球聯隊 一八、六、一	埼玉県北足立郡鴻巣町鴻巣三一六六番地	同上	妻	戸崎好子	昭12	一補衛上 20.6.1	戸崎福義 大六、二、二六	無	20.7.1進級
20.8.29第一九四兵站病院転属	16.1.6	歩兵第一四九聯隊 一五、一二、九	埼玉県比企郡伊草村大字角泉七〇二番地	同上	父	遠山清七	昭15	一補衛 20.8.9 20兵長	遠山幸雄 大九、三、二八	無	
20.7.6陸軍[illegible]出張、内地帰還中ニテ滞留地所管ノ司令官ノ定ムル部隊転属	15.9.6	野戦重砲兵第八聯隊 一五、八、一	神奈川県小田原市風祭一九七番地	同上	父	戸倉房次郎	昭14	二補衛 20.8.1 20兵長	戸倉利雄 大八、八、四	無	
20.8.29第五一兵站病院転属	18.5.20	独歩第七八大隊 一八、二、一	東京都城東区北砂町八丁目一四一	同上	母	外山テイ	昭17	現衛兵長 20.8.1	外山政三 大一一、九、二九	無	20.8.1進級
20.8.29第一五一兵站病院転属	18.8.24		岐阜県武儀郡東武藝村谷口二一六八番地	同上	父	富成孫助		筆生 20.8.20	富成政策 昭三、一、二五	有	20.4.5兵給 20.8.20 〃
20.8.29第五一兵站病院転属	16.4.2		熊本県熊本市黒髪町大字宇留毛七二一番地	同上	父	豊田多三		自動車操縦者 20.8.20	豊田英夫 大六、二、二五	無	20.4.5兵給 20.8.20 〃
20.4.4解雇	15.3.23	菊池部隊 一四、三、二五	大阪市東淀川区本庄川崎町五丁目五番地	大阪府大阪市南区鍛冶屋町二八番地	義弟	竹中了規		技術雇員 七五〇〇 19.9.30	豊島明一 明三二、一、三	無	

(121)

留守名簿

十						
	20.8.29第一一八兵站病院転属。	20.8.29第一一九兵站病院転属。	20.8.29第一一五二兵站病院転属	20.8.29第一一五一兵站病院転属、	[illegible]	20.8.17現地召集解除
編入年月日	15.3.23	15.3.23	18.3.19	15.3.23	19.2.5	19.4.12
前所属及其編入年月日	吉村部隊 [redacted] 一三.九.二七	西村(正)部隊 [redacted] 一三.九.二八	山砲兵第二七聯隊 一六.七.二四	菊池部隊 [redacted] 一四.六.二八	北支那方面軍司令部 一八.一一.二〇	北支那特別警備隊司令部 一九.二.一〇
本籍（在留地）	大分県東国東郡旭日村次郎丸一〇一四ノ一番地	京都市東山区三條通北裏白川筋東入堀池町三、八八五	岡山県川上郡手荘村大字地頭一三二七番地	東京都南多摩郡鶴川村大蔵一七六一番地	京都市上京区丸太町通大宮西入中書町六七六、	富山県婦負郡朝日村下條五六一番地
留守担当者 住所	東京都目黒区緑ヶ丘二一四二ノ	同上	岡山市六番町一〇番地	同上	京都市左京区下鴨西半木町一番地	同上
続柄	妻	妻	父	母	母	父
氏名	長木幸子	並河貴子	那須剛介	中溝民子	中西佐久子	中田重仁
徴集年		昭12		昭13	昭16	昭17
任官年	昭13	昭13	昭15	昭15	昭19	昭20
役種兵種官等級並ニ等級俸月給額発令年月日	豫医大尉 一.19.4.30	豫医大尉 二.20.4.30	豫醫大尉 三.19.9.15	豫医中尉 大 三.20.4.30	豫主少尉 19.7.1	予衛見少尉 20.3.1
氏名 生年月日	長木大三 大三.三.一二	並河靖 大二.一一.二七	那須毅 大四.三.九	中溝保三 大四.三.一九	中西陽一 大六.九.二三	中田重保 大九.二.二八
留守宅渡ノ有無	有	有	有	有	有	無
補修年月日		20.7.1 等級		20.6.1 等級		20.4.5 昇等

122

20.4.1 羅南陸軍病院転属	15.3.23	[redacted] 西村(正)部隊 一三、九、二四	熊本県葦北郡佐敷町大字乙千屋一九九番地	朝鮮咸鏡南道高原郡上山面前灘鉄道官舎	妻	中摩艶子	昭10	昭12	現衛准尉 四 18.12.1	中摩資	大四、九、一	無	
20.8.29 第十二年 司令官ノ定ムル 兵站病院転属	17.12.15	宇都宮陸軍病院 一五、八、三〇	栃木県上都賀郡鹿沼町大字鹿沼一六一九番地	同上	母	中山サク	昭11	昭14	現衛曹 二 18.8.1	中山勝吉	大五、九、五	有	
20.8.29 第五兵站病院転属	17.6.5	陸軍軍医学校 一六、一、一〇	栃木県河内郡横川村大字江曽島一六八番地	同上	兄	中山藤次郎		昭17	陸軍技手 三 20.8.20	中山春吉	明四一、三、二	無	20.8.29 採傭
20.6.4 西部軍管区司令部転属	15.9.6	野戦重砲兵第十七聯隊 一五、八、一	東京都荒川区三河島町四ノ三四四三番地	東京都荒川区三河島町五ノ二五八番地	父	中山寛造	昭14	昭17	豫衛軍曹 二 19.12.1	中川享明	大八、一〇、九	無	
20.8.29 第十五年 司令官ノ定ムル 兵站病院転属	18.7.21	独歩第三三大隊 一六、二六、一	東京都北多摩郡府中町八〇五九番地	同上	父	中村米吉	昭14	昭16	現主計曹長 三 20.8.1	中村俊郎	大八、六、九	無	20.8.1 進級
20.8.29 第九兵站病院転属	15.3.23	菊池部隊 [redacted] 三、一六	東京都荒川区尾久町三丁目六二五二番地	中華民国山西省太原市西羊市街一五號	妻	中島静子		昭19	陸軍技手 五 20.3.31	中島徳藏	明四〇、四、一九	無	20.4.5 採傭
20.5.30 鉄道第二八聯隊転属	17.2.27	国府台陸軍病院 一六、一、一八	千葉県印旛郡白井村富塚七八九番地	同上	父	中村明	昭15	昭19	豫衛伍長 17.3.1	中村貞夫	大九、一、八	無	
20.5.29 第十五年 司令官ノ定ムル 兵站病院転属	17.6.24	歩一五七 一六、六、二五	東京都荏原区荏原三丁目一二三番地	東京都世田谷区玉川等々力町二丁目一七〇八	兄	成田安雄	昭15	昭19	豫衛伍長 軍曹 三 19.3.1 20.8.11	成田菊治	大九、一一、二五	無	20.8.1 進級

123

留守名簿

	20.8.29 第一六五兵站病院転属	20.8.29 第一五一兵站病院転属	20.8.29 第十三軍司令部直属兵站病院転属	20.8.29 第一五一兵站病院転属	20.8.29 第一四兵站病院転属	20.5.30 鉄道第八聯隊転属
編入年月日	17.6.24	15.9.6	17.6.24	15.9.6	18.4.8	19.3.1
前所属及其編入年月日	歩一五七聯 一七、五、二五	横須賀重砲兵聯隊 一五、八、一	国府台陸軍病院 一七、六、一	歩兵第一五七聯隊 一五、八、一	野戦重砲兵第八聯隊 一八、三、二〇	北京第一陸軍病院 一八、六、三〇
本籍（在留地）	神奈川県足柄上郡金田村金子一六九番地	東京都深川区東陽町一丁目一五番地	東京都杉並区高円寺六丁目六七八番地	千葉県海上郡椎柴村野尻二五二番地	東京都城東区北砂町四丁目一四五三番地	静岡県富士郡北山村北山二九七〇番地
留守担当者 住所	同上	長野県下水内郡外様村中曽根 萩原元三方	同上	同上	同上	同上
続柄	父	義父	兄	弟	兄	父
氏名	中根德治郎	萩原三九三	中村清	滑川貞行	中村佐吉	内藤萬作
徴集年	昭8	昭14	昭15	昭11	昭11	昭16
任官年		昭20	昭20		昭19	昭19
役種 兵種 官等級 俸給月額 発令年月日	予 衛 兵長 伍 20.5.20	補 衛 兵長 予 衛 伍 20.3.1	豫 衛 伍 補 衛 兵長 軍曹 20.5.20	補 衛 兵長 予 衛 伍 19.20 20.5.20	豫 衛 伍 軍曹 20.5.20	現 衛 伍 19.3.1
氏名 生年月日	中根一 大六、二、二六	永田新太郎 大八、一〇、一九	中村孝 大九、三、六	滑川源衛 大五、九、一	中村福太郎 大五、六、六	内藤進 大六、六、六
留守宅渡ノ有無	無	無	無	無	無	無
補修年月日		20.4.5 官補 20.6.1 現衛	20.4.5 官等			

ナ

126

20.8.29 第一五二兵站病院転属	15.9.6	歩一四九聯 一五八、一	山梨縣中巨摩郡豊村源人会	同	上	兄	名取武二郎	昭9	二補衛 廿 長 20.8.1	名取邦雄 大三、六、一五	無	
20.8.29 第一五二兵站病院転属	16.1.6	歩一四九聯 一五一、一九	埼玉縣比企郡北吉見村大字中曽根九七〇	同	上	父	長島一恵	昭15	一補衛長 20.6.9.1 廿	長島武治 大九、四、一二	無	20.7.1 官等
20.8.29 第一五五兵站病院転属	20.1.31	独歩八一大 一九二、一八	埼玉縣北埼玉郡手子林村大字萩島八二八番地	東京都向島区吾嬬町東五丁目一三番地	上	父	長島卯佐吉	昭19	現衛一 20.6.18 廿	長島晃 大一四、五、一六	無	20.6.1 官等
20.5.30 鉄道第一八聯隊転属	19.6.24	歩一五七聯 一七五、一五	東京都渋谷区新橋町二八番地	同	上	父	内藤豊治郎	昭15	一補衛上 19.8.1	内藤初次郎 大九、一、一	無	
20.8.29 第一五五兵站病院転属	18.10.1	氣球聯隊 一八九、二〇	長野縣更級郡稲荷山町三四才番地	同	上	母	永井千里	昭8	二補衛上 20 廿	永井進 大二、三、二〇	無	
20.8.29 第一五一兵站病院転属	18.10.1	氣球聯隊 一八九、二〇	宮城縣仙台市東三番丁一一〇番地	同	上	父	中村達二	昭11	二國衛 廿 上 20.5.1	中村三郎 大五、五、一五	無	20.6.1 官等
20.8.29 第一五二兵站病院転属	18.5.20	独歩第七八大隊 一八、六、一	横濱市港北区川和町一一五〇番地	同	上	父	長崎七五郎	昭17	現衛 20.8 廿 上	長崎七郎 大一二、五、二九	無	
20.8.29 第一五一兵站病院転属	19.6.24	歩一五七聯 一七五、二五	埼玉縣秩父郡横瀬村五〇三〇ノ一	同	上	父	長島武雄	昭12	一補衛 廿 長	長島昌成 大六、一一、一六	無	

125

留守名簿

欄外記入	編入年月日	前所属及其編入年月日	本籍（在留地）	留守擔當者 住所	續柄	氏名	徵集任官年	役種兵種官等級俸月給額發令年月日	氏名 生年月日	留守宅渡ノ有無	補修年月日
20.8.29 第一六六兵站病院転属	20.1.31	独歩八一大隊 一九.二.一八	埼玉県北葛飾郡堤郷村大字堤根四、四一四番地	同上	父	中村島太郎	昭19	現 衛 20.5.18 廿 一	中村亀吉 大一三.六.二	無	20.6.1官等
20.8.29 第五一兵站病院転属	18.10.1	気球聯隊 一八.九.二	長野県下伊那郡大鹿村大河原三九一三番地	大阪市都島区大東町二丁目三ロロ番地	妻	中根ふみゑ	昭10	二補 衛長 20.6.1	中根周吉 大四.五.二五	無	20.7.1官等
20.8.29 第一八七兵站病院転属	20.1.31	独歩八一大隊 一九.一.一八	東京都北多摩郡小平町野中新田善左エ門組四五七番地	同上	父	中島直吉	昭19	現 衛 1920.11.5 18 廿 一	中島幸治 大一三.八.一	無	20.6.1官等
20.8.29 第一五三兵站病院転属	20.1.31	独歩八一大隊 一九.二.一八	東京都四谷区四谷四丁目五番地ノ三	同上	父	流丑太郎	昭19	現 衛 20.5.18 廿 一	流清 大二.二.一	無	20.6.1官等
20.8.29 第一五三兵站病院転属	20.1.31	独歩八一大隊 一九.二.一八	千葉県山武郡東金町東金一二四〇番地	同上	父	中村秀一	昭19	現 衛 20.5.18 廿 一	中村義朗 大四.八.一	無	20.6.1官等
[illegible] 兵站病院転属	18.10.1	野重八聯 一八.九.五	新潟県東頸城郡牧村大字東松ノ木二五番地	同上	父	長瀬源一良	昭16	予 衛 伍	長瀬信行 大七.七.一八	無	

ナ

126

20.8.29第一[illegible]兵站病院転属	18.6.14	気球聯隊 一八六、一	埼玉県川口市大字辻一、五八七番地	埼玉県川口市上青木町一丁目山野仁三郎方	兄	中村久衛門	昭12	二補衛 上	中村長吉	大六、一、三〇	無	
20.8.29第五三兵站病院転属	18.10.1	気球聯隊 一八九、二〇	富山県西礪波郡国吉村手洗野六六〇三番地	富山県西礪波郡福田村和田町六六番地	妻	中谷はる	昭6	二補衛 上	中谷富蔵	明四四、九、一〇	無	
20.8.29第一五一兵站病院転属	15.5.6	歩兵五七聯隊 一五、八、一	千葉県千葉市矢作町四四三番地	同	父	長島弥助	昭11	一補衛 兵長	長島三男	大五、六、一〇	無	20.4.6官等
20.8.29第五三兵站病院転属	18.6.8	野重八聯 一八三、二一	横浜市南区通中村町一丁目五五番地	神奈川県横浜東区[illegible]三丁目[illegible] 神戸市神戸区元町一丁目一四四[illegible]方	父	中島保三郎	昭16	予備衛伍長	中島保雄	大元、九、九	無	20.4.5官等
20.8.29第一五一兵站病院転属	18.10.1	気球聯隊 一八九、二〇	東京都芝区白金三光町三五一番地	同	父	内藤駒三郎	昭10	二補衛 兵長	内藤幸政	大四、五、一	無	20.4.5官等
20.8.29第一六五兵站病院転属	18.10.1	気球聯隊 一八九、二〇	山梨県北巨摩郡神山村北宮地一〇三二	同	兄	内藤勇	昭16	二補衛 兵長	内藤進	大元、五、五	無	
20.8.29第一五三兵站病院転属	17.6.24	歩一五七聯 一七五、二五	東京都荏原区平塚三丁目七〇八番地	同	母	滑川キク	昭15	一補衛 兵長	滑川義雄	大九、一、二	無	
20.8.29第五三兵站病院転属	16.1.6	歩一四九聯 一五、一二、九	東京都八王子市本郷町七番地	神奈川県藤沢市藤沢五五六番地	父	中川浅吉	昭15	補衛	中川兼行	大九、一〇、二九	無	

127

留守名簿

年月日（上欄記事）	編入年月日	前所属及其編入年月日	本籍（在留地）	留守担当者 住所	続柄	留守担当者 氏名	徴集年 任官年	役種兵種官等級 等級俸月給額 発令年月日	氏名 生年月日	留守宅渡ノ有無	補修年月日
20.8.29 第一五三兵站病院転属	18.6.14	気球聯隊 一八.六.一	埼玉県足立郡鴻巣町大字鴻巣二九八番地	横浜市神奈川区大口通六四番地	妻	長濱さかえ	昭11	予衛伍 一補衛長 20.6.1	長濱正一 大四.一二.九	無	20.7.1官等
20.5.22 気球聯隊転属	17.6.24	歩一五七聯 一七.五.二五	東京都芝区新橋四丁目一ノ二号	同上	父	中西甚蔵	昭12	一補衛上 15.3.15	中西留之助 大六.九.一	無	
20.8.10 北支那特別警備隊司令部転属	17.6.24	歩一五七聯 一七.五.二五	東京都王子区王子町三丁目五番地ノ三	福島県会津若松市東栄町二丁目三四遠山猪造方	妻	中丸イチノ	昭12	予衛伍 一補衛兵 18.11.5 20.6.1	中丸秀雄 大六.五.二七	無	20.7.1官等
20.8.29 第一六一兵站病院転属	18.6.14	気球聯隊 一八.六.一	横浜市戸塚区戸塚町三八番地	同上	父	中村庄太郎	昭17	一補衛 上 20	中村登 大一一.六.四	無	
20.8.29 第一六一兵站病院転属	18.10.1	気球聯隊 一八.九.二七	東京都神田区神保町二丁目三八番地	同上	父	中村三司	昭11	二補衛 上 20.8.3	中村欣司 大五.八.一	無	
20.8.29 第一六一兵站病院転属	15.9.6	歩一五七聯 一五.八.一	千葉県匝瑳郡共和村谷町場七五二番地	同上	父	奈良源尉	昭11	一補衛長 20	奈良源兵衛 大五.一〇.二	無	

ナ

128

20.5.30 鉄道八聯隊轉屬	18.10.1	氣球聯隊 一八、九、二〇	東京都大森區南千東町二八番地	福島縣河沼郡柳津町字一五字单(?)六、田崎ヤス方	妻 中村キヨ	昭11	二補衛一 19.3.20	中村倉之助 大五、三、一五	無
20.8.29 步一五一兵站病院轉屬	16.1.6	步一四九聯隊 一五、一二、九	東京都江戸川區平井四ノ二〇一五番地	同 上	兄 並木茂雄	昭15	一補衛 兵長	並木八郎 大九、九、五	無
20.8.4 第十三軍司令官定令(?)大宮病院轉屬	17.6.24	步一五七聯隊 一七、五、一五	千葉縣夷隅郡古澤村谷上一七九七番地	同 上	母 永野あさ	昭16	一補衛 兵長	永野幸雄 大四、九、二〇	無
同右	18.10.1	氣球聯隊 一八、九、二〇	宮城縣登米郡錦織村大字西郡字山居澤二八番地	東京都蒲田區仲蒲田二丁目二ノ三	妻 中澤ヤス子	昭8	二衛 兵長	中澤喜久雄 大元、一二、三	無
同右	18.10.1	氣球聯隊 一八、九、二〇	長野縣北佐久郡小諸町乙一三一番地	同 上	父 中澤代作	昭8	二補衛 上	中澤武夫 大二、一一、三	無
同右	18.10.1	氣球聯隊 一八、九、二〇	東京都蒲田區蓮沼町四六番地	同 上	妻 中村榮子	昭11	二補衛 上	中村太郎吉 大五、五、二〇	無
20.8.29 步一五 一兵站病院轉屬	17.6.24	步一五七聯隊 一七、五、一五	山梨縣北巨摩郡神山村北宮地六二番地	山梨縣東山梨郡塩山町若宮一三六七番地	妻 内藤ちゑ子	昭8	豫衛 兵長	内藤政一 大二、五、三	無
20.8.29 步一五 二兵站病院轉屬	18.3.1	步一二一聯隊 一七、二、一	埼玉縣入間郡大井村大字大井一八五番地	同 上	父 仲野四郎	昭16	現衛 伍長 20.3.1	仲野豊一 大四、五、一九	無

21.4.5 管等

129

留守名簿

欄外記事	編入年月日	前所屬及其編入年月日	本籍（在留地）	留守擔當者 住所	續柄	氏名	徵集年	任官年	役種兵種官等級俸給並ニ等給月額發令年月日	氏名 生年月日	留守宅渡ノ有無	補修年月日
20.8.29 第一九四兵站病院転属	18.3.1	独歩四二大 一七.六.一〇	茨城県北相馬郡高須村大字高須一一七番地	東京都日本橋区本町三丁目一二ノ三	義父	中山隆治	昭16		現 衛長 20.8.20 予 衛伍	中山正治 大六.六.一〇	無	
20.7.29 第十二方面軍司令官ノ定ムル兵站司令部病院転属	18.3.5	独歩四四大 一五.一二.一三	千葉県東葛飾郡田中村小青田三九五番地	同上	父	中山要吉	昭15		現 衛長 20.8.20 上	中山忠次郎 大九.三.二〇	無	
同右	18.3.5	独歩四三大 一七.四.八	神奈川県横浜市神奈川区子安通三丁目三五二番地	同上	兄	中山高蔵	昭16		現 衛長 20.2.1	中山政雄 大六.五.一二	無	
20.8.29 第一五一兵站病院転属	19.3.1	独歩五大 一八.一二.一二	山梨県北巨摩郡熱見村山西割一八八〇番地	同上	母	永井まさゑ	昭18		現 衛 20.8.20 上	永井文治 大一二.三.二〇	無	
20.8.29 第一六一兵站病院転属	19.3.1	独歩五大 一八.一二.一二	山梨県中巨摩郡在家塚村一七七九	同上	母	中澤すが	昭18		現 衛 20.8.20 上	中澤仲麿 大一一.三.三一	無	
20.7.29 第十二軍司令官ノ定ムル兵站病院転属	19.3.1	独歩五大 一八.一二.一二	山梨県東八代郡豊富村大鳥居五二四	同上	父	中澤正勝	昭18		現 衛 20.8.20 上	中澤桂 大一二.九.二一	無	

ナ

130

20.8.29 第一五三兵站病院	20.8.29 第三六兵站病院 臨時病院	20.8.29 第一五一兵站病院	20.8.2 解雇	応召解除 20.8.29 第一五三兵站病院
18.10.1	20.1.31	19.8.31	15.3.23	15.3.23
気球聯隊 一八九、二〇	独歩八一大 一九、一一、一八		菊池部隊 [redacted] 一四、六、二四	菊池部隊 [redacted] 一四、六、八
富山県富山市今町三〇番地	千葉県君津郡富津町富津一八八五番地	和歌山県有田郡廣村大字廣六九一番地	朝鮮京畿道京城府龍山区青葉町三ノ一一四番地	滋賀県蒲生郡岡山村大字加茂二九八八番地
富山県婦負郡黒瀬谷村小長谷	同	同	京城府龍山区青葉町三ノ一一	同
妻 長田かほり	上 父 中村長太郎	上 妻 中谷登志子	父 長田光恭	上 父 中川仁蔵
昭6	昭19			
二補衛 18.10.1 20.〃 上	現衛一 20.5.18	技術雇員 20.8.20	自動車操縦者 20.8.1 20.3.31 19.?.30	技術雇員 五九〇〇 19.3.31
長田芳松 明四三、一二、二〇	中村繁 大一四、一二、一九	中谷義雄 大八、六、二八	長田茂樹 大四、一〇、一八	中川吉一 大三、一二、一〇
無	無	有	無	無
	20.6.1 官等	20.4.5 昇給 20.8.29 〃	20.4.5 昇給	

131

留守名簿

二

項目	1	2	3	4	5	6
(記事)	20.8.29 北支那方面軍司令部転属	20.8.29 一五一兵站病院転属	20.3.26 戦病死	20.8.29 一六六兵站病院転属	20.8.29 [illegible]兵站病院転属	20.8.29 六六兵站病院転属
編入年月日	14.3.9	16.12.20	18.3.19	15.3.23	18.4.8	15.3.23
前所属及其編入年月日	中支那派遣軍司令部 一四、一、五	歩兵第一二一聯隊 一六、一〇、二〇	北京陸軍病院 一七、一二、二六	荒地部[redacted]隊 一四、二、八	宇都宮陸軍病院 一八、一、一五	[redacted] 西村(正)部隊 一三、九、二七
本籍(在留地)	兵庫県宍粟郡山崎町鹿澤一二〇番地	兵庫県宍粟郡山崎町鹿澤一二〇番地	福岡県糸島郡前原町大字前原一六三四	岡山県上房郡中井村大字津々一四六六	長野県小県郡塩川村大字藤原田二五五	三重県牟婁郡新鹿村大字波田須八〇九
留守担当者 住所	~~東京都杉並区…~~ 広島県世羅郡甲山町八一番地	~~東京都杉並区…~~ 広島県世羅郡甲山町八一番地	東京都大森区田園調布三ノ三一 福岡県三井郡小郡村	同上	同上	同上
続柄	妻	妻	父	母	父	父
氏名	西村榮枝	西村和枝	西原雄次郎	西すがよ	西澤幾茂	西村芳治郎
徴集年					昭12	昭12
任官年	大8	昭16	昭17	昭18	昭14	昭14
役種兵種官等級俸給発令年月日	現 医 大佐 二、16.12.31	現 医 大尉 三、20.6.1	予 医 中尉 一、19.1.31	予 衛 中尉 二、20.4.20	現 衛 曹 一、18.12.31	現 衛 曹 准尉 20.3.20
氏名 生年月日	西村英二 明二四、一、一〇	西村祥三 大七、三、三	西原不二雄 大七、六、三	西穎夫 明四一、一、三	西澤大六 大六、一、二八	西村博 大六、六、一三
留守宅渡ノ有無	有	有	有	有	有	有
補修年月日	20.4.5 住所	20.4.5 住所 20.7.1 官等	20.8.7 住所	20.6.1 官等		

132

20.5.22 琉聯隊転属	20.1.31	独歩八一大	一九、二、二八	山梨県東山梨郡菱山村 三三一番地	同	上	父	西矢吉治	昭19	19.11.18 現 衛 二	西矢盛茂	大一四、七、一	無	
20.8.29 [illegible]	20.1.31	独歩八一大	一九、二、二八	千葉県長生郡本納町本納 二二五四	東京都淀橋柏木三ノ三八三	上	母	錦織テル	昭19	20.1.5 現 衛 18 卅 一	錦織璋	大一四、一〇、二八	無	20.6.1 官等
20.8.29 一八八兵站病院転属	20.1.31	独歩八一大	一九、二、二八	埼玉県入間郡豊岡町大字高倉 五〇	同	上	父	西澤源次	昭19	20.1.5 現 衛 18 卅 一	西澤素一	大一三、六、三〇	無	20.6.1 官等
20.8.29 一五五兵站病院転属	15.9.6	野重一八聯	一五、八、一	東京都荒川区南千住町十丁目 三五番地	同	上	父	西宮末次郎	昭14	20.8.20 一補 衛 上長	西宮實	大八、一〇、二	無	
20.8.29 [illegible]	15.9.6	野重一八聯	一五、八、一	神奈川県横須賀市逸見町二六六番地	同	上	父	西村森之助	昭14	20.8.20 一補 衛 上長	西村松枝	大八、六、二二	無	
20.8.29 一八八兵站病院転属	15.9.6	歩一五七聯	一五、八、一	千葉県香取郡多古町一鍬田一二五八六番地	同	上	養父	二宮作太郎	昭11	20.8.20 一補 衛 上長	二宮清吉	大五、一、一	無	
20.8.29 一八八兵站病院転属	16.1.6	歩一四九聯	一五、一二、九	埼玉県秩父郡大滝村大字大滝 一六七五七	同	上	父	西井儀平	昭15	20.8.20 予 補 衛 伍長	西井正吉	大九、五、一五	無	
20.8.29 一六六兵站病院転属	18.10.1	野重八聯	一八、九、五	山梨県中巨摩郡御影村上高砂九〇四	同	上	父	西野茂	昭16	19.20.2.3.1.1 現 衛 伍長	西野薄	大一〇、六、三〇	無	20.4.5 陞等

133

二

上欄記事	編入年月日	前所属及其編入年月日	本籍（在留地）	留守擔當者 住所	續柄	留守擔當者 氏名	徵集年 任官年	役種兵種官等級並ニ等給俸月給額發令年月日	氏名 生年月日	留守宅渡ノ有無	補修年月日
20.8.29 第一五一兵站病院轉属	17.12.16		東京都本郷区本郷二丁目三ノ一五	同上 栃木県河内郡豊郷村字下川俣四九七 青柳とし方	父	庭野茂		筆生 陸軍公仕 三四五〇 20.8.20 [illegible] 20.3.31 [illegible] 30	庭野馨 昭三、一一、一五	有	20.4.5 20.8.29 住所 [illegible]
20.8.29 第一五一兵站病院転属	16.3.23	[redacted]菊池部隊 一四、[illegible]	福岡県大牟田市本町二丁目五	北京市東交民巷 紫光藍西村支館	妻	西濱タヨ		守衛 二六〇〇 20.8.20 [illegible] 10	西濱光藏 明六、三、二	無	20.4.5 20.8.29
20.8.29 第一五一兵站病院転属	15.3.23	[redacted]菊池部隊 一四、三、一〇	福岡県大牟田市本町二丁目五	北京市東交民巷 紫光藍西村支館	夫	西濱光藏		女子雑仕 四七〇〇 20.8.20 三七五〇 20.3.31 三四〇〇 19.9.30	西濱タヨ 明三、六、一八	無	20.4.5 20.8.29
20.8.29 第一五一兵站病院転属	15.3.23	[redacted]菊池部隊 一四、三、一〇	福岡県大牟田市本町二丁目五	北京市東交民巷 紫光藍西村公館	父	西濱光藏		女子雑仕 四二〇〇 20.8.20 三七五〇 20.3.31 三四五〇 19.9.30	西濱キミ 大六、三、一五	無	20.4.5 20.8.29

134

又

20、8、29 第十六兵站病院転属

20、8、29 第五一兵站病院転属

20、8、29 第十三司令官…兵站病院転属

留守名簿

項目	1	2	3
編入年月日	18、5、20	16、1、6	15、3、23
前所属及其編入年月日	独歩七八大 一八、二、一	歩二四九聯 一五、一二、九	[redacted]技術部隊 一三、一二、一四
本籍（在留地）	神奈川県三浦郡葉山町下山口一四九五	埼玉県入間郡古谷村大字古谷上四一〇七	神奈川県三浦郡葉山町下山口一九三四
留守担当者 住所	同上	同上	同上
続柄	父	父	父
氏名	沼田音吉	沼田平助	沼田粂八
徴集年	昭17	昭15	
任官年	昭19		
役種兵種官等級俸給月額等発令年月日	現 衛 伍 軍曹 20、8、1	補 衛 上等兵 20、4 兵長	業務手 自動車操縦 20、8、20
氏名 生年月日	沼田栄太郎 大五、一〇、二一	沼田音次 大九、九、二七	沼田為之助 大四、三、二一
留守宅渡補修年月日ノ有無	無	無	無 20、8、27

135

ネ

留守名簿

（欄外）	20、6、4東北軍管区司令部転属、	20、8、29第一五三兵站病院転属	20、8、29第一五一兵站病院転属、	20、8、29第一五三兵站病院転属
編入年月日	15、9、6	20、1、31	20、1、31	18、10、1
前所属及其編入年月日	歩一四九聯隊 一五、八、一	独歩八一大 一九、一二、一八	独歩八一大 一九、一二、一八	気球聯隊 一八、九、二〇
本籍（在留地）	神奈川県三浦郡三崎町字日之出二九	千葉県市原郡市原村能満一一六七	山梨県甲府市深町三一八	福島県西白河郡小田川村大字当根字南街道端一二
留守担当者 住所	同上	同上	同上	東京都王子区稲付町四丁目五八五
続柄	父	父	父	妻
氏名	根岸豊三郎	根本吉松	根津善重	根本ヒト
徴集年	昭14	昭19	昭19	昭8
任官年	昭19			
役種兵種官等級俸給月額 発令年月日	豫衛伍 19、8、1	現衛卅一 20、5、18	現衛卅一 20、5、18	豫衛卅上 20、5、18
氏名 生年月日	根岸正 大八、三、六	根本常春 大四、一、六	根津文雄 大一三、八、三	根本重男 大三、六、二五
留守宅渡ノ有無	無	無	無	無
補修年月日		20.6.1官手	20.6.1官手	

136

留守名簿

20.8.29 第一九四兵站病院轉屬
21.8.29 第一六一兵站病院轉屬
20.8.29 第八兵站病院轉屬
20.8.29 第八七兵站病院轉屬
20.8.29 第一兵站病院轉屬
20.8.29 第一五五兵站病院轉屬

1

編入年月日	前所屬及其編入年月日	本籍（在留地）	留守擔當者 住所	續柄	留守擔當者 氏名	徴集年	任官年	役種兵種官等級俸給月額等ニ發令年月日	氏名 生年月日	留守宅渡ノ有無	補修年月日
16.12.20	歩七九聯 一六、一〇、一五	東京都芝区西久保櫻川町一五	同上	母	野口ハル		昭16	豫 陸中尉 一八、一、31	野口龍雄 大五、八、一	有	
18.11.8	京都陸軍病院 一七、四、二〇	富山縣射水郡下村加茂四四九ノ三	同上	妻	野口まさゑ	昭11	昭13	現 衛伍 19.6.? 四、20、3、1 衛曹	野口榮德 大六、一、一〇	有	20.4.5 良等
17.6.24	歩一五七聯 一七、五、二五	東京都北多摩郡調布町布田小島分三〇	同上	父	野澤福壽	昭8	昭14	豫 衛軍曹 20.4.30 曹長 [illegible]	野澤安太郎 大六、五、二	無	20.1.30 [illegible]
20.1.31	独歩八二六 五、一二、一八	東京都日本橋区蠣殻町一丁目五ノ三	同上	父	野田包一	昭19		現 衛 20.5.18 一	野田重治 大四、一、一五	無	20.6.1 良等
18.3.20	歩三一聯 一七、二、一五	千葉縣香取郡橘村新宿一三一二ノ二	同上	父	野澤新太郎	昭15		二補衛長 19.4.20	野澤千藏 大九、七、一九	無	
17.6.24	歩一五七聯 一七、五、二五	東京都北多摩郡保谷町大字上保谷一三六番地	東京都北多摩郡田無町五三七	兄	野口定久	昭15		二補衛長 20.5.20	野口一郎 大九、九、一一	無	

137

20.8.29 [illegible]兵站[illegible]	17.6.24	歩兵第一五七聯隊 一七.五.三	埼玉縣北埼玉郡荒木村大字荒木三一八番地	同 上	父	野口和吉郎 明16	一補衛 20.20.2.8.120 上長	野口栄吉 大一〇、七、一	無
20.8.29 第五五兵站病院転属	18.10.1	気球聯隊 一八.九.二〇	東京都中野区鷺宮一丁目三一八番地	新潟縣西頸城郡能生谷村大字清尾 斉藤玉郎方	妻	野口ホン子 昭11	二補衛二長 20.6.201	野口照行 大五、四、一	無
20.8.29 第五一兵站病院転属	18.6.14	気球聯隊 一八.六.一	埼玉縣北足立郡大和町大字新倉二三〇三番地	埼玉縣北足立郡大和町大字新倉[illegible]番地	妻	野浦ヤス子 昭11	一補衛上長 20.8.20	野浦新八 大五、一一、三	無
20.8.29 第一六六兵站病院転属	15.9.6	野戦重砲兵第一七聯隊 一五.八.一	東京都板橋区南大泉町八九九番地ノ二	同 上	父	野瀬条次郎 昭14	一補衛上長 20.8.20	野瀬孝一 大八、五、二八	無
20.8.29 第一一兵站病院転属	16.9.1		石川縣金沢市石浦町七九番地ノ一	中華民国華北省石門市北大街二三号	妻	野田君子	調理指導手 軍属 20.8.20	野田鉄次郎 明二六、五、二	無

20.6.1 兵役 20.7.1 昇給

20.4.5 昇給

138

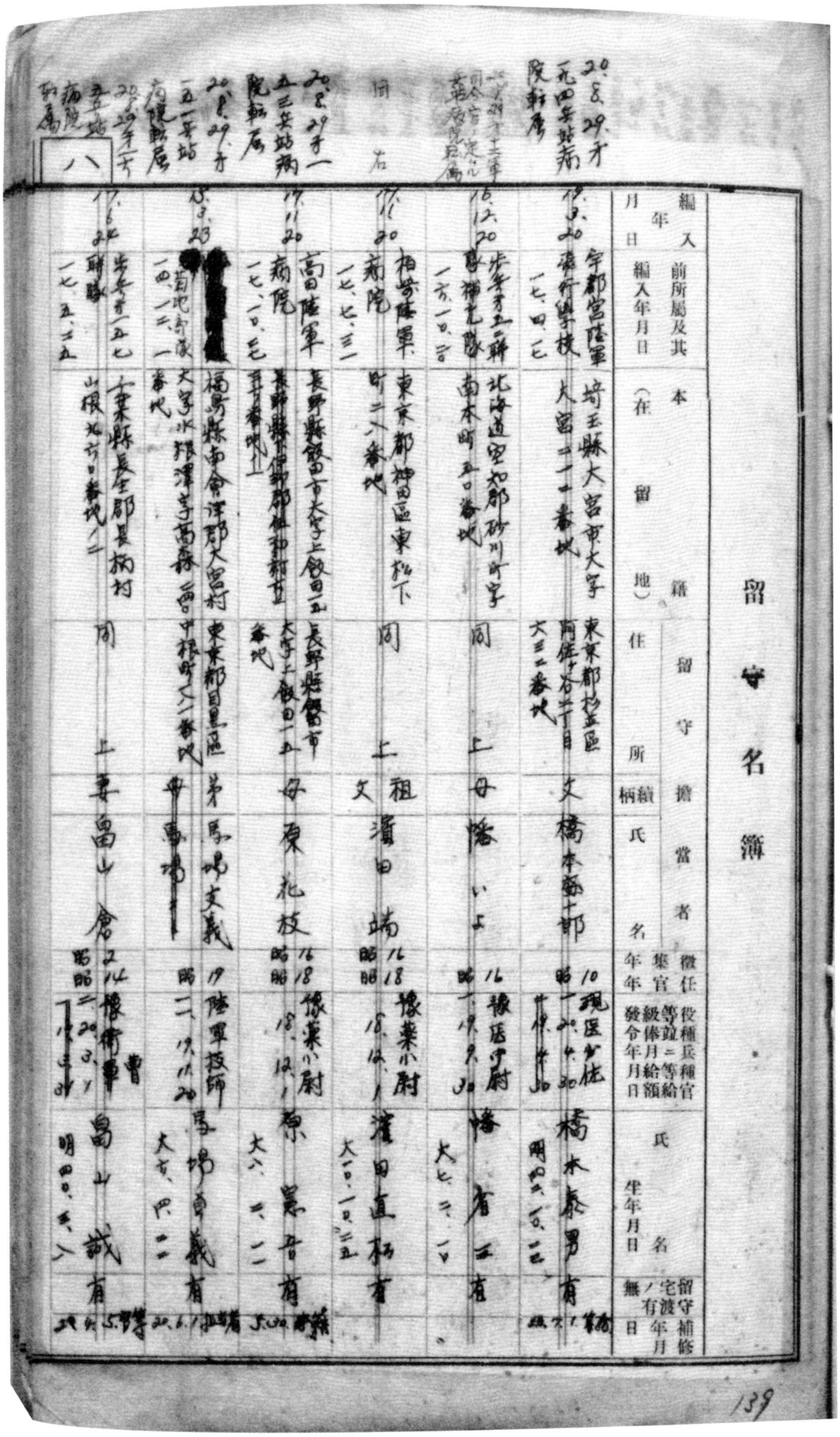

留守名簿

編入年月日	編入前所屬及其編入年月日	本籍（在留地）	留守擔當者住所	續柄	留守擔當者氏名	徴任年 集官年	役種兵種官等級俸月給額等給發令年月日	氏名 生年月日	留守宅渡有ノ無	留守補修年月日
19.3.20	宇都宮陸軍[illegible]學校 一七、四、七	埼玉縣大宮市大字大宮二一一番地	東京都杉並區阿佐ヶ谷[illegible]丁目大三二番地	父	橋本[illegible]十郎	昭10	現医少佐 昭一九、四、三〇	橋本泰男 明四五、一〇、一二	有	[illegible]
18.12.20	歩兵第五二聯隊 一六、一〇、[illegible]	北海道空知郡砂川町字南本町五〇番地	同 上	母	[illegible]いよ	昭16	衛医中尉 昭一八、六、三〇	[illegible]有三 大七、二、一〇	有	
17.11.20	相模陸軍病院 一七、七、三一	東京都神田區東松下町二八番地	同 上	祖父	濱田端	昭16 昭18	衛薬少尉 18.12.1	濱田直[illegible] 大一〇、一〇、二五	有	[illegible]
17.11.20	高田陸軍病院 一七、一〇、七	長野縣飯田市大字上飯田一五[illegible]番地	長野縣飯田市大字上飯田一五[illegible]番地	母	[illegible]花枝	昭16 昭18	衛薬少尉 18.12.1	[illegible] 大八、二、二	有	20.6.1 [illegible]
18.3.23	[redacted] 菊池[illegible] 一四、一二、一	福島縣南會津郡大宮村大字水根澤字高森[illegible]	東京都目黒區中根町[illegible]番地	弟	馬場丈義	昭19	陸軍技師 昭一九、一一、二〇	馬場[illegible]義 大五、四、一二	有	[illegible]
17.6.24	歩兵第一五七聯隊 一七、五、一五	千葉縣長生郡長柄村山根[illegible]番地	同 上	妻	畠山[illegible]倉	昭14	衛生軍曹 昭二〇、三、一	畠山誠 明四〇、五、八	有	[illegible]

20.8.29. 第一九四兵站病院轉屬

[illegible] 同令官ノ定ムル[illegible]病院配屬

同 右

20.8.29. 第一五三兵站病院轉屬

20.8.29. 第一五一兵站病院轉屬

20.8.29. 第一五[illegible]兵站病院轉屬

八

139

備考	年月日	部隊	番号	本籍	留守宅	続柄	留守担当者	昭	階級	氏名	生年月日	
20.8.29付 一五四兵站病院転属	18.6	歩兵第一四九聯隊	一五、一三、九	神奈川県横浜市中区中田町二三二九番地	同	上 父	長谷川義春	昭15 昭18	豫衛軍 17.10.31	長谷川栄	大九、七、一四	無
20.8.29付 病院転属	18.9.1	歩兵第三二一聯隊	一七、一、五	神奈川県高座郡海老名村 番地	同	上 父	森東康重	昭15 昭19	豫衛伍 甲 20.8.1	森東一郎	大九、六、二	無
20.5.29付 一五一兵站病院転属	17.2.27	國府台陸軍病院	一七、一、八	東京都日本橋区本町四丁目九番地ノ一	東京都神田区旭町八番地	上 母	長谷川才イ	昭12 昭19	豫衛伍 甲 20.8.1	長谷川欣三	大六、三、八	無
20.8.29付 一六七兵站病院転属	18.4.8	野戦重砲第八聯隊	一八、三、二〇	新潟県刈羽郡上小国村大字諏訪井甲二一九番地	同	上 母	長谷川フサ	昭12 昭19	豫衛伍 20.8.20	長谷川久司	大六、一二、七	無
20.5.29付 一五五兵站病院転属	17.2	関東軍防疫部	一四、四一八	佐賀県佐賀郡中川副村大字早津江一五一〇番地	同	上 父	八谷善五郎	昭14	陸軍技手 20.3.31	八谷五郎	明四一、一、二	有
昭和二〇、七、二三 無期懲役ニ處セラレ兵役ヲ離ル	18.2.28	第三師団第二野戦病院	一七、六、四	千葉県千葉郡[redacted]	同	上 父	[redacted]	昭12	二 衛上 20.2.1	林亮己	大六、一〇、三	無
20.8.29付 一五二兵站病院転属	18.5.20	独立歩兵第七八大隊	一八、六、一	東京都西多摩郡瑞穂町大字箱根ヶ崎二一九番地	同	上 父	原嶋松五郎	昭17	現 衛上 20.5.20	原嶋勝之	大二、六、一	無
20.8.29付 一六五兵站病院転属	18.10.1	気球聯隊	一八、九、二〇	福島県伊達郡半田村大字谷地字南二三番地	同	上 妻	羽根田マサ	昭8	二 國衛上 20.6.20	羽根田精吉	大二、二、二	無

20.4.5 発令

20.8.1 進級 20.8.1 進級

140

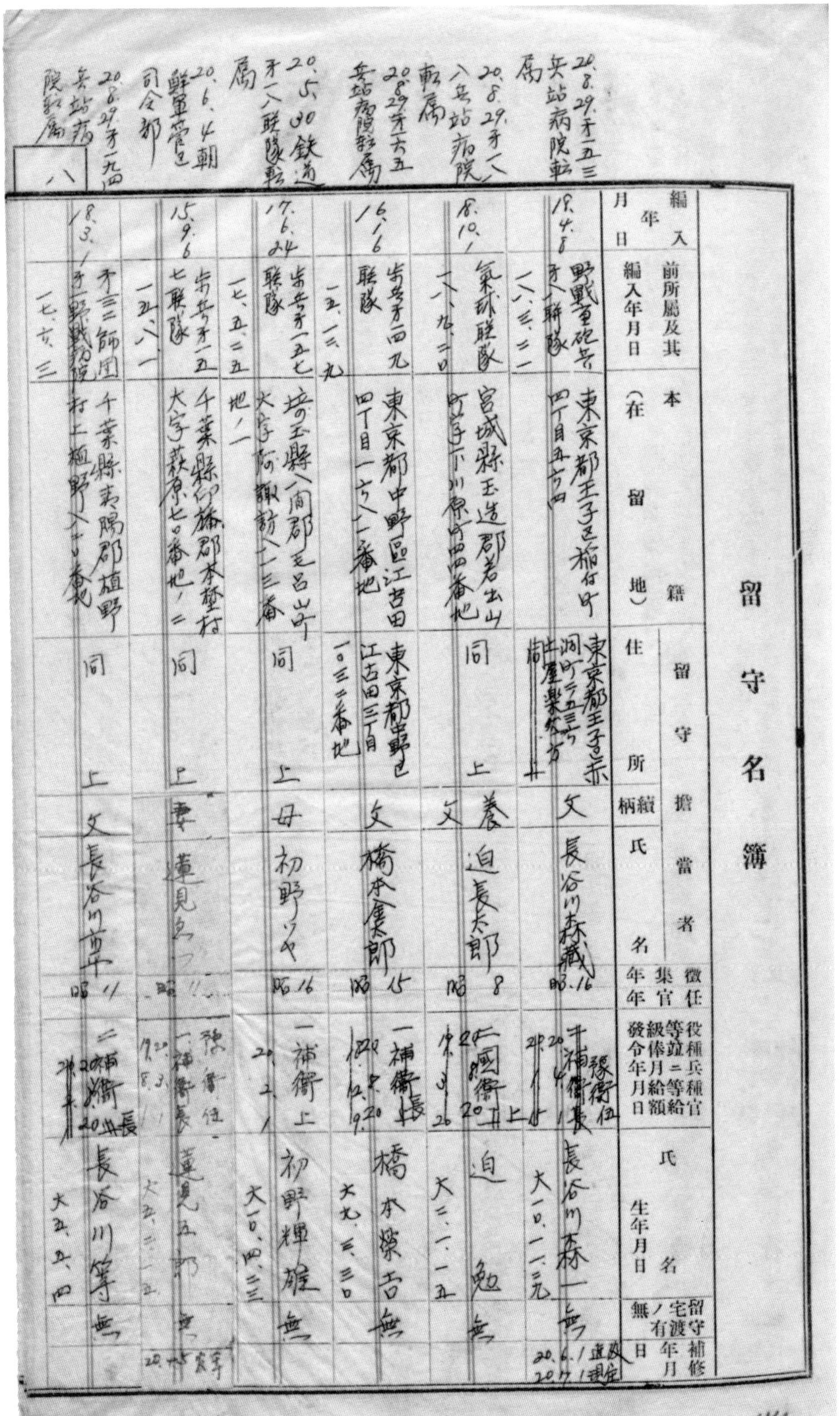

八

留守名簿

編入年月日	前所屬及其編入年月日	本籍（在留地）	留守擔當者 住所	續柄	留守擔當者 氏名	徵集年 任官年	役種兵種官等等級俸給額發令年月日	氏名 生年月日	留守宅渡ノ有無	補修年月日	備考
18.4.8	野戰重砲兵第一聯隊 一八、三、二一	東京都王子区稲付町四丁目五六四	東京都王子区赤羽町二五三六 土屋楽次方	父	長谷川森藏	昭16	豫衛伍 20.4.1 衛長	長谷川森一 大一〇、一一、二九	無	20.6.1 20.7.1	20.8.29 第一五三兵站病院転属
18.10.1	氣球聯隊 一八、九、二〇	宮城縣玉造郡岩出山町字下川原町四四番地	同上	養父	迫長太郎	昭8	一國衛 20.8.20 上	迫勉 大二、一、一五	無		20.8.29 第八兵站病院転属
16.1.6	歩兵第四九聯隊 一五、一二、九	東京都中野区江古田四丁目一六八二番地	東京都中野区江古田三丁目一〇三二番地	父	橋本金太郎	昭15	一補衛長 20.5.20	橋本藤吉 大九、三、三〇	無		20.8.29 第一六五兵站病院転属
17.6.24	歩兵第一五七聯隊 一七、五、二五	埼玉縣入間郡毛呂山町大字前諏訪一一二三番地ノ一	同上	母	初野ツヤ	昭16	一補衛上 20.2.1	初野輝雄 大一〇、四、二三	無		20.5.30 鉄道第一八聯隊転属
15.9.6	歩兵第一五七聯隊 一五、八、一	千葉縣印旛郡本埜村大字荻原七〇番地ノ二	同上	妻	蓮見ゑつ	昭11	豫衛伍 一補衛長 20.8.31	蓮見五郎 大五、二、一五	無	20.…	20.6.4 朝鮮軍管区司令部
18.3.1	第三二師団第一野戦病院 一七、六、三	千葉縣夷隅郡植野村上植野八一〇番地	同上	父	長谷川市平	昭11	二補衛長 20…	長谷川等 大五、五、四	無		20.8.29 第一九四兵站病院転属

141

20.8.29 第一五五兵站病院転属	18.6.14	気球聯隊 一八六一	埼玉県北足立郡伊奈村大字大針一〇六七番地	同上	父	濱野定吉	昭11	一 補衛 上 20.12.20	濱野保藏	大五、一、二五	無
20.8.29 第一五五兵站病院転属	18.10.1	気球聯隊 一八九二〇	富山県射水郡小杉町下条新一七四番地	同上	妻	林とし	昭6	二 補衛 上 20.8	林茂	明四四、一〇、一〇	無
20.8.29 第一四一兵站病院転属	16.1.6	歩兵第一四九聯隊 一五一二九	東京都麹町区飯田町一丁目二三番地ノ七	同上	母	早川サイ	昭5	一 補衛 兵長 20	早川保雄	大九、六、一二	無
20.8.29 第二軍司令官指定兵站病院転属	18.10.1	気球聯隊 一八九二〇	山梨県南都留郡下吉田町五五三八番地	同上	父	早川宮治	昭5	二 補衛 上 20.8	早川弥多留	大九、一、一	無
同右	18.10.1	気球聯隊 一八九二〇	宮城県本吉郡階上村字波路杉下一六七番地ノ一	宮城県本吉郡階上村字波路杉下一六七八番地ノ二	兄	畠山吉之助	昭8	二 国衛 上 20.8	畠山武志	大二、九、一	無
同右	18.8.1	独歩第四三大隊 一七一一〇	東京都深川区永代二丁目二八番地ノ二	千葉県銚子市竹町一五二七 同右毛直藏	父	林泰藏	昭16	現 衛 兵長 20.8	林清次郎	大一〇、二、一五	無
20.8.29 第一一六兵站病院転属	18.10.1	野戦重砲兵第八聯隊 一八九五	富山県西礪波郡福光町上蓑八七七番地	同上	兄	萩野清治	昭17	二 補衛 上 20.8	萩野健二	大二、一〇、二三	無
20.8.29 第一五一兵站病院転属	19.2.27	関東陸軍病院 一六一〇二〇	東京都麻布区山元町五五番地	埼玉県大里郡寄居町金尾	妻	馬場レゲ	昭12	一 補衛 兵長 20.10.8	馬場英一	大六、五、二九	無

20.5.30現在

20.6.1現在

142

留守名簿

記事	編入年月日	前所属及其編入年月日	本籍（在留地）	留守担当者 住所	続柄	留守担当者 氏名	徴集年 任官年	役種兵種官等 等級俸給月額 発令年月日	氏名 生年月日	留守宅渡ノ有無	補修年月日
20.8.29 矛一六五兵站病院転属	18.6.14	気球聯隊 一八、六、一	東京都足立区千住大川町七番地	同上	父	服部時次郎	昭16	一、衛 上 18.12.1	服部孝吉 大一〇、一一、一八	無	
20.8.29 矛一五三兵站病院転属	16.1.6	歩兵矛一四九聯隊 一五、一二、九	東京都王子区十條仲原一丁目一四番地	同上	父	林常次郎	昭15	一、補衛 井長 20.6.1	林弘 大九、一〇、二	無	20.7.1 追級
20.8.29 矛一五五兵站病院転属	20.1.31	独歩矛八一一大隊 一九、一一、一八	東京都京橋区越前堀二丁目五番地ノ二	同上	父	原萬蔵	昭17	現衛 井一 20.5.18	原儀男 大一四、九、二四	無	20.6.1 追級
20.8.29 矛一五五兵站病院転属	20.1.31	独歩矛八一一大隊 一九、一一、一八	東京都四谷区南元町一九番地ノ四	東京都品川区五反田一丁目一五〇番地	父	蜂屋孝	昭19	現衛 井一 20.5.18	蜂屋一郎 大一四、五、一七	無	20.6.1 追級
同右	20.1.31	独歩矛八一一大隊 一九、一一、一八	千葉県市原郡東海村勝間三番地	同上	父	橋本七三	昭19	現衛 井一 20.5.18	橋本徹夫 大一四、一〇、三	無	20.6.1 追級
20.8.29 矛一五五兵站病院転属 八	20.1.31	独歩矛八一一大隊 一九、一一、一八	東京都江戸川区西小松川三丁目一一〇二番地	同上	父	服部要	昭19	現衛 井一 20.5.18	服部圭祐 大一四、五、一九	無	20.6.1 追級

143

20.8.29 才 一八七兵站病院転属	20.1.31	独歩第八一大隊 一九一一八	東京都豊島区池袋三丁目一四八〇番地	東京都豊島区高松町一丁目三〇	父	丸山信義	昭19	現衛廿一 20.5.18	荻生秀一	大四、三、二八	無	20.5.30 現住所有 20.6.1 進級
20.8.29 才 一五一兵站病院転属	20.1.31	独歩第八一大隊 一九一一八	山梨県東山梨郡中牧村西保下一〇五一番地	同	父	荻原鶴友	昭19	現衛廿一 20.5.18	荻原篤	大四、三、三〇	無	20.6.1 進級
20.8.29 才 一八七兵站病院転属	20.1.31	独歩第八一大隊 一九一一八	東京都目黒区原町一二四三番地	東京都王子区豊島町八丁目二〇番地	従兄	長谷川深一	昭19	現衛廿一 20.5.18	長谷川健一	大四、八、一八	無	20.6.1 進級
20.8.29 才 一五一兵站病院転属	20.1.31	独歩第八一大隊 一九一一八	東京都小石川区久堅町八三番地	東京都滝野川区西原町一七四番地	母	張椿ヤス	昭19	現衛廿一 20.5.18	張椿武男	大四、九、一四	無	20.6.1 進級
20.8.29 才五一兵站病院転属	20.1.31	独歩第八一大隊 一九一一八	埼玉県南埼玉郡和土村大字笹久保新田一〇八番地	同	父	橋本賛三郎	昭19	現衛廿一 20.5.18	橋本正雄	大一二、八、二九	無	20.6.1 進級
20.8.29 才十二軍司令官見込ん兵站病院転属	20.1.31	独歩第八一大隊 一九一一八	埼玉県埼玉郡小林村二八二九番地	同	父	長谷川清作	昭19	現衛廿一 20.5.18	長谷川操男	大一三、一一、一〇	無	20.6.1 進級
20.8.29 才十二軍兵站病院転属	18.10.1	気球聯隊 一八九二〇	東京都本郷区駒込西片町二〇番地	同	父	林栄次郎	昭10	補衛廿上	林正吉	大四、一、一〇	無	
20.8.29 才十二軍司令官見込ん兵站病院転属	18.10.1	気球聯隊 一八九二〇	宮城県黒川郡大衡村奥田在家二〇番地	同	妻	早坂セキ	昭11	二国衛廿上	早坂辰治	大五、六、七	無	

144

八						
（欄外）	20.7.29 第一一六兵站病院転属 20.8.19 解傭	20.8.19 解傭	20.8.29 第一五一兵站病院転属	同右	同右	20.9.3 解雇
編入年月日	20.1.31	19.4.13	19.6.19	15.4.16	17.7.18	15.8.30
前所属及其編入年月日	独歩第八一大隊 一九、一一、八					
本籍（在留地）	山梨縣南都留郡東桂村鹿留六一八番地	朝鮮平安北道寧邊郡龍山面龍登洞六〇六番地	福岡縣門司市大字門司三四四八番地	群馬縣利根郡川田村大字上川田一一一番地	青森縣北津軽郡小泊村三八四番地	岐阜縣山縣郡櫻尾村大字椎倉二三四番地
留守擔當者 住所	同上	朝鮮江原道平康郡南面鶴日里二區峯湶洞	愛媛縣喜多郡長津村字[illegible]三六六七番地	同上	東京市外[illegible]	岐阜縣岐阜市上加納町山町五三三番地
留守擔當者 續柄	母	父	母	兄	妻	父
留守擔當者 氏名	秦すか	張村[illegible]麟	濱崎ヤス日	原勇吉	長谷川みさ	服部鉄治郎
徴集年	昭19					
任官年						
役種兵種官等（等級）俸給月額発令年月日	現衛一 20.5.18	自動車手 20.3.31	打字手 20.8.20	自動車操縦者 20.8.20	技術雇員 20.8.20	事務雇員 20.3.31
氏名	秦辰彌	張村芝花	濱崎七恵	原徳朝	長谷川久治	服部利夫
生年月日	大一四、三、二五	大九、一、一	大五、二、二三	大五、五、二	大五、四、九	大四、一一、八
留守宅渡ノ有無	無	無	有	無	無	
補修年月日	20.6.1 追及	20.3.31 昇給	20.4.5 昇給 20.8.20	20.4.5 昇給 20.8.20	20.4.5 昇給 20.8.20 20.6.1 現住	20.4.5 昇給

留守名簿

145

20.8.29 才一五一 兵站病院転属	17.6.14		長野県小県郡青木村大字田沢七一三番地	同上	文	林清勝	技術雇員 四九〇〇 20.8.20	林利直 大一二.七.一	有 20.4.5 昇給 20.8.20 〃
20.8.29 才一五三 兵站病院転属	15.3.23	[redacted] 池井部蔵 一三九.二七	千葉県千葉郡二宮町米園台三〇四番地	同上	兄	林清一	陸軍技手 自動車操縦 五. 20.7.31	林二郎 明四四.九.一四	無 20.7.31 昇等
20.8.29 才一五 三兵站病院転属	15.6.1		福岡県直方市大字山部一八九番地	福岡県直方市須崎町一丁目一八九番地	弟	橋口豊	技術雇員 五三〇 19.7.30	橋口孝一郎 大二.三.二八	有
20.9.10 應召 休暇中 20.8.29 才一五四 兵站病院転属	17.9.19		朝鮮平壌府樽九町一五八番地	北京市内四区棉花胡同七号	父	荻東義雄	傭人通譯 四四〇 20.3.31 四六〇 19.9.30	荻東健市 大三.六.二四	無 20.4.5 昇給

146

留守名簿

	平野	廣瀬	平田	樋口	平井	平本
摘要	20.5.15 東部軍管区司令部転属	20.8.29 第十二軍司令官ノ定ムル兵站病院転属	同右	20.8.29 第一六一兵站病院転属	20.8.29 第一九四兵站病院転属	20.8.29 第一五五兵站病院転属 七
編入年月日	16.12.22	15.7.22	19.2.28	17.6.24	16.1.6	17.6.24
前所屬及其編入年月日	陸軍兵器本部兼陸軍軍医学校 一五、四、一	歩兵第八聯隊補充隊 一五、五、一五	潞安陸軍病院 一八、六、一〇	歩第一五七聯隊 一七、五、二五	歩第一四九聯隊 一五、三、九	歩兵第一五七聯隊 一七、五、二五
本籍（在留地）	千葉縣館山市北形四四三番地	京都府何鹿郡山家村字廣瀬小字宮之前三番地	鹿児島縣伊佐郡大口町里五〇七番地	山梨縣南巨摩郡睦合村南部八四五一ノ一番地	東京都浅草区象潟二ノ二	埼玉縣入間郡[illegible]村大字上[illegible]八一ノ二番地
留守擔當者 住所	同上	同上	同上	同上	千葉縣木更津市仲片町一四五四 ~~大野忠次方 同上~~	同上
續柄	父	父	父	妻	~~養母~~ 妹	兄
氏名	平野巳之吉	廣瀬卯一郎	平田柳石	樋口春子	平井千代子 ~~平井奉治~~	平本初太郎
徴集年			昭10	昭6	昭5	昭16
任官年	昭13	昭15	昭12	昭10	昭18	昭19
役種兵種官等級俸給月額 發令年月日	現 医 少佐 二、20.4.30	予 医 大尉 三、19.9.15	現 衛 曹長 准 四、20.3.1	予 衛 軍曹（曹長） 四、20.3.31	予 衛 軍 二、19.12.31	予 衛 伍（軍） 三、20.3.1
氏名 生年月日	平野晟 明四四、五、八	廣瀬一郎 大二、二、二六	平田政利 大七、八、二四	樋口榮 明四四、九、七	平井達治 大九、一〇、八	平本為作 大六、一一、一三
留守宅渡ノ有無	有	有	有	有	無	無
補修年月日	20.7.1 等級		20.4.5 [illegible]	20.7.1 [illegible]	20.7.15 現在	20.8.1 [illegible]

147

報告	日付	部隊	本籍	留守宅	続柄	氏名	昭	階級	氏名	生年月日		備考
20.8.29.第一五一号 站病院報告	15.9.6	野戦重砲兵第一七聯隊 一五、八、一	東京都向島区隅田町四ノ九七番地	東京都赤坂区福吉町一番地	父	日向榮	昭14 昭18	豫衛伍 甲	日向榮一	大八、八、二三	無	20.4.5 [illegible]
20.8.29.第一五二号 站病院報告	15.9.6	野戦重砲兵第一七聯隊 一五、八、一	東京都荒川区南千住町五ノ四二番地	東京都中野区宮園通五ノ五四番地 日本洋裁学校内	父	廣田彦次郎	昭14	予衛伍 十補衛長	廣田常吉	大八、二、一九	無	
20.8.29.第一五二号 兵站病院報告	20.1.31	独歩八一大隊 一九、一二、八	山梨県甲府市百石町四一三番地	神奈川県横浜市神奈川区反町二番地	父	平原英造	昭19	現衛 #一	平原眞	大四、一〇、一一	無	20.6.1 進級
20.8.29.第一八七号 站病院報告	20.1.31	独歩八二大隊 一九、一二、八	東京都本郷区駒込動坂町三五九番地	同	養父	平野勇吉	昭19	現衛 #一	平野一雄	大四、五、二四	無	20.6.1 進級
20.8.29.第一五三号 站病院報告	18.10.1	気球聯隊 一八、九、二〇	山梨県東山梨郡松里村七一番地	同	父	廣瀬悄供	昭15	二補衛長	廣瀬俊男	大九、一一、三〇	無	
20.8.29.第一五三号 兵站病院報告	18.10.1	気球聯隊 一八、九、二〇	長野県小県郡塩川村大字塩川一〇三番地	大阪市住吉区代東町二ノ二八番地 富田覚之郎方	妻	廣川しげ子	昭9	二補衛長 補衛上	廣川繁雄	大三、九、一五	無	20.7.1 進級
20.8.29.第一六六号 兵站病院報告	18.10.1	気球聯隊 一八、九、二〇	長野県佐久郡青沼村大字入澤一〇四番地	同	母	日向あつみ	昭14	二國衛上	日向健二	大八、一一、一七	無	
20.8.29.第一三号 司令官ノ患者 兵站病院報告	17.6.24	歩第一五七聯隊 一七、五、二五	東京都世田谷区野沢町一ノ二二〇番地	同	父	平岩源吉	昭15	一補衛伍長	平岩保次郎	大九、二、二一	無	

148

留守名簿

七

欄外記事	編入年月日	前所属及其編入年月日	本籍（在留地）	留守擔當者 住所	續柄	氏名	徵集任官年	役種兵種官等級等給俸月給額發令年月日	氏名 生年月日	留守宅渡ノ有無	補修年月日
20.8.29第一五五兵站病院轉屬	18.4.8	野戰重砲兵第八聯隊 一八、三、二一	埼玉縣浦和市常盤町四丁目五三番地	同上	母	肥塚千里	昭15	二補衛長 二補衛上 昭20.6.1	肥塚武 大七、七、二七	無	20.7.1進級
20.8.29第五五兵站病院轉屬	18.10.1	野戰重砲兵第八聯隊 一八、六、二八	東京都世田谷區玉川奥沢町二丁目十四番地	同上	父	廣田芳長	昭16	二補衛上 昭20.7.15	廣田彰 大六、二、一三	無	20.7.20進級
20.8.29第十二軍司令官指定ニヨル兵站病院轉屬	18.10.1	氣球聯隊 一八、九、二〇	宮城縣玉造郡岩出山町字上川原一二四番地	同上	妻	平山梅	昭10	二同衛上 昭20.1.8 20.20	平山俊一 大三、六、六	無	
同右	18.10.1	氣球聯隊 一八、九、二〇	東京都王子區豊島二丁目一二三番地	同上	父	廣野助七	昭11	二補衛上 昭20.8.20	廣野典男 大四、三、一六	無	
20.8.29第一九四兵站病院轉屬	15.9.6	歩兵第五七聯隊 一五、八、一	千葉縣香取郡佐原町イ四一四九番地	千葉縣千葉市蘇我町四三九番地	兄	菱木一男	昭11	一補衛長 昭20.8.20	菱木寅雄 大五、三、一〇	無	
右同屬	16.6.6	歩兵第四九聯隊 一五、六、九	神奈川縣平塚市平塚一、九七一番地	神奈川縣中郡比々多村串橋九八番地	母	平川クマ	昭15	一補衛長 昭19.12.9	平川三郎 大九、一一、二四	無	

140

20.8.29第一九四兵站病院轉属	16.1.6	歩第一四九聯隊	一五、二、九	神奈川縣横浜市南区南太田町一丁目九三番地	同上	父	平井芳吉	昭15	一 補衛長 20.8.20	平井欣一 大九、八、一〇	無	
20.8.29第一九四兵站病院轉属	16.1.6	歩第一四九聯隊	一五、一〇、九	東京都荏原区荏原六丁目六五番地	同上	母	平野ヨシ	昭15	一 補衛長 18.12.9 20.8.20	平野政治 大九、八、八	無	
20.8.29第十三軍司令官ノ定ムル兵站病院転属	17.6.24	歩第一五七聯隊	一七、五、三五	埼玉縣入間郡所沢町大字久米六二八番地	同上	父	比留間丑五郎	昭12	一 補衛長 20.8.1	比留間美佐雄 大六、九、二八	無	20.7.1進級
同右	18.10.1	気球聯隊	一八、七、二〇	富山縣下新川郡東津町大字岡町一六番地	同上	父	廣野巴	昭6	二 補衛上 1920.3.1	廣野良晴 明四四、三、二三	無	
20.8.29第一八八兵站病院転属	17.6.24	歩第一五七聯隊	一七、五、二五	東京都世田谷区上馬町三丁目一〇〇二番地	同上	父	平山豊治	昭15	一 補衛長 19.20.8.20	平山登 大九、八、四	無	
20.8.29第一六六兵站病院転属	18.6.14	気球聯隊	一八、六、一	東京都下谷区中御徒町一一三五番地	東京都浅草区馬越町一ノ七番地	主人	高木信久	昭15	一 補衛長 1920.8.20	平川喜一 大九、三、三	無	
20.3.24解雇	15.3.23		一四、三、八	朝鮮慶尚北道高霊郡高霊面楮田洞二八〇番地	北京市内二区史家胡同一〇号	妻	廣田茵子		雇員（通譯） 15.3.31	廣田良治 明四五、一〇、二五	無	20.3.23
20.8.29第一九四兵站病院転属	15.3.23		一三、九、二七	山梨縣南都留郡盛田村堀之内一番地	中華民国山西省大同市上華街一三号	妻	鬖撫雪江		業務手 自動車運轉手 20	鬖撫恵作 明四三、三、二七	無	20.6.5昇給

150

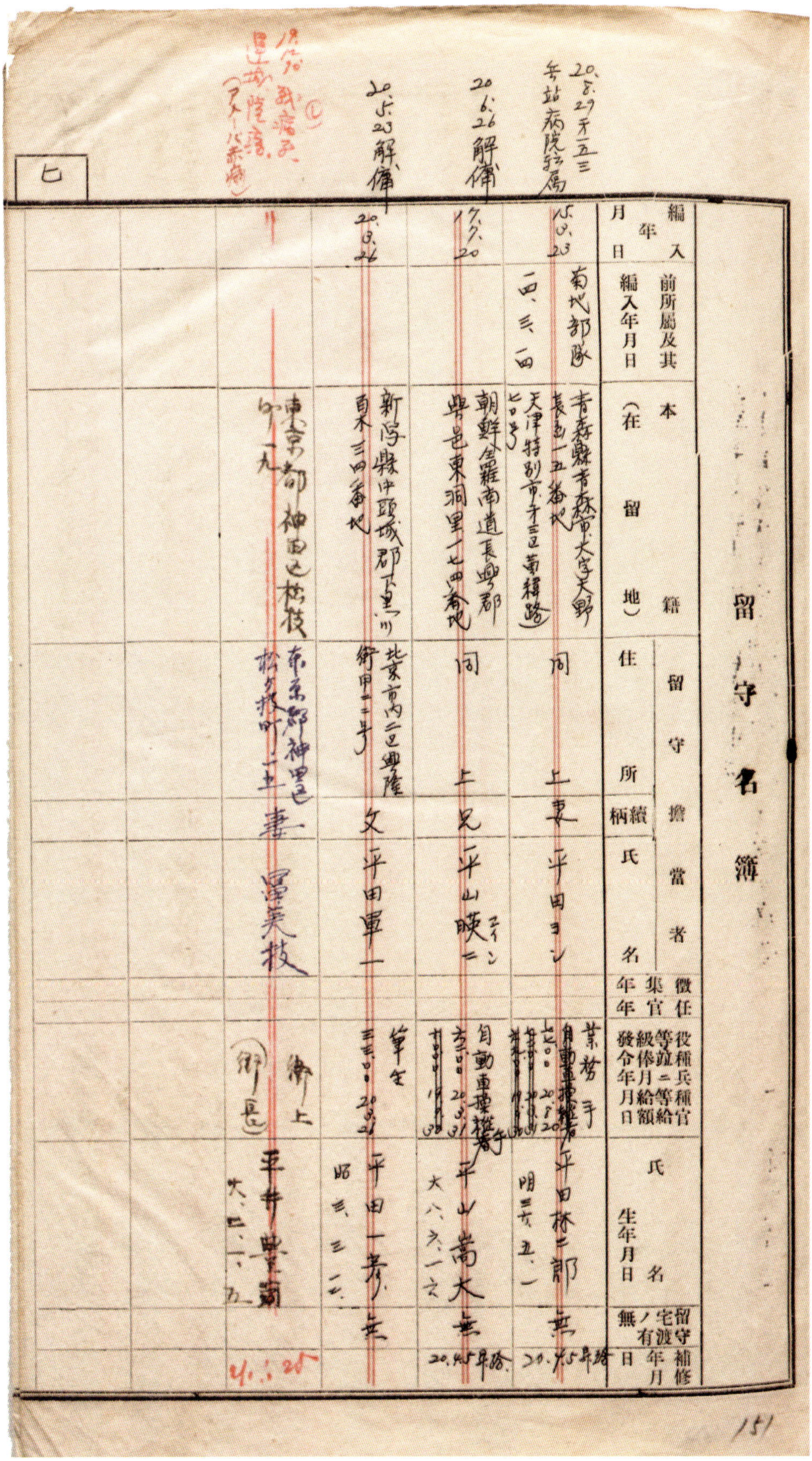

七

留守名簿

編入年月日	前所属及其編入年月日	本籍（在留地）	留守担当者 住所	続柄	氏名	徴任年	集官年	役種兵種官等級俸給月額等級令年月日	氏名 生年月日	留守宅渡ノ有無	補修年月日
15.8.23	菊地部隊 一四、三、四	青森県青森市大字大野長島一五番地 天津特別市第三区[illegible]路 七〇号	同上	妻	平田ヨシ			業務手 自動車操縦手 七〇〇 20.1.20	平田林二郎 明三五、五、一	無	20.4.5
17.7.20		朝鮮全羅南道長興郡長興邑東洞里一七四番地	同上	兄	平山暎二（エイジ）			自動車操縦手 六五〇 20.3.31	平山尚大 大八、六、一六	無	20.4.5
20.3.26		新潟県中頸城郡下黒川 [illegible]三四番地	北京市内二区興隆街甲二十号	父	平田軍一			筆生 三三〇 20.3.26	平田一寿 昭三、三、二	無	
		東京都神田区松枝町一九	東京都神田区松枝町二五	妻	平井富美枝			衛上 （衛上）	平井興蘭 大二、一、五		21.3.25

20.8.29 第五三兵站病院転属

20.6.26 解傭

20.5.23 解傭

18.6.10 戦病死 [illegible]

151

中国 江蘇省

12 岩手県東磐井郡大東町猿沢字町方

岩手県東磐井郡千厩町字北方86の4

兄 藤田藤吉

父 一 藤田福治

152

留守名簿

轉属記事	編入年月日	前所屬及其編入年月日	本籍(在留地)	留守擔當者 住所	續柄	留守擔當者 氏名	徴集年	任官年	役種兵種官等級俸給發令年月日	氏名 生年月日	留守宅渡ノ有無	補修年月日
20.8.29才一六一兵站病院轉属	14.7.20	歩兵才一三聯隊 一四、五、五	福岡縣若松市安政町二丁目閘三八番地	大分縣中津市東本町 坪坂まん方	妻	福田靜子		昭14	豫医大尉 二、19.9.30	福田武夫 大四、九、二四	有	
20.8.29才一九四兵站病院轉属	18.8.2	第八師団部隊 一六、七、二八	愛知縣碧海郡高浜町大字高浜字四辻五一番地ノ三	愛知縣豊橋市住吉町往還東四七番地 河西はる方	妻	福井みわ		昭14	現衛大尉 二、20.1.31 三、18.12.1	福井利三 明四二、一〇、八	有	
20.8.29才一九四兵站病院転属	17.10.12	捜索第五聯隊 一六、四、一〇	山口縣吉敷郡秋穂町大字秋穂東本郷五三〇一番地	同上	父	藤田新六郎	昭15	昭17	豫主中尉 二、19.9.15	藤田勝平 大六、六、一八	有	
20.8.29才一五三兵站病院転属	15.12.23	園田部隊 一三、九、三〇	秋田縣平鹿郡吉田村中吉田字上藤根七番地	同上	父	藤王忠五郎	昭11	昭13	現衛准 四、19.8.1	藤王忠太郎 大六、一一、六	有	
20.8.29才一五一兵站病院転属	15.12.23	菊地部隊 一四、二、八	埼玉縣秩父郡荒川村大字上田野一二五六番地	同上	兄	藤代宇三	昭11	昭14	現衛曹 准	藤代淺助 大五、九、二五	有	20.8.1進級
20.8.29才一八七兵站病院転属 ノ	18.6.1	歩兵才二二一聯隊 一七、二、一	埼玉縣北埼玉郡羽生町大字羽生四六三〇番地	埼玉縣羽生町大字羽生一〇三	母	藤村みよ	昭16	昭19	現衛伍 軍 三、20.8.1	藤村光男 大一〇、九、一	無	20.6.1現役 20.8.1進級

153

20.8.29 第一六五兵站病院転属	20.1.31	独歩第八一大隊	一九、一一、八	東京都麹町区九段四丁目八番地ノ二	茨城県[illegible]市南三丁九鉄道官舎	伯父	伊藤[illegible]部	昭19.	現 衛一 20.5.18	福岡一雄	大一三、一二、一五	無	20.6.1 追級
20.8.29 第一五一兵站病院転属	20.1.31	独歩第八一大隊	一九、一一、八	東京都牛込区余丁町六四番地	東京都渋谷区千駄ヶ谷二丁目三三番地	従兄	矢島武次	昭19.	現 衛一 20.5.18	福田榮一	大一四、二、一六	無	20.6.1 追級
20.8.29 第十二軍司令官直轄兵站病院転属	17.6.24	歩兵第一五七聯隊	一七、五、二五	山梨県北都留郡小菅村四八九九番地	山梨県北都留郡上野原町四〇七番地	妻	古家ハル	昭10	豫 衛長 20.1.1	古家長年	大四、六、一六	無	20.4.5 追級
20.8.29 第一五一兵站病院転属	16.4.27	歩兵第二二一聯隊	一七、二、一	東京都目黒区下目黒三ノ六〇七番地	富山県婦負郡杉原村藤込三一六 (大阪府大阪市[illegible]南通二丁目[illegible]番地)	父	藤澤芳太郎	昭16	現 衛上長 20.8.1	藤澤大作	大六、三、一六	無	20.6.1 現在
20.8.29 第一九兵站病院転属	15.9.6	野戦重砲第一七聯隊	一五、八、一	埼玉県南埼玉郡川柳村大字麦塚六番地	埼玉県南埼玉郡川柳村大字麦塚六番地	父	藤波重次郎	昭14	一補 衛上長 20.8.20	藤波藤蔵	大八、三、一六	無	
20.8.29 第二四兵站病院転属	16.8.6	歩兵第一四九聯隊	一五、一一、九	東京都中野区本町通五丁目一三番地	同上	父	深澤留五郎	昭15	一補 豫 衛伍長 20.1.1	深澤一十八	大九、三、三一	無	20.4.5 [illegible]
20.8.29 第一五一兵站病院転属	18.4.8	野戦重砲兵第八聯隊	一八、三、二〇	福島県安積郡上河内村大字河内字二階三九番地	同上	妻	古川トメ	昭7	豫 衛長伍 20.6.1	古川三十光	大八、九、一三	無	20.7.1 追級
20.8.29 第一五三兵站病院転属	17.2.27	国府台陸軍病院	一六、一〇、二〇	東京都京橋区月島通四丁目五番地	新潟県中頸城郡大瀁村大字福田郡治方	弟	福田鉄太郎	昭12	一補 豫 衛伍長 20.6.1	福田又四郎	大六、三、五	無	20.7.1 追級

154

同右　　　7

20.8.29 第十三軍司令官ノ定ムル兵站病院転属

20.8.29 第一二五五兵站病院転属

20.8.29 第一八七兵站病院転属

20.7.29 第十三軍司令官ノ定ムル兵站病院転属

20.7.29 第一五一兵站病院転属

留守名簿

編入年月日	前所属及其編入年月日	本籍（在留地）	留守担当者 住所	続柄	氏名	徴集任官年	役種兵種官等級俸月給額発令年月日	氏名 生年月日	留守宅渡ノ有無	補修年月日
19.3.1	独歩第五大隊 一八、一二、三	山梨縣東山梨郡西保村北原二四八九番地	同上	父	藤原光義	昭18	現衛廾長 19.12.20	藤原近文 大一二、四、一〇	無	
20.1.31	独歩第一一八大隊 一九、一二、八	山梨縣中巨摩郡落合村落合一一二二番地	同上	父	深澤幸作	昭19	現衛廾一 20.5.18	深澤勝男 大一四、六、一五	無	20.6.1 進級
20.1.31	独歩第一一八大隊 一九、一二、八	山梨縣東八代郡一宮村下矢作一六三番地	山梨縣甲府市上一條町五五番地	母	藤田ミネ	昭19	現衛廾一 20.5.18	藤田定策 大一四、四、二四	無	20.6.1 進級
20.1.31	独歩第一一八大隊 一九、一二、八	東京都麹町区九段一丁目一二番地ノ一〇	同上 東京都牛込区小川町一丁目一三 藤巻忍方	兄	藤巻貞郎	昭19	現衛廾一 20.5.18	藤巻力雄 大一四、一、一五	無	20.5.31 武在 20.6.1 進級
15.9.6	野戰重砲兵第七聯隊 一五、八、一	埼玉縣南埼玉郡蒲生村大字蒲生四五一七番地	同上	母	福井コト	昭14	二補衛廾長 18.8.12	福井進吉 大八、一一、一四	無	
17.6.24	歩兵第一三七聯隊 一七、五、〇五	埼玉縣入間郡所沢町大字所沢五三〇番地	同上	父	藤野平三郎	昭12	一補衛廾長 20.8.20	藤野照三郎 大六、六、二七	無	

155

20.8.29 第十軍司令官 兵站病院 属	18.2.28	歩第十二〇聯隊	一七、三、一	神奈川縣足柄下郡湯河原町宮上四七五番地	静岡縣静岡市長沼六三五番地	義兄	岡崎敬一	昭16	現衛長 伍20.4.20	古屋工作	大二、一、一五	無
20.8.29 第十六兵站病院 属	19.3.1	独歩第十五大隊	一八、六、一二	山梨縣北巨摩郡増富村比志四六二一番地	同上	父	藤原治義	昭18	現衛上 伍19.3.2 20.4.30	藤原文治	大三、六、二二	無 20.5.30 追放
20.8.10 北支那特別警備隊転属	19.3.1	独歩第十五大隊	一八、三、一二	山梨縣南都留郡[illegible]村古川渡一四九番地	同上	父	藤本良一	昭18	現衛一 19.6.12	藤本清一	大二、五、一七	無
20.8.29 第一九八兵站病院転属	29.1.31	独歩第八二大隊	一九、一一、八	東京都荒川区町屋二丁目一九九番地	東京都荒川区町屋二丁目四一一	兄	古川昌樹	昭19	現衛一 20.5.18	古川富重	大一〇、一一、一二	無 20.6.1 追放 20.6.1 現住
20.8.29 第五二兵站病院転属	18.8.24			愛知縣名古屋市東区赤萩町二丁目二五番地ノ一	同上	父	古橋信一		陸軍技手 筆生 20.8.20	古橋公光	明四、七、一二	有 20.4.5 昇給
20.8.29 第十軍司令官 兵站病院 属	15.3.26			熊本縣天草郡中村四〇九八番地	中華民国河南省新郷縣新郷同慶里一四号	妻	福田よし子		自動車操縦者 20.8.20	福田力松	大四、一、一五	無 20.4.5 昇給
同右	15.3.26			大分縣大野郡野津村大字老松七七〇番地	中華民国河南省新郷縣新郷同慶里一五〇号	妻	藤原ウカ日		自動車操縦者 20.8.20	藤原利男	大四、三、一七	無 20.4.5 昇給
応召休 24.? 第五一兵站病院 防中	16.3.28			鳥取縣気高郡神戸村大字[illegible]八八番地	兵庫縣神戸市[illegible]三丁目二〇番地ノ三七	母	福島のぶ		事務雇員 15.3.31	福島定實	大三、一二、一	無

156

留守名簿

ホ

轉屬記事	編入年月日	前所屬及其編入年月日	本籍(在留地)	留守擔當者 住所	續柄	留守擔當者 氏名	徵集年	任官年	役種兵種官等級俸月給額發令年月日	氏名	生年月日	留守宅渡ノ有無	補修年月日
20.8.29 第十三軍司令官ノ定ムル兵站病院転属	17.3.18	金澤陸軍病院 一八、三、二	長野縣上伊那郡中箕輪村一五四八番地	東京都杉並区阿佐ケ谷六丁目二四五番地	養父	堀口正文	昭6		豫備 衛生 医少尉 20.3.22	堀口武二郎	明四四、一、二〇	有	20.4.5 官等
20.8.29 第一五一兵站病院転属	15.3.25	菊池部隊 一四、一一、三〇	宮城縣名取郡増田町増田一〇番地	同上	妻	星みのる		昭14	陸軍技手 三、19、9、30	星清八	明三七、二、三	有	
20.8.29 第一五一兵站病院転属 療養休務中	15.2.23	西村(正)部隊 一三、九、二七	新潟縣西蒲原郡米納津村大字佐渡山八六三番地ノ乙	同上	父	星野林松		昭17	陸軍技手 五、19、3、31	星野友一	明四〇、九、一五	無	
20.8.29 第一五五兵站病院転属	15.3.23	菊池部隊 一四、五、二〇	東京都本郷区菊坂町五二番地	同上	父	本田鉄一	昭14	昭16	現役 衛生 軍曹 二、20、3、1	本田功四郎	大六、八、一九	無	20.4.5 官等
20.8.29 第十三軍司令官ノ定ムル兵站病院転属	19.5.1	電信第五聯隊 一七、一一、一〇	鹿児島縣贈於郡末吉町深川一三一三番地	同上	父	堀之園十助	昭16	昭19	豫備 衛生 伍長 三、20、5、1	堀之園茂	大一〇、六、一五	無	20.5.1 進級
20.8.29 第一八七兵站病院転属	17.6.24	歩兵第一五七聯隊 一六、五、二五	埼玉縣秩父郡野上町大字長瀞一五四三番地ノ二	同上	父	堀口仁平	昭12		豫備 衛生 伍長 20.6.1	堀口弘	大六、一、一七	無	20.7.1 進級

157

転属	年月日	部隊・年月日	本籍	留守担当者住所	続柄	留守担当者氏名	年	兵種・階級	氏名・生年月日		備考
20.8.29 第一九八兵站病院転属	16.1.6	歩兵第一四九聯隊 一五.一〇.九	千葉県安房郡千倉町中館七八四番地ノ一	同上	母	堀江あき	昭15	衛生伍長 20.3.1	堀江安雄 大九.一〇.三一	無	20.4.5 官等
20.8.31 第五十二軍司令官ノ定ムル兵站病院ニ転属	20.1.31	独歩第八一六大隊 一九.一二.一八	山梨県南都留郡西口村一七九〇番地	静岡県田方郡韮山村南條七三三番地ノ一	姉	本庄愛子	昭19	現 衛#一 20.5.18	本庄一雄 大一三.二.四	無	20.6.1 進級
20.5.30 鉄道第八聯隊転属	20.1.31	独歩第八一六大隊 一九.一二.一八	東京都城東区亀戸町一丁目七〇	愛知県岡崎市若松町菅林三五番地	父	星野角七	昭19	現 衛#一 20.5.18	星野英一 大四.六.二七	無	20.6.1 進級
20.8.29 第一五一兵站病院転属	20.1.31	独歩第八一六大隊 一九.一二.一八	東京都目黒区中目黒二丁目四八八番地	同上	父	堀越清三	昭19	現 衛#一 20.5.18	堀越進 大四.七.二〇	無	20.6.1 進級
20.8.29 第一六五兵站病院転属	18.6.14	気球聯隊 一八.六.一	埼玉県北足立郡草加町字神明町六六番地	同上	兄	堀井三郎	昭11	一補 衛上 19.8.1	堀井梅太郎 大五.三.二〇	無	
20.8.29 第九八兵站病院転属	18.10.1	気球聯隊 一八.九.二〇	東京小石川区氷川下町四七番地	同上	妻	堀澤タツエ	昭11	二補 衛伍長 20.4.20	堀澤喜次郎 大四.一二.四	無	
20.8.29 第八八兵站病院転属	20.1.31	独歩第八一六大隊 一九.一二.一八	山梨県東八代郡石和町市部九三七番地	山梨県甲府市[illegible]町四九	父	堀内義蔵	昭19	現 衛#一 20.5.18	堀内文雄 大四.一一.四	無	20.6.1 進級
20.8.29 第一二五兵站病院転属	20.1.31	独歩第八一六大隊 一九.一二.一八	東京都豊島区西巣鴨三丁目六四九番地	同上	母	細貝セイ	昭19	現 衛#一 20.5.18	細貝茂 大四.五.五	無	20.6.1 進級

158

留守名簿

編入年月日	前所属及其編入年月日	本籍（在留地）	留守担当者 住所	続柄	氏名	徴集年 任官年	役種兵種官等級俸給月額発令年月日	氏名 生年月日	留守宅渡ノ有無	補修年月日	備考
16.1.6	歩兵第一四九聯隊 一五、一二、九	東京都荒川区尾久町三丁目二五五二番地	同	父	本多新右ヱ門	昭15	一補衛 20 長	本多栄治 大九、八、二八	無		20.8.20 第一六六兵站病院転属
18.4.8	野戦重砲兵第八聯隊 一八、三、二一	千葉県香取郡橘村石出一六四〇番地ノ二	千葉県香取郡橘村石出一三七一番地	従兄	保立政一	昭15	二補衛 20.6.1 上	保立隆 大九、一、二六	無	20.7.1進級	20.8.29 第一九四兵站病院転属
15.9.6	野戦重砲兵第七聯隊 一五、八、一	埼玉県北足立郡伊奈村大字小室六一五八番地	同	祖父	細田新五郎	昭14	二補衛 20.4.5 長	細田武芳 大八、一〇、二三	無	20.4.5進級	20.8.29 第一九四兵站病院転属
16.1.6	歩兵第四九聯隊 一五、一二、九	東京都江戸川区小岩田町七丁目三三〇番地	東京都足立区小右ヱ門町四二六番地	兄	日比谷平八	昭15	一補衛 18.6.9 長	星野義男 大九、二、八	無		20.8.? 第十三軍司令官ノ定ムル兵站病院転属
18.10.1	気球聯隊 一八、九、二〇	長野県上伊奈郡美篶村一〇七七三番地口號	同	父	堀内代太郎	昭10	二補衛 19.3.20 一	堀内正年 大四、一〇、五	無		20.5.30 鉄道第八聯隊転属
16.6.24	歩兵第一五七聯隊 一七、五、二七	山梨県北巨摩郡龍岡村下條東割九〇〇番地	同	妻	堀川ふさ子	昭8	豫衛 20 長	堀川幸則 大二、四、二五	無		20.8.? 第十三軍司令官ノ定ムル兵站病院転属

水

159

20.8.10 北支那特別警備隊転属	19.10.1	気象聯隊 一八、九、二〇	東京都目黒区上目黒五丁目二三五七番地	神奈川県小田原市緑三丁目四九二番地 古屋方	妻	星野賀子	昭10	二補衛一 19.3.20	星野信太郎 大四、三、一	無	
20.5.30 鉄道第八聯隊転属	19.6.24	歩兵第五七聯隊 一七、五、二五	埼玉県北足立郡北本宿村大字高尾三五七七番地ノ	同	父	堀口五郎	昭16	一補衛上 20.2.1	堀口武次 大一〇、四、二	無	
20.8.29 第一七五兵站病院転属	19.3.1	独歩第五大隊 一八、一二、二	山梨県東山梨郡松里村下柚木八一九番地	同	母	堀井とら	昭18	現衛一 19.6.2	堀井金良 大一三、三、一〇	無	
20.8.29 第一五一兵站病院転属	20.1.21	独歩第八一大隊 一九、一一、八	東京都小石川区戸崎町一四番地	同	母	堀越よし	昭19	現衛廿一 20.5.18	堀越明夫 大一四、六、二	無	20.6.1 進級
20.8.19 解傭	19.3.21		熊本県飽託郡高橋町二一七番地	北京市内一区東堂子胡同五號	父	堀川興一		筆生 三三九〇 20.3.31 [illegible]	堀川富美 昭六、一〇、六	無	20.4.5 昇給
20.6.25 應召休務中 20.8.29 第六一兵站病院解傭	15.3.26		山梨県北都留郡島田村新田四一七番地	同	父	細川周作		自動車操縦者 七〇〇 20.3.31 [illegible]	細川作市 大四、四、二	有	20.4.5 昇給
20.8.29 第一九四兵站病院転属	16.4.2		秋田県平鹿郡浅舞町浅舞字浅舞一一八番地	同	父	本戸岳四郎		自動車操縦者 七〇〇 20.8.20 [illegible]	本戸易治 大五、六、二〇	無	20.4.5 昇給 20.8.20 〃

160

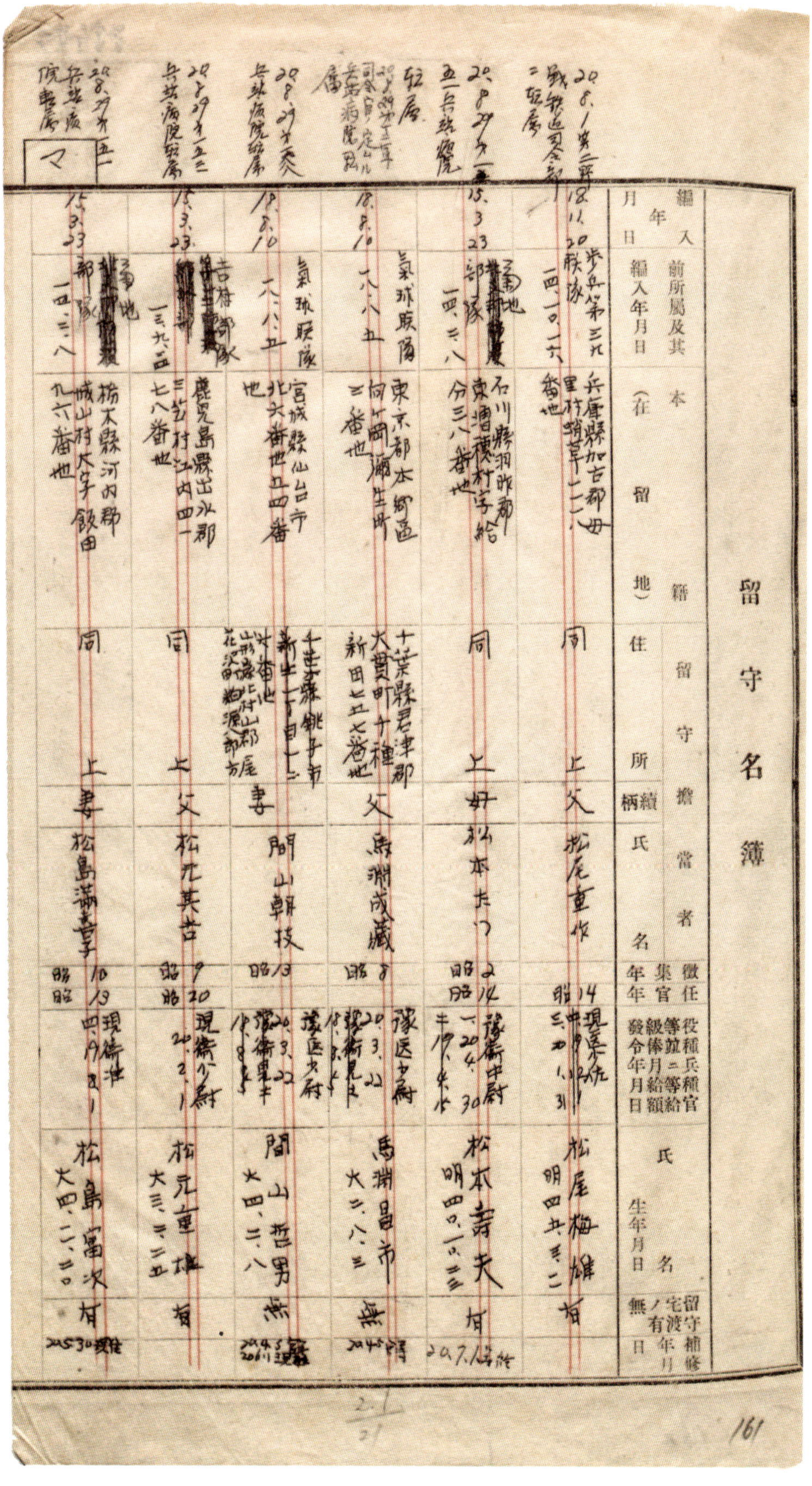

留守名簿

上欄記事	編入年月日	前所属及其編入年月日	本籍（在留地）	留守擔當者住所	続柄	留守擔當者氏名	徴集年	任官年	役種兵種官等級並ニ俸給月額發令年月日	氏名 生年月日	留守宅渡ノ有無	留守補修年月日
20.8.1 第二野戦鉄道司令部ニ転属	18.11.20	歩兵第三九聯隊 一四、一〇、一六	兵庫縣加古郡母里村蛸草一一一番地	同上	父	松尾重作		昭14	現医少佐 三、四、一、31	松尾梅雄 明四五、三、二	有	
20.8.29 第一五一兵站病院転属	15.3.23	[redacted]地部隊 一四、三、八	石川縣羽咋郡東増穂村字給分三八番地	同上	母	松本たつ	昭2	昭14	豫衛中尉 一、二〇、四、30	松本寿夫 明四〇、一〇、三	有	20.7.14除
20.8.29 第一二一兵站病院 司令部ニ定ムル	18.8.10	気球聯隊 一八、八、五	東京都本郷区向ヶ岡弥生町二番地	千葉縣君津郡大貫町十種新田七五七番地	父	馬渕成蔵	昭8		豫医少尉 20.3.22 / 豫衛見士 18.8.5	馬渕昌市 大二、八、三	無	20.4.5除
20.8.29 兵站病院転属	18.8.10	気球聯隊 一八、八、五	宮城縣仙台市北六番丁五四番地	千葉縣銚子市新生町一丁目七二 / 山形縣北村山郡尾花沢町	妻	間山朝枝	昭13		豫医少尉 20.3.22 / 豫衛見士 18.8.5	間山哲男 大四、三、八	無	20.4.5 / 20.11.3 現
20.8.29 兵站病院転属	15.3.23	吉林[redacted]部隊 一三、九、二四	鹿児島縣出水郡三笠村江内四一七八番地	同上	父	松元英吉	昭9	昭20	現衛少尉 20.2.1	松元童雄 大三、三、二五	有	
20.8.29 兵站病院転属 マ	15.3.23	[redacted]部隊 一五、三、八	栃木縣河内郡城山村大字飯田九六番地	同上	妻	松島満喜子	昭10	昭19	現衛准 四、19、8、1	松島富次 大四、二、二〇	有	20.5.30 現

21/21

161

20.8.6 陸軍[illegible]二[illegible]転属	17.6.24	歩兵第一五七聯隊 一七五二五	神奈川県足柄下郡下中村上町九八五番地	同	上 父	眞壁力蔵	昭6 昭12	二 衛曹 19.12.31	眞壁國雄 明四四、四、元	有
20.8.29 第一五五兵站病院ニ転属	17.11.20	陸軍兵技学校 一五一一一	鳥取県東伯郡長瀬村大字北下四五番地ノ二	同	上 父	前田政雄	昭17 昭17	四 現 技術曹長 20.8.20	前田義晴 大二、三、一〇	無
20.6.4 朝鮮軍ニ転属	18.4.8	國府台陸軍病院 一七八二一	埼玉県大里郡奏村大字日向一四二一番地	同	上 妻	増田ハネ	昭9 昭18	二 豫 衛軍 19.9.30	増田欣之助 大三、一〇、一四	無
20.8.29 第一二三兵站病院ニ転属	17.2.27	國府台陸軍病院 一七一一〇	千葉県印旛郡久住村大生一八三番地	東京都深川区高橋四丁目九番地豊榮荘内	父	松島七五三	昭15 昭19	三 豫 衛軍 19.11.3 20.8.1	松島隆治 大九、一、二四	無
20.6.4 東北軍ニ転属	19.9.6	歩兵第一四九聯隊 一五八一	山梨県甲府市穴切町七五番地	同	上 姉	中村小さ子	昭9 昭19	豫 衛伍 19.8.1	松田規夫 大三、九、二一	無
20.8.29 第一六兵站病院ニ転属	19.4.8	野重砲第八聯隊 八三三〇	東京都本郷区湯島切通坂町七番地	横濱市鶴見区鶴見町三八六番地	妻	植田菊子	昭10 昭19	三 豫 衛軍 20.8.20	植田三郎 大四、四、二六	無
20.8.29 第一八八兵站病院ニ転属	19.3.1	北京第一陸軍病院 一六六三〇	静岡県駿東郡愛鷹村柳澤六七二番地ノ二	同	上 父	益田太佐	昭16 昭19	現 衛伍 19.3.1 三 現 衛軍 20.8.1	益田武夫 大一〇、七、二一	無
20.8.29 第一五一兵站病院ニ転属	19.1.6	歩兵第一四九聯隊 一五一二九	東京都向島区吾嬬町東一丁目九番地	東京都向島区吾嬬町一丁目三二番地	兄	松坂豊蔵	昭15	一 補 衛伍 20.8.20	松坂虎之助 大九、二、一八	無

20.8.1進級

20.8.1進級

162

留守名簿

マ

備考（欄外）	編入年月日	前所属及其編入年月日	本籍（在留地）	留守擔當者 住所	續柄	留守擔當者 氏名	徵集年・任官年	役種兵種官等級俸給等級發令年月日	氏名・生年月日	留守宅渡ノ有無	補修年月日
20.8.29 オ一五一 兵站病院ニ転属	18.6.14	気球聯隊 一八、六、一	神奈川縣横濱市港北區[illegible]町八四九番地	神奈川縣川崎市小田町一ノ三一番地	兄	大村常吉	昭17	一補衛 長 20.8.21	大村清吉 大二、四、三	無	
20.8.29 オ八七 兵站病院ニ転属	20.1.31	独歩第八一大隊 一九、一二、一八	千葉縣君津郡馬来田村真里谷三八四〇番地	同上	父	前田健三	昭17	現衛一 20.5.18 現衛上 19.11.18	前田善男 大四、八、七	無	20.6.1進級
20.8.29 オ一六六五 兵站病院ニ転属	20.1.31	独歩第八一大隊 一九、一二、一八	東京都深川區木場三丁目一三番地ノ二	北海道札幌市南三條東四丁目	姉	松屋スエ	昭19	現衛一 20.5.18 現衛上 19.11.18	松屋忠之助 大四、五、六	無	20.6.1進級
20.8.29 オ一五三 兵站病院ニ転属	20.1.31	独歩第八一大隊 一九、一二、一八	埼玉縣川口市幸町一丁目三六番地	同上	父	間宮留八	昭19	現衛一 20.5.18 現衛上 19.11.18	間宮四郎 大三、五、一四	無	20.6.1進級
20.8.29 オ八七 兵站病院ニ転属	20.1.31	独歩第八一大隊 一九、一二、一八	東京都本郷區駒込東片町六六番地	神奈川縣茅ヶ崎町東海岸通一一三五番地	母	松井タヽ	昭17	現衛一 20.5.18 現衛二 19.11.18	松井寛治 大四、[illegible]、二	無	
20.8.29 オ一五三 兵站病院ニ転属	20.1.31	独歩第八一大隊 一九、一二、一八	埼玉縣大宮市大字[illegible]三五九番地	同上	父	前東卯平	昭19	現衛一 20.5.18 現衛二 19.11.18	前東正[illegible] 大一三、七、一二	無	20.6.1進級

163

20.8.27 第一五二兵站病院転属	20.8.31	独歩第八一大隊 一九、二二八	東京都麻布区永坂町四五番地	同	上 父	松岡正吉	昭19	現衛一 20.5.10 17現衛 11.12	松岡清 大元.四.一	無
20.8.27 第一八八兵站病院転属	18.10.1	気球聯隊 一八、九、二〇	山梨県北巨摩郡長坂村小倉二五二四番地	山梨県甲府市穴切町九番地	父	丸茂肩好	昭16	二補衛 20.5.20 20.8.20 上等兵	丸茂義肩 大一〇.三.一〇	無
20.8.27 第一五一兵站病院転属	16.6	歩兵第一四九聯隊 一五、一二九	埼玉県入間郡南畑村大字久米一八一九番地	同	上 母	松田ヤナ	昭15	一補衛 20.1.1 8.20 兵長 伍	松田眞一 大八.一二.四	無
20.8.29 第一六一兵站病院転属	16.10.1	気球聯隊 一八、九、二〇	山梨県中巨摩郡南湖村西南湖四三四番地	同	上 祖母	松田きの	昭15	二補衛 20.4.1 20.8.20 兵長	松田健一 大九.一〇.三	無
20.8.29 第一九四兵站病院転属	18.6.14	気球聯隊 一八、六、一	神奈川県横浜市戸塚区川上町二四七一番地	同	上 父	増田清次	昭17	一補衛 20.6.1 兵長	増田三男 大一一.九.十六	無
20.8.29 第十五軍司令官ノ定ムル兵站病院転属	19.4.8	野戦重砲兵第八聯隊 一八、三、二一	埼玉県川口市大字横曽根字[illegible]一〇四五番地	同	上 叔父	宇田川萬之助	昭15	補衛 20.4.1 20.8.20 兵長	増田福蔵 大九.三.三	無
同右	16.1.6	歩兵第一四九聯隊 一五、一三九	東京都浅草区日本堤町一丁目一番地	東京都杉並区大宮前四丁目三九一番地	主人	里見安吉	昭15	一補衛 20.1.1 20.8.20 兵長	松島富雄 大九.六.十七	無
20.8.29 第一六[illegible]兵站病院転属	17.3.[illegible]	独歩第四三大隊 一七、四八	東京都荒川区尾久町三丁目六三三番地	同	上 父	松村栄次郎	昭16	現衛 17.[illegible] 現衛長 20.4.20	松村清治 大一〇.一.一	無

20.6.1 自殺　20.7.1 自殺　20.7.20 自殺

166

留守名簿

編入年月日	前所属及其編入年月日	本籍（在留地）	留守担当者 住所	続柄	氏名	徴集年／任官年	役種兵種官等級／俸給／発令年月日	氏名／生年月日	留守宅渡ノ有無	補修年月日	備考
18.10.1	気球聯隊 一八、九、二〇	山梨県東山梨郡神金村上萩原一二一九番地	同	上 父	丸山懐継	昭15	20.3.20 補衛長 伍 補衛士 20	丸山八郎 大八、一二、一五	無	20.4.5 進級	20.8.29 第一六六兵站病院転属
20.1.31	独歩第八一大隊 一九、一二、二八	東京都赤坂区新町三丁目一〇番地	同	上 父	政田清太郎	昭19	現衛一 20.5.18 伍 現衛十 18	政田清治 大一四、一〇、六	無	20.6.1 進級	20.8.29 第十三方面軍司令官ノ定ムル兵站病院転属
20.1.31	独歩第八一大隊 一九、一二、一八	埼玉県入間郡奥富村大字下奥富七六五番地	同	上 母	松本きち	昭19	現衛一 20.5.18 伍 現衛十 18	松本綾 大一三、六、二〇	無	20.6.1 進級	20.8.29 第一五四兵站病院転属
20.1.31	独歩第八一大隊 一九、一二、二六	東京都渋谷区穏田二丁目七〇番地	同	上 父	柵木達次郎	昭19	現衛一 20.6.18 伍 現衛十 18	柵木實（サキ） 大一四、一〇、一八	無	20.6.1 進級	20.8.29 第一五〇兵站病院転属
18.8.24		岐阜県武儀郡洞戸村菅谷一〇七番地ノ一二	同	上 父	松田卯吉		陸軍出仕 20.3.31 [illegible]	松田達 昭四、一〇、二〇	有	20.4.5 昇給	20.8.29 第一五三兵站病院転属
18.8.24		岐阜県武儀郡洞戸村菅谷一五二番戸	同	上 父	松田佐平		陸軍出仕 一四五〇 17.3.30	松田辰 大一五、一〇、四	有		20.3.28 依願解傭 マ

165

20.8.29午前五[illegible] 兵站病院結核	15.7.22	岩手縣二戸郡福岡町字横丁二四番地ノ一号	同	上 兄	松葉與三郎	自動車操縦者 20.8.20 [illegible]	松葉與助 大六.五.五	無	20.4.5昇給
20.8.29午前五[illegible] 兵站病院結核	15.6.17	廣島縣御調郡美郷村字本郷四三一六番地	同	上 兄	毎田勝次	自動車操縦者 [illegible]	毎田明 大三.九.二〇	無	20.4.5昇給
20.8.29午前一五三 兵站病院結核	15.12.5	兵庫縣多可郡西脇町上野村六番屋敷	同	上 兄	前田忠太郎	自動車操縦者 20.8.20 [illegible]	前田正次 明四二.五.二	無	20.4.5昇給 20.7.10昇給
20.8.29午前一五三 兵站病院結核	大.6.17	千葉縣印旛郡八街町七〇四番地	同	上 養父	松本逸信	教練係員 20.8.20 [illegible]	松本寅松 大三.一.二五	無	20.8.20昇給
20.8.29午前一六一 兵站病院結核	17.2.20	平安北道義州郡義州邑南門洞三〇丈番地	滿洲國哈爾濱市馬家溝巴陵街一四番地七	父	松澤亮明	通譯員 [illegible]	松澤武志 大九.一一.一四	無	20.4.5昇給 20.8.20昇給
20.8.27午前一五四 兵站病院結核	16.4.2	佐賀縣唐津市郭内東唐津三番地	同	上 父	松本與三郎	自動車操縦者 20.8.20 七四〇〇 [illegible]	松本政雄 大六.一〇.五	無	20.4.5昇給 20.8.20昇給
20.8.1午前一五四 兵站病院結核	16.4.2	秋田縣由利郡直根村下直根字逆川屋六番地	中華民國山西省太原市新民東街一号	妻	眞坂きみ	自動車操縦者 19.7.31 20.3.31 20.8.20 七六〇〇	眞坂吉三 大六.九.二〇	無	20.4.5昇給 20.8.20昇給
20.8.29午前一[illegible] 兵站病院結核	15.6.28	佐賀縣西松浦郡松浦村大字桃川五九三八番地	同	上 叔父	松尾市松	自動車操縦者 19.3.31 20.3.20 20.8.20 七六〇〇	松尾兼雄 大二.二.五	有	20.4.5昇給 20.8.20昇給

166

マ

留守名簿

編入年月日	前所屬及其編入年月日	本籍（在留地）	留守擔當者 住所	續柄	留守擔當者 氏名	徵集年 任官年	役種官等兵種官等竝ニ等給俸給月額發令年月日	氏名 生年月日	留守宅渡ノ有無	補修年月日
20.4.26		廣島縣高田郡三田村百四番屋敷	仝上	父	松本唯夫		電話手 四二〇〇 20.8.20 ~~三六五〇 20.4.26~~	松本千里 大四、四、四	有	
19.7.24		京都府京都市中京區壬生森町二一番地	中華民國北平市大安里之字	妻	升田みよ子		技術雇員 五〇〇〇 19.3.31	升田彌三吉 明四五、六、一	無	
20.6.3		鹿兒島縣揖宿郡喜入村前之濱七八六番地	同上	父	松元敏彰		臨時傭人 三六〇〇 20.6.2	松元弘子 大四、五、二	無	

20.8.29 第五 兵站病院へ 轉屬

鹿西所務中 20.8.29 第五一 兵站病院轉屬

20.8.29 第一六 大兵站病院 轉屬

167

留守名簿

編入年月日	前所属及其編入年月日	本籍（在留地）	留守擔當者 住所	續柄	氏名	徵集年	任官年	役種兵種官等級 等ニ等給 俸月給額 發令年月日	氏名 生年月日	留守宅渡ノ有無	補修年月日
15.3.23	[redacted]菊池部隊 一四、二、八	鹿児島縣鹿児島市吉野町九四一二番地	同	妻	宮元光子	昭11	昭13	現衛准 四20.3.1	宮元満雄 大五、九、一六	有	20.4.5官等
15.3.23	[redacted]菊池部隊 一四、二、八	熊本縣玉名郡玉名村大字玉名一〇二六番地	同	父	宮川一雄	昭11	昭13	現衛曹 四20.8.1	宮川正明 大五、三、二〇	有	20.8.1進級
17.6.24	歩兵第二五七聯隊 一七、五、二五	山梨縣南都留郡明見村大明見二二番地	同	妻	宮下よし子	昭8	昭13	豫備軍曹 二19.20.8.6.20.30 十20.6.31	宮下俊治 大二、二、四	有	20.6.30号級
17.3.1	天津陸軍病院 一七、五、四	福岡縣嘉穂郡稲築町大字鴨生二一三番地	上	父	三木律一	昭16	昭17	現衛伍 三20.8.1	三木将男 大一〇、七、二七	無	20.8.1進級
18.3.5	独歩第四二大隊 一五、一二、一三	埼玉縣児玉郡児玉町大字児玉一四七番地	埼玉縣児玉郡児玉町大字児玉一七二番地ノ一	文	宮崎才司	昭15	昭19	現衛伍 三20.8.20	宮崎長治 大九、六、一〇	無	
15.8.21	野戰重砲兵第八聯隊 一五、八、一	神奈川縣鎌倉市大町一一九七番地	神奈川縣鎌倉市大町一一一〇番地	父	三留金太郎	昭14	昭17	豫衛伍 19.3.1	三留正八 大八、三、五	無	

20.8.29才一六兵站病院転属

20.8.29才一四兵站病院転属

20.8.29才一二五兵站病院転属

20.8.29才十三軍司令官指定ノ兵站病院転属

20.8.29才一〇四兵站病院転属

20.6.4東北三農五司令部転属 三一

168

転属	年月日	部隊	本籍	住所	続柄	氏名	昭	階級	氏名・生年月日	有無	備考
20.6.4、朝鮮軍管区司令部ニ転属	15.9.6	歩兵第百五十七聯隊 一五八八一	千葉県夷隅郡瑞沢村佐貫 一五三二番地	同上	妻	宮崎たみ	昭11 昭19	豫衛伍 19.8.1	宮崎佐市 大五.二.六	有	
20.8.29 第六一五兵站病院転属	18.4.8	野戦重砲兵第八聯隊 一八三三二	東京都世田谷区烏山町五九二番地	同上	父	水野平吉	昭16 昭20	豫衛伍 20.5.1 二補衛長 17.10.15	水野献之助 大一〇.四.二	無	20.6.1 進級
20.5.29 第六一五兵站病院転属	16.1.6	歩兵第四九聯隊 一五一三九	東京都深川区福住町一丁目三番地ノ三	千葉県船橋市宮本町一一九二番地	父	宮崎方次	昭15 昭20	豫衛伍 20.3.1 一補衛長 17.9.1	宮崎啓太郎 大九.一.二〇	無	20.4.5 進級 20.6.1 現住
20.5.1 第六一五兵站病院転属	18.4.8	野戦重砲兵第八聯隊 一八三三	東京都神田区神保町三丁目一七番地ノ四	神奈川県鎌倉郡片瀬町三七四二番地	父	水城遠三	昭15 昭20	豫三衛伍 20.8.20 三補衛長 19.8.1	水城勲 大七.一〇.八	無	20.4.5 官等
20.5.29 第六一五兵站病院転属	20.1.31	独歩八一大隊 一九一二八	埼玉県大里郡本郷村大字山河二九六番地	同上	父	三橋丑之助	昭19	現衛一 20.5.18 現衛上 19.1.18	三橋節義 大一三.八.二一	無	20.6.1 進級
20.5.29 第六一五兵站病院転属	20.1.31	独歩八一大隊 一九一二八	東京都浅草区三筋町三丁目四一番地ノ一	栃木県芳賀郡大内村上大田和山ノ下 東京都浅草区 道一丁目三番地	母	三ケ原セイ	昭19	現衛一 20.5.18 現衛本 19.1.18	三ケ原都明 大一三.三.二六	無	20.6.1 現住の担当者
20.6.4、東北軍管区司令部転属	15.9.6	野戦重砲兵第八聯隊 一五八一	山梨県東八代郡鶯宿村六七七番地	神奈川県横須賀市神奈川区白幡南町八九番地	母	宮川きその	昭14 昭20	豫衛伍 20.3.1 一補衛長 19.8.1	宮川力 大七.一二.一〇	無	20.6.5 官等
20.5.30 独立第八大隊ニ転属	18.10.1	気球聯隊 一八九二七	長野県更級郡塩崎村二二番地	同上	妻	宮崎ちとせ	昭9	二補衛一 19.3.20	宮崎選 大三.三.二二	無	

169

留守名簿

編入年月日	前所属及其編入年月日	本籍（在留地）	留守擔當者住所	續柄	留守擔當者氏名	徵集任官年	役種兵種官等級俸月給額發令年月日	氏名 生年月日	留守宅渡ノ有無	留守補修年月日
17、3、1（20、8、29 才五一兵站病院轉属）	独歩第五大隊 一八、三、一	山梨縣南都留郡鳴澤村七九九番地、内一	同上	父	三浦金重	昭18	現 衛 長 20、6、1	三浦宗一 大一三、八、九	無	20.7.1 進級
18、5、20（20、8、29 才五二兵站病院轉属）	独歩第七八大隊 一八、五、一	神奈川縣高座郡茅ヶ崎町四七二番地	同上	父	三留德次郎	昭17	現 衛 上 20.8.20 兵長	三留芳雄 大二、三、三	無	
17、3、1（20、8、29 才一五一兵站病院轉属）	独歩第五大隊 一八、三、三	山梨縣南都留郡鳴澤村一八一六番地ノ一	同上	父	三浦安永	昭18	現 衛 上 20、4、30	三浦勝晴 大一二、六、七	無	20.5.3 進級
20、1、31（20、8、29 才十三軍司令官ノ定ムル兵站病院轉属）	独歩八一大隊 一九、二、八	東京都世田谷區深澤町二丁目四五番地ノ四	同上	父	三田松五郎	昭19	現 衛 一 20、5、18	三田猛夫 大一三、六、二	無	20.6.1 進級
19、4、6（20、6、2 依願解雇）		朝鮮慶尚北道大邱府鳳山町一六一	北京市外五區仁民路泰安里六號	妻	南光惠		事務雇員 五七〇〇 20、3、31	南榮治 大一〇、二、五	無	20.4.5 昇給
19、3、26（20、8、29 才一五一兵站病院轉属）		福岡市比惠本町八〇一番地	同上	兄	見上松雄		自動車操縦者 七五〇〇 20、8、20	見上一雄 大六、二、一五	有	20.4.1 昇給 20.8.10 昇給

三

170

20.8.27 ヲ一五三 兵站病院転属	15.3.23	北支那防疫部 西大二九	山形県東置賜郡糠野目村大字糠野目西大一番地	同	上村長	本間貞吉	技術雇員 [illegible] 20.8.20	宮城はつえ 明四二.八.三一	無
20.6.21 依願解傭	18.6.5		京都府京都市左京区高野清水町二九番地	京都府京都市左京区田中西樋町七二番地	父	宮本林蔵	学生 四三.〇〇 20.3.31 [illegible]	宮本恵子 大一三.一一.一五	有
20.8.29 ヲ一五四 兵站病院転属	16.4.2		秋田県由利郡川内村小川字男鹿内一〇番地	中華民国山西省太原市新民北街三八号	妻	三船敏子	自動車操縦者 [illegible] 20.8.20	三船伍郎大 大四.三.二九	無
20.2.20 解傭	18.2.1		朝鮮慶尚南道咸陽郡咸陽面白川里一三〇一番地	朝鮮慶尚南道馬山府壽町一〇〇番地	兄	南方賛作	調理手 四三.〇〇 19.9.30	南方温平 大九.七.二五	無

20.4.5 号発 20.8.10 号発 (本間); 20.4.5 号発 (宮本); 20.4.5 号発 20.8.10 号発 (三船)

171

留守名簿

（欄外記入）	20.8.29 才五一号 病院転属	20.8.29 才一五一 兵站病院転属	20.5.30 鉄道才 入隊後転属	20.5.31 鉄道才 入隊後転属	20.8.29 才一五一兵 站病院転属	20.8.29 才一五一軍司令官ノ定ムル 兵站病院 転属
編入年月日	18.10.1	18.5.20	18.5.21	18.10.1	18.10.1	18.10.1
前所属及其編入年月日	氣球聯隊 一八、九、二〇	独歩第七八 大隊 一八、二、一	独歩第七八 大隊 一八、二、一	氣球聯隊 一八、九、二〇	氣球聯隊 一八、九、二〇	氣球聯隊 一八、九、二〇
本籍（在留地）	山梨縣中巨摩郡稲積村成島八四七番地	千葉縣印旛郡公津村下方五七四番地	千葉縣千葉郡津田沼町久々田六八番地	山梨縣南都留郡明見村小明見一五八八番地	山梨縣西山梨郡住吉村上一五九一番地	山梨縣東山梨郡中牧村第一四八番戸
留守擔當者 住所	同上	千葉縣印旛郡公津村宗吾四七五番地ノ二	同上	同上	同上	同上
續柄	兄	父	父	父	母	父
氏名	宮澤正義	宮本一郎	三代川万次郎	宮下謹吾	宮田ます	三島春晴
徵集任官年	昭15	昭17	昭17	昭15	昭15	昭15
役種兵種官等級竝ニ等給俸月額發令年月日	二補衛廿上 20.8.20	現衛上 20.8.1 現衛十 18.8.1	現衛一 18.8.1	二補衛一 19.3.20	二補衛廿上 19.3.20 20.5.20	二補衛廿上 19.3.20 20.8.20
氏名 生年月日	宮澤富岳 大九、三、三	宮本武 大一〇、一二、一〇	三代川正次 大二、九、二五	宮下源蔵 大九、九、六	宮田高吉 大九、六、九	三島重武 大九、二、一〇
留守宅渡ノ有無	無	無	無	無	無	無
補修年月日		20.8.1 追仮				

172

20.8.29 第一六六号 兵站病院転属	20.8.29 第一四〇 兵站病院転属	20.8.29 第一九四号 兵站病院転属	20.8.29 第一五四 兵站病院転属	20.8.29 第十三軍司令官ノ定ムル兵站病院転属	20.8.29 第一五二 兵站病院転属	20.8.29 第一五一号 兵站病院転属	20.8.29 第十三軍司令官ノ定ムル兵站病院転属
18.10.1	18.10.1	18.9.6	17.6.24	18.4.1	19.3.1	18.6.14	17.6.24
氣球聯隊 一八七四〇	氣球聯隊 一八九二〇	歩兵第一五七聯隊 一五.八.一	歩兵第一五七聯隊 一三七.五五	氣球聯隊 八.九.二〇	独歩第五大隊 二八.一三.一二	氣球聯隊 一八.六.一	歩兵一五七聯隊 一三七.五五
福島県石城郡田人村大字旅人字熊ノ倉三二番地ノ一	山梨県北巨摩郡穂坂村長久保三五番地	千葉県海上郡船木村中島四二〇番地	埼玉県入間郡吾野村坂元六三八番地ノ口	山梨県北都留郡初狩村下初狩三八六番地	山梨県東山梨郡日川村上栗原九五七番地	神奈川県横浜市保土ヶ谷区帷子町二丁目五一番地	東京都蒲田区北糀谷一三一番地
同 上	同 上	同 上	同 上	同 上	同 上	神奈川県中郡二宮町梅澤七七八番地	静岡県小笠郡大湖村上本所一一三九番地
妻	父	父	父	母	母	叔父	義兄
緑川トミ	三浦朝次郎	宮内巳之助	宮下常次郎	宮崎さん	宮澤やす	西山榮造	落合政雄
昭10	昭15	昭11	昭12	昭16	昭18	昭17	昭14
二國衛上 20.5 伍國衛 20.8	二補衛廿上 20.8.20 伍	二補衛 20 長伍 20	一補衛長 20.6.1 補衛十	二補衛上 20.5.1 補衛十	現衛長 20.6.12 現衛上	一補衛長 20	予衛長 20.6.1 伴衛十
緑川恭貫	三浦健藏	宮内庄司	宮下理一	宮崎治吉	宮澤幸	宮田宏	宮崎春芳
大四.八.一二	大五.二.一七	大五.三.一二	大六.三.二	大一〇.八.六	大一三.三.三	大一二.九.一八	大六.二.二〇
無	無	無	無	無	無	無	無
			2471出級	2461出級			247.1出級

173

留守名簿

記事	編入年月日	前所属及其編入年月日	本籍（在留地）	留守担当者住所	続柄	留守担当者氏名	徴集年	任官年	役種兵種官等級俸給額発令年月日	氏名生年月日	留守宅渡ノ有無	補修年月日
20.8.29 才一五二兵站病院ニ転属	16.12.22	歩兵第七九聯隊 一六.六.三〇	岡山県上房郡上有漢村九五〇一番地		父	村田奈太郎	〃	昭16	現医少佐 20.6.10 現主計大尉 18.9.30	村田英太郎 大六.一.二	有	20.7.1 官等
20.8.29 才一五一兵站病院ニ転属	15.3.23	[redacted] 一四.二.八	京都府船井郡檜山村和田大下一二番地	同上	父	村井己之助	昭10	昭14	現衛准 四.20.3.1 現衛曹 16.4.1	村井庫太郎 大四.一二.八	有	20.4.5 官等
20.8.29 才一二三軍司令官ノ定ムル兵站病院ニ転属	15.3.23	[redacted] 一三.八.二	山口県玖珂郡由宇町四七七一番地	同上	父	村田實	昭11	昭13	現衛准 四.20.3.1 現衛曹 16.10.30	村田蒸 大五.九.二一	有	20.4.5 官等
同右	15.9.6	野戦重砲兵第三聯隊 一五.八.一	埼玉県北足立郡蕨町大字蕨二三番地	同上	養父	村松茂平	昭14	昭17	予衛軍 一九.一二.三一	村松義雄 大八.一〇.二三	無	
同右	17.2.27	国府台陸軍病院 一七.一.一八	東京都麹町区麹町二丁目三番地ノ二	群馬県佐波郡豊受村馬見塚	父	村上義博	昭12	昭19	予衛軍 三.20.8.1 予衛伍 19.8.1	村上幸彦 大六.三.二	無	20.8.1 進級
20.8.29 才一九八兵站病院ニ転属 ム	17.3.1	張家口陸軍病院 一七.五.一〇	新潟県柏崎市岬町四五二番地	同上	父	村山源太郎	昭17	昭19	予衛軍曹 三.20.8.1 予衛伍 19.11.3	村山精知 大五.六.二五	無	20.8.1 進級

174

20.8.29 第一五四兵站病院転属	17.6.24	歩兵第一五七聯隊 一七、五、二五	山梨県中巨摩郡今諏訪村字下今諏訪四七七番地	同上	父	向山孝一	昭17 昭17	予衛伍 二、20.8.20	向山孝文 大六、二、一〇	無	
20.8.29 第一八八兵站病院転属	17.2.27	国府台陸軍病院 一六、一〇、二〇	東京都世田谷区豊町三丁目二二二番地	東京都世田谷区玉川奥沢町一丁目四二番地 同上	父	宗田新一郎	昭15 昭19	予衛伍 19.3.1	宗田盛一郎 大九、六、一〇	無	20.5.3 現役
20.8.29 第一九八兵站病院転属	18.10.1	気球聯隊 一八、九、二〇	石川県金沢市長町河岸二一番地	同上	父	村田作次郎	昭16	二補衛長 補衛上	村田清 大一〇、六、一八	無	
20.8.29 第一六七兵站病院転属	20.1.31	独歩第八一大隊 一九、一二、一八	東京都渋谷区代々木深町一六六番地	同上	父	杉野彌三郎	昭19	現衛一 19.11.18 現衛一 20.6.18	杉野武彦 大一四、九、八	無	20.1.1 進級
20.8.29 第一九四兵站病院転属	16.1.6	歩兵第四九聯隊 一五、一二、九	千葉県印旛郡永治村和泉五八四番地	同上	父	武藤栄太郎	昭15	一補衛長 20	武藤信夫 大九、五、二二	無	
20.8.29 第一九四兵站病院転属	17.6.24	歩兵第一五七聯隊 一七、五、二九	東京都西多摩郡東秋留村二宮二二四一番地	同上	父	村上万次郎	昭15	二補衛長 20.8.20	村上弟夫 大九、七、二四	無	
20.8.29 第一九四兵站病院転属	17.10.1	気球聯隊 一八、九、二〇	福島県信夫郡松川町字中町六一番地	東京都江戸川区東船堀町四〇六番地	妻	村上フミ	昭10	二国衛上 20.8.20	村上功二 大四、三、二五	無	
20.8.29 第一八八兵站病院転属	18.6.14	気球聯隊 一八、六、	神奈川県横浜市神奈川区反町一二七番地	同上	母	岡田ヤス (武藤ヤス)	昭17	二衛伍 20.6.1 二補衛長	村田良二 大一一、三、三〇	無	20.7.1 進級

175

ム

20.8.29 第一六五兵站病院転属

20.7.? 第一五一号兵站病院転属

20.8.29 第一六五兵站病院転属

留守名簿

編入年月日	20.1.31	19.6.17	15.3.23
前所属及其編入年月日	独歩第八大隊 一九、二、二八		北支那防疫部 一四、三、一
本籍（在留地）	東京都豊島区巣鴨町三ノ目二番地	愛媛県越智郡伯方町大字木浦甲三三九二番地	北海道上川郡鷹栖村字近文十線五号一番地
留守擔當者 住所	東京都王子区十條仲原三丁目一番地ノ一〇	同上	北支済南市三大馬路緯九路仁熊宿舎
留守擔當者 續柄	父	父	母
留守擔當者 氏名	宗方房信	村上喜八	武藤クラ
徴集年 任官年	昭19		
役種兵種官等級竝ニ等級俸月給額發令年月日	現衛廿一 20.1.18 少尉	打字手 20.8.10 [illegible] 131	技術雇員 [illegible] 303
氏名	宗方房夫	村上當子	武藤惣太
生年月日	大一四、三、一七	昭三、三、一〇	明三五、九、一〇
留守宅渡ノ有無	無	有	無
留守補修年月日	20.6.1 進級	20.4.5 昇給 20.8.20 昇給	20.4.5 昇給 20.8.20 昇給

176

メ

20.7.29 第十三軍司令官ヨリ指定セル兵站病院ニ配属

留守名簿

編入年月日	19.3.1
前所屬及其編入年月日	張家口陸軍病院 一七.五.一〇
本籍（在留地）	福島縣南會津郡伊北村大字只見字沖四五〇番地
留守擔當者 住所	同
留守擔當者 續柄	父
留守擔當者 氏名	目黒十代次
徵集年	昭16
任官年	昭19
役種兵種官等並ニ等級俸給月額發令年月日	衞生伍長 二〇.八.一 / 一九.三.一
氏名 生年月日	目黒芳美 大一〇.八.一七
留守宅渡ノ有無	無
留守補修年月日	20.8.1 目黒

177

留守名簿

備考	編入年月日	前所属及其編入年月日	本籍（在留地）	留守担当者 住所	続柄	留守担当者 氏名	徴集年	任官年	役種兵種官等並ニ等級俸月給額発令年月日	氏名 生年月日	留守宅渡ノ有無	留守補修年月日
20.6.4 西部（軍管区司令部転属）	13.3.23	[redacted] 一三、七、三〇	熊本縣上益城郡六嘉村大字北甘木一〇五七番地	同上	母	森田登代	昭10	昭12	現 衛准 四 17.12.1	森田義人 大、四、九、二	有	
20.8.29 第一六六兵站病院転属	15.3.23	[redacted]部隊 一四、三、八	奈良縣吉野郡大塔村大字中峯一四〇番地	同上	母	森岡りく	昭11	昭14	現 衛曹 四 20.3.1 19.12.31	森岡正行 大五、七、二七	有	20.4.5 官等
20.6.4 東海軍管区司令部転属	15.9.6	歩兵第一四九聯隊 一五、八、一五	神奈川縣横濱市磯子區磯子町字廣地一六五番地	同上	父	森岡清蔵	昭9	昭17	予 衛軍 二 17.12.31	森岡清 大六、一、六	無	
20.8.29 第一九四兵站病院転属	19.3.1	九州陸軍病院 一七、四、二九	鹿児島縣姶良郡重富村脇元一八四六番地	同上	父	森 勇太郎	昭16	昭19	現 衛伍軍 三 20.8.1 19.3.1	森 益雄	無	20.8.1 進級
20.8.29 第一七五兵站病院転属	18.10.1	氣球聯隊 一八、九、二〇	東京都本所區緑町一丁目二番地ノ二	同上	父	森田利吉	昭11		補 衛上長 二 20.6.1	森田忠平 大五、八、二五	無	20.7.1 進級
同右	20.1.31	独歩第八一大隊 一九、二、一八	千葉縣長生郡豊岡村栗生町三ッ五八番地	同上	父	森川留吉	昭19		現 衛生一 20.5.18 19.11.18	森川榮 大四、八、二五	無	20.6.1 進級

モ

178

20、8、29ヲ一八八兵站病院転属	15、9、6	野戦重砲兵第一八聯隊 一五、八、一	神奈川県中郡西秦野村渋澤二二二番地	同	上	父	諸星九藏	昭14	二補衛長 20、8、20	諸星直吉 大八、一一、一七	無	
20、8、29ヲ一九四兵站病院転属	17、6、24	歩兵第一五七聯隊 一七、四、二五	東京都瀧ノ川区西ヶ原町一八二番地	同	上	父	森勝太郎	昭16	一補衛長 19、2、1 20、1	森嘉勝 大一〇、九、三	無	
20、8、29ヲ一五四兵站病院転属	18、10、1	気球聯隊 一八、九、四	宮城県伊具郡藤尾村藤田渕内六一番地	同	上	父	森愛三郎	昭10	二国衛上 19、3、8 20、1	森厚 大四、八、二	無	
20、8、29ヲ一五一兵站病院ニ転属	20、1、31	独歩八一大隊 一九、一二、八	東京都足立区興野町六七八番地	同	上	父	森泉欽一郎	昭19	現衛士一 19、11、18 20、5、18	森泉孝信 大一三、一三、三	無	20、6、1進級
20、8、29ヲ士軍司令官ノ定ムル兵站病院転属	20、1、31	独歩八一大隊 一九、一二、八	東京都浅草区石濱町二丁目一七番地四	同 東京都葛飾区堀切町東四丁目五班十五組	上	父	師岡喜九郎	昭19	現衛士一 19、11、18 20、5、18	師岡正一 大一三、八、一六	無	20、5、31現在 20、6、1進級
20、8、29ヲ一六五兵站病院転属	20、1、31	独歩第八一大隊 一九、一二、八	山梨県甲府市千塚町一九九七番地ノ三	同	上	母	森澤ヤス	昭19	現衛士一 19、11、18 20、5、18	森澤秀雄 大四、一一、二九	無	20、6、1進級
20、8、29ヲ一九四兵站病院転属	20、1、31	独歩第八一大隊 一九、一二、八	埼玉県南埼玉郡大山村大字下大崎一四九八番地	同	上	父	本澤庄五郎	昭19	現衛士一 19、11、18 20、5、18	本澤博文 大一三、九、三〇	無	20、6、1進級
20、8、29ヲ一五一兵站病院転属	20、1、31	独歩第八一大隊 一九、一二、八	千葉県長生郡一松村一丁六八七番地	同	上	父	諸岡安三郎	昭19	現衛士一 19、11、18 20、5、18	諸岡義雄 大一四、八、一七	無	20、6、1進級

179

モ

20.8.29 第五三兵站病院転属 / 20.8.29 第五二兵站病院転属 / 20.6.30 鉄道第八聯隊転属 / 20.8.29 第五二兵站病院転属 / 20.8.29 第十三軍司令官ノ定ムル兵站病院転属

留守名簿

編入年月日	前所属及其編入年月日	本籍（在留地）	留守擔當者 住所	留守擔當者 續柄	留守擔當者 氏名	徵集年 任官年	役種兵種官等竝ニ等級俸給月額發令年月日	氏名 生年月日	留守宅渡ノ有無	補修年月日
20、1、31	独歩第八一大隊 一九、一二、一八	埼玉県北企郡小川町大字小川八七五番地	同上	父	森澤次郎	昭19	現 衛卒 一 20、5、18 作 作 作	森延次 大一三、三、二八	無	20.6.1進級
20、1、31	独歩第八一大隊 一九、一二、一八	東京都麻布区笄町一二九番地	同上	父	望月忠一郎	昭19	現 衛卒 一 20、5、18 作 作 作	望月光 大四、六、二七	無	20.6.1進級
18、10、1	気球聯隊 一八、九、二〇	山梨県南巨摩郡五開村十谷二八〇二番地	同上	父	望月恒次郎	昭16	二補衛一 19、3、20	望日周一 大五、一、二七	無	
17、5、14		京都府京都市左京区岡崎東勝寺町二番地	京都府京都市伏見区深草秋川町二二番地	母	森静子	昭17	技術雇員 20、8、20 [illegible]	森登 大二、二、三	有	20.4.5 [illegible] 20.8.10 [illegible] 20.8.20 [illegible]
19、6、10		秋田県秋田郡昭和町飯田川飯塚字飯塚五七番地	同上	叔父	門間慶吉		自動車操縦者 20、8、20 [illegible]	門間耕治 大六、一三、二	無	20.4.5 [illegible] 20.8.20 〃

180

ヤ

留守名簿

備考	編入年月日	前所屬及其編入年月日	本籍（在留地）	留守擔當者 住所	續柄	留守擔當者 氏名	徵集年	任官年	役種兵種官等並ニ等級俸給月額 發令年月日	氏名	生年月日	留守宅渡ノ有無	補修年月日
20.6.2 第二野戦通司令部転属	17.9.19	山砲兵第二五聯隊 一六、七、二八	和歌山縣那賀郡西貴志村大字岸宮一〇五九番地	同上	父	山野善之進		昭14	現主少佐 20.1.31	山野武夫	大三、六、六	有	20.4.5
20.8.29 第一六五兵站病院転属	16.12.20	歩兵第七八聯隊 一六、一〇、一〇	福岡縣築上郡西吉富村大字尻高二九七番地	朝鮮京城府敦岩町二五〇番地	妻	矢野スガ子		昭16	豫医中尉 18.1.31	矢野真澄	大四、五、一七	有	
20.8.29 第一五二兵站病院転属	18.8.25	第三六師團野戦病院 一八、六、二〇	富山縣富山市牛島一三〇六番地	同上	父	柳田俊碩		昭14	昭16 豫薬中尉 19.9.20	柳田紀孝	大六、二、一三	有	
20.8.29 第五十軍司令部兵站病院転属	18.11.30	独立歩兵第八六大隊 一八、三、一八	新潟縣古志郡十日町村大字庄田八三五番地	同上	妻	矢尾板昌子	昭11	昭19	豫医少尉 19.11.15	矢尾板正典	大一、一二、一三	有	
20.8.19 現地召集解除	19.4.12	独立歩兵第五九旅団速射砲中隊 一九、三、一四	新潟縣新潟市田中町五一七九番地	北京市内四區宮門口東分山二四號	妻	山添絹	昭7		豫衛生少尉 20.7.10	山添三郎	明四一、一〇、一〇	無	20.7.1
20.3.10 独混第一旅団司令部転属	19.11.30	高射砲第一三二聯隊 一八、一二、一	佐賀縣藤津郡能古見村大字三河内戌四三二番地	東京都世田ケ谷區深澤町一丁目三四二五番地	父	山上吾源	昭18		現経見士 19.2.1	山上貞	大一一、五、二二	無	

181

20.8.29 分千軍司令部定ル兵站病院転属	18.10.1	気球聯隊 一六、九、二〇	石川県江沼郡山代町字山代一七、一五九番地ノ二	同上	父	山本源之助	昭16	二補衛卆 20.6.20	山本千鳥	無	
20.8.10 北支那特別警備隊転属	17.6.24	歩兵第一五七	千葉県香取郡佐原町佐原イ一九〇二番地	同上	兄	山中子之助	昭12 昭20	衛長伍 20.6.1	山中芳松 大六、六、五	無	20.7.1進級
20.8.29 分一六一 兵站病院転属	18.4.8	野戦重砲兵第八聯隊 一八、三、二一	千葉県君津郡小櫃村賀恵渕四八八番地	同上	父	山田豊次		予衛伍長 三20.8.20	山田衛 大一〇、一〇、二三	無	
20.8.29 分九四 兵站病院転属	18.10.1	気球聯隊 一八、九、二〇	東京都浅草区三筋町二丁目六番地ノ一四	同上 / 新潟県新潟市東堀前通十番町二七八九 佐藤信方	父 / 母	矢橋猛 / 矢橋もとよ	昭11	二補衛卆上 20.6.20	矢橋綏弘 大五、八、二八	無	
20.8.29 分一五五 兵站病院転属	15.9.6	歩兵第一五七聯隊 一五、八、一	千葉県印旛郡八生村松崎二五九番地	同上	父	山田安蔵	昭11	衛長伍 20.8.20	山田正一 大五、一、二九	無	
20.8.29 分一五五 兵站病院転属	18.10.1	気球聯隊 一八、九、二〇	東京都小石川区諏訪町五三	東京都小石川区江戸川町 猪川進一方	母	山谷トハ	昭11	二補衛卆上 20.6.20	山谷義次 大五、七、二五	無	20.7.1現住
20.8.29 分一五三 兵站病院転属	19.1.6	歩兵第一四九聯隊 一五、二、九	神奈川県横浜市中区野毛町三丁目一四〇番地	神奈川県横浜市神奈川区栄町一丁目八番地	父 / 兄	八木儀平 / 八木一郎	昭15 昭19	予衛伍 軍曹 三20.8.20	八木桂次郎 大九、一、二	無	20.5.30担
20.8.29 分一六五 兵站病院転属	19.1.6	歩兵第一四九	山梨県甲府市伊勢町二六五三番地	同上	母	山田ひでよ	昭15	予衛伍 軍曹 三20.8.20	山田國雄 大九、五、二	無	

182

ヤ

留守名簿

（備考）	20.6.4西部軍管区司令部転属	20.6.4独歩輸送司令部転属	20.8.29第一五五兵站病院転属	20.8.29第一五三兵站病院転属	20.8.29第一五三兵站病院転属	20.8.29第一五一兵站病院転属
編入年月日	18.9.6	18.9.6	16.1.6	17.6.24	17.6.24	18.9.6
前所属及其編入年月日	野戦重砲兵第一七聯隊 一五、八、一	歩兵第一四九聯隊 一五、八、一	歩兵第四九聯隊 一五、一二、九	歩兵第一五七聯隊 一七、五、二五	歩兵第一五七聯隊 一七、五、二五	歩兵第一五七聯隊 一五、八、一
本籍（在留地）	東京都豊島区十早町二丁目二七番 世、一	神奈川県鎌倉市扇ヶ谷一三八	千葉県安房郡鴨川町貝渚二八〇番地ノ第三号	東京都京橋区新川二丁目一番地ノ一	神奈川県横濱市鶴見区下末吉町一〇三四番地	千葉県夷隅郡西畑村田代三〇七番地
留守担当者 住所	同上	同上	同上	東京都深川区[illegible] 姫路市東同心町	千葉県[illegible] 永石喜久郎方	同上
続柄	父	母	父	妹 知人	妻	兄
氏名	久成三郎	山村イク	山下清吉	山本敏 岩瀬金吉	山崎チヱ	山田玄蕃
徴集年	昭14	昭14	昭15	昭12	昭9	昭11
任官年	昭19	昭19	昭19	昭19	昭19	
役種兵種官等級俸給発令年月日	豫衛伍 19.8.1	豫衛伍 19.3.1	豫衛伍 軍曹 三 20.8.20	豫衛伍 軍曹 三 20.8.20	豫衛伍 軍曹 三 20.8.20	補衛長 一 20.8.20
氏名 生年月日	保永貞夫 大八、一〇、二二	山村直次 大八、五、一〇	山下敏雄 大九、一、二七	山本正夫 明四四、二、一〇	山崎平司 大三、一一、一二	山田宗平 大五、九、一五
留守宅渡ノ有無	無	無	無	無	無	無
補修年月日				20.6.1現住抹消	20.5.30現住	

183

20.8.29 第五八号 站病院転房	18.10.1	氣球聯隊 一八、九、二〇	山梨縣北巨摩郡大草村上條東割七〇六番地	同	上 兄	矢崎直	昭15		一、補衛 廿上 20.8.20	矢崎金三 大八、二、二	無	
20.8.29 第五一号 站病院転房	18.5.20	独立歩兵第一八大隊 一八、三、一	神奈川縣川崎市?田町四丁目一〇番地	同	上 母	山下はつの	昭17		20.3.1 現衛長伍	山下満 大一一、一、一六	無	
20.8.29 第五二号 站病院転房	18.5.20	独立歩兵第七八大隊 一八、三、一	埼玉縣比企郡大岡村大字岡?二五番地	東京都荒川區日暮里七丁目三八五番地	母	柳タイ	昭17		20.3.1 現衛長伍	柳福次 大一二、一〇、三	無	20.4.5 官等
20.8.29 第五一号 站病院転房	18.10.1	氣球聯 一八、九、二〇	長野縣小縣郡神川村大字國分一七六八番地	同	上 父	山邊冬三郎	昭13		二 補衛上長 20.6.1	山邊恭弘 大七、一、二九	20 無	20.7.1 進級
20.8.29 第五二号 病院転房	15.3.23	菊池部隊 一四、二、八	三重縣飯南郡粥見町大字粥見三〇九五番地	同	上 父	山本吉次郎	昭11	昭14	四 現衛曹准 20.3.1	山本佳生 大五、六、一	有	20.4.5 官等
20.8.29 第一九四号 站病院転房	17.8.10	北支那獣医部下士官候補者隊 一六、一、三一	山口縣熊毛郡麻郷村大字麻郷二八〇九番地	同	上 父	矢村謙亮	昭12	昭14	二 現主曹 13.12.31	矢村豊也 大八、六、二二	有	
20.8.29 第一二軍司令定兵站病院転房	15.3.23	菊池部隊 一四、二、八	京都府綴喜郡都ケ城村大字上奈良小字奈良里三九番地	同	上 父	安野市之助	昭11	昭14	四 現衛曹准 20.8.1	安野平次 大五、一〇、二八	有	20.8.1 進級
20.8.29 第五一号 站病院転房	15.1.6	歩兵第一四九聯隊 一五、一、一九	埼玉縣川越市大字川越一五四三番地	同	上 父	山田正明	昭15	昭15	二次 豫備軍	山田正治 大九、一、一四	無	

184

留守名簿

附記	編入年月日	前所屬及其編入年月日	本籍（在留地）	留守擔當者住所	續柄	留守擔當者氏名	徵集年	任官年	役種兵種官等級・等級俸給月額・發令年月日	氏名・生年月日	留守宅渡ノ有無	補修年月日
20.8.29 第一六五号 於病院転属	16.12.8	天津陸軍病院 一五、三、七	静岡縣富士郡吉永村間門台一八〇番地	同上	父	山本久作	昭14	昭16	現衛軍曹 中20.3.1 十20.10.31 三20.6.30	山本爲住 大八、五、一〇	無	20.4.5 資等 20.6.30 〃
20.8.29 第十二軍司令官ノ定ムル兵站病院転属	17.2.27	國府台陸軍病院 一七、一、一八	東京都澁谷區幡ヶ谷町五番地	同上	父	山本皓一	昭12	昭19	豫衛軍曹 三20.8.1 19.3.1	山本榮一 大六、五、二八	無	20.8.1 進級
20.8.29 第一五一号 於病院転属	17.3.1	独立歩兵第五大隊 一八、一〇、三	山梨縣甲府市新青沼町三三番地	同上	父	八巻源次郎	昭18		現衛生長 20.6.1 19.12.1	八巻善次 大一三、七、二〇	無	20.7.1 進級
20.8.29 第一九四号 於病院転属	20.1.31	独歩第八一大隊 一九、一二、一八	東京都江戸川區松本町一七九番地	千葉縣市川市市川五丁目二五六番地	父	矢高鶴吉	昭19		現衛生一 20.5.18 19.12.18	矢高新藏 大一三、七、一	無	20.6.1 進級
20.8.29 第一八八号 於病院転属	20.1.31	独歩第八一大隊 一九、一二、一八	山梨縣甲府市宮光寺町一八五九番地	同上	父	山下角太郎	昭19		現衛生一 20.5.18 19.11.18	山下遂 大一四、六、二五	無	20.6.1 進級
20.8.29 第一八八号 於病院転属	20.1.31	独歩第八一大隊 一九、一二、一八	東京都本郷區駒込東片町四一番地	東京都世田ヶ谷區羽根木町一七二九番地岸川方	母	山口あさ	昭19		現衛生一 20.6.18 19.11.18	山口宗秋 大一四、三、一五	無	20.6.1 進級

ヤ

185

20.8.29 第一五四兵站病院死亡	18.3.1	歩兵第二〇一聯隊 一七、三、一	神奈川県足柄上郡中井村松本一〇二三番地	同 上	父	山口丑五郎	昭16	現 衛生兵長 20.8.20	山口高昇	大一〇、九、一一	無
20.5.29 第十三軍司令官定位兵站病院死亡	20.1.31	独歩第八一大隊 一九、一一、一八	東京都足立区梅田町一五三番地	同 上	父	安田豊次郎	昭19	現 衛生一 20.5.18 18.11.11	安田環蔵	大一四、一一、一九	無
20.8.29 第一五四兵站病院死亡	19.9.6	横須賀重砲兵聯隊 一五、八、一	東京都浅草区田中町三丁目五番地	東京都足立区柳原町二丁目二四五番地	養父	渡邊岸次郎	昭14	二補 衛生兵長 20.8.20	山田政幸	大八、七、七	無
20.8.30 鉄道第八聯隊死亡	16.1.6	歩兵第一四九聯隊 一五、一二、九	東京都南多摩郡横山村散田五四四番地	同 上	養父	山崎要一	昭15	一補 衛生兵長 18.12.9	山崎富太郎	大九、九、一	無
20.8.29 第八〇七兵站病院死亡	18.10.1	気球聯隊 一八、九、二〇	富山県射水郡櫛田村字串田四七六七番地	同 上	妻	山崎きみ	昭6	二補 衛生上 20.8.20	山崎長太郎	明四四、四、二四	無
20.6.4 朝鮮軍管区司令部死亡	18.9.6	歩兵第一五七聯隊 一五、八、一	千葉県印旛郡成田町成田一一二一番地	同 上	養父	山田貞治郎	昭11	二補 衛生伍長 20.3.1	山田正秋	大四、一二、一三	無
20.8.29 第一五二兵站病院死亡	16.1.6	歩兵第一四九聯隊 一五、一二、九	神奈川県横浜市中区千歳町一丁目一二番地	神奈川県川崎市南町七〇番地	父	山口鶴松	昭15	一補 衛生兵長 20.8.20	山口精一郎	大九、一〇、二二	無
19.3.23 依願解傭	18.10.26		香川県高松市宮脇町六五九番地ノ第三	香川県小豆郡西原村	父	山澤庄太郎		技術傭人 三七五〇 19.9.30	山澤明子	大三、八、二七	無

Remarks: 20.4.5 官等 (山田正秋); 20.6.1 進級 (安田環蔵)

186

留守名簿

ヤ

上欄記事	編入年月日	前所属及其編入年月日	本籍（在留地）	留守担当者住所	続柄	留守担当者氏名	徴集年・任官年	役種兵種官等級俸給発令年月日	氏名・生年月日	留守宅渡有無	給与年月日
20、8、20、解雇	18、3、23	菊池部隊 一四、六、三〇	朝鮮全羅北道完州郡上関面新里八三番地	朝鮮全羅北道全州府大和町一九六番地	義兄	豊村利吉		調理指導員 20.3.31	山住崇錫 大、五、一、二	~~20.4.5 昇給~~ 無	20.4.5 昇給
20、8、27 第一五五兵站病院転属	17、11、25		北海道樺戸郡新十津川村字上徳富一七五番地ノ一	同	父	山田文助		技術雇員 20.8.20	山田政吉 大五、二、五	~~20.4.5 昇給~~ ~~20.8.20~~ 有	20.4.5 昇給 20.8.20 〃
20、8、29 第十二軍司令官ノ定ムル兵站病院転属	17、12、22		朝鮮咸鏡南道徳源郡府内面石峴里七七番地	朝鮮咸鏡南道徳源郡赤田面仲坪里	父	安田炳黄		通訳（傭人） 20.8.20	安田鳳淳 大三、三、二二	無	20.4.5 昇給 20.8.20 〃
20、8、29 第一五四兵站病院転属	18、3、23		東京都板橋区板橋町八丁目五五一番地	同	母	矢吹のぶ		自動車運転手 傭人 20.8.20	矢吹英一 明四三、一二、三	~~20.4.1 昇給~~ 有	20.4.5 昇給 20.8.20 昇給
20、6、29 第一五三兵站病院転属	18、3、23	菊池部隊 一四、六、八	長崎県長崎市稲佐町二丁目一一〇番地	天津特別市第三区黄緯路七一號	養父	山下三吉		陸軍傭人 業務手 五、20、7、31	山下繁市 大三、一二、二	~~20.4.1 昇給~~ 無	20.4.5 昇給 20.7.31 〃
20、5、30、鉄道第 大隊転属	20、1、31	独歩第八一大隊 19、11、15	東京都麻布区谷町六二番地	同	父	柳詰太一	昭19	現役 衛生一 20、5、18	柳詰一太郎 大一四、六、二六	~~20.6.1 進級~~ 無	20.6.1 進級

187

20.8.20 解除

20.3.2

朝鮮平北龜川郡東下面古亭洞三二九番地

中華民國河南省商邱城內民康街四八番地

兄 安田良太郎

華生

三三.〇.〇
21.3.2

安田國雄

昭三.一三.八

無

188

エ

留守名簿

留守名簿	1	2	3	4
（欄外）	20.6.29 ネ一五二 兵站病院転属	20.8.29 ネ九四 兵站病院転属	20.8.20 解雇	20.8.29 ネ五一兵站病院転属
編入年月日	19.8.18	16.1.6	15.3.23	20.6.22
前所属及其編入年月日	電信第七聯隊 一七、一〇、二一	歩兵第一四九聯隊 一五、一二、九	菊池部隊 一四、七、四	独立歩兵第七二大隊 一九、九、九
本籍（住留地）	三重縣飯南郡柿野町大字横町七一一番地	千葉縣千葉市神明町一八六番地	朝鮮平安南道江西郡雙龍面林城里五三一番地	島根縣那賀郡今福村大字今福六七九ノ一
留守擔當者 住所	同	同	滿洲國奉天市欽島區康泰街一五一番地ノ四四	同
續柄	兄	兄	父	父
氏名	池田親一	湯淺毅	結城宗男	湯淺德
任官年	昭16	昭15		昭17
役種兵種官等級俸給月額發令年月日	現医大尉 三 17.12.1	一補衛長 中尉 20.8.20	技術雇員 五八〇〇 五九〇〇 19.3.30 20.3.31	現主大尉 三 20.6.10
氏名 生年月日	池田惺生 大七、七、八	湯淺潔 大九、一〇、一三	結城健一 大九、一、一〇	湯淺倭佐雄 明四五、一、二七
留守宅渡ノ有無	有	無	無	有
			20.4.5 月減	

189

留守名簿

ヨ

欄外記事	編入年月日	編入前所属及其編入年月日	本籍（在留地）	留守担当者 住所	続柄	氏名	徴集年	任官年	役種兵種官等（等級）俸給月額発令年月日	氏名 生年月日	留守宅渡有無	留守担当年月日
20.8.29 第一五二兵站病院転属	16.3.1	第二師団軍医部 一六、三、九	広島県佐伯郡水内村大字和田七八番屋敷	広島県広島市水主町四一八番地	妻	吉見藤子		昭5	現 医中佐 四19.7.1	吉見亨 明三五、一〇、三一	有	
20.8.29 方面軍司令部転属	15.11.1	歩兵第四九聯隊 一五、一一、一	岐阜県岐阜市本荘三六三番地	同上	父	吉村良雄	昭13	昭15	予 医中尉 一18.9.30	吉村博 明四五、六、二九	有	
20.8.19 現地召集解除	19.2.10	東京	東京都芝区白金三光町三九一番地	兵庫県西宮市分銅町一二番	父	吉田太郎	昭12		予 医少尉 20.6.20 19.12.31	吉田長之 明四三、三、一九	無	20.4.5 [illegible]等
20.8.19 現地召集解除	19.2.10	新潟	新潟県北魚沼郡小千谷町二〇一二番地	北京市内二区錦什坊街双栅欄甲七号	妻	横山ムツ	昭8		予 医少尉 20.3.22 18.2.28	横山正松 大二、一一、一九	無	20.4.5 [illegible]等
20.8.29 第一五五兵站病院転属	15.3.23	菊池部隊 一四、八、二五	京都府福知山市字内記七五番地	京都府京都市上京区東三本木丸太町上ル上大町四九三番地深瀬義一方	母	依田まと	昭7	昭9	現 衛生少尉 20.5.20 17.6.30	依田良男 明四五、一、二	有	20.6.1 [illegible]等級
20.8.29 第一五五兵站病院転属	15.3.23	菊池部隊 一四、三、八	奈良県南葛城郡忍海村大字忍海三番地ノ一	同上	母	吉井ミカ	昭11	昭14	現 衛生准尉 四20.3.1 17.6.30	吉井正喜 大五、六、二〇	有	20.6.5 [illegible]等 20.6.1 担当者

190

20.6.4 朝鮮[illegible]司令部転属	17.6.24	歩兵第一五七聯隊 一七五五	千葉縣東葛飾郡田中村大室一四四四番地	同	上 母	吉田つた	明12 昭18	豫衛伍 18.12.1	吉田正雄	大六.一〇.二〇	無
20.8.29 才一九八号 病院転属	18.3.1	歩兵第二〇聯隊 一七三一	神奈川縣横濱市鶴見区生麦町大二番地	同	上 父	横田三吉	明16	現衛伍長 20.8.20	横田政男	大一〇.一二.一	無
20.8.29 [illegible] 病院転属	18.10.1	氣球聯隊 一八九二〇	東京都麻布区箪司町三九番地	東京都麻布区箪司町四〇番地	妻	横山宮枝	昭11	二補衛上長 20.6.1 (18.9.26)	横山直次郎	大五.八.二六	無
20.8.29 才一五一号 病院転属	17.6.24	歩兵第一五七聯隊 一七五二五	千葉縣香取郡橘村青馬二八番地	同	上 父	横田彌三郎	明16	一補衛上長 20.8.20	横田豊治	大一〇.一.三〇	無
20.8.29 才一五一号 病院転属	18.10.1	氣球聯隊 一八九二〇	長野縣上伊那郡飯島村大字本郷一九一八番地ノ口號	同	上 父	米山覺壽郎	明9	二補衛上 20.8.20	米山誠	大三.三.一三	無
20.8.29 才一五一号 病院転属	20.1.31	独歩第八一大隊 一九二一八	千葉縣山武郡瑞穂村小中一三三番地	千葉縣市川市穴川町三四九番地	父	吉田修	明19	現衛上一 20.5.18	吉田利男	大一二.一二.一五	無
20.5.30 鉄道才八聯隊転属	20.1.31	独歩第八一大隊 一九二一八	千葉縣夷隅郡東海村日在二〇四七番地	東京都京橋区月島西仲通九丁目一二番地	父	吉田松治	明17	現衛上一 20.5.18	吉田修平	大三.二.二五	無
20.8.29 才一五四 兵站病院転属	17.6.14	歩兵第一五七聯隊 一七五二五	東京都足立区伊藤谷本町二五五	同	上 妻	吉田良子	昭12	豫衛伍長 20.8.20	吉田庫三	大六.一〇.一	無

20.6.1進級 20.6.1進級 20.7.1進級

(191)

ヨ

留守名簿

記事	編入年月日	前所属及其編入年月日	本籍（在留地）	留守担当者 住所	続柄	氏名	徴集年 任官年	役種 兵種 官等級 俸給月額 等給ニ発令年月日	氏名 生年月日	留守宅渡有無 年月日
20.8.27 才一六五兵站病院転属	18.3.1	三十三師団第一野戦病院 一七.五.二六	千葉縣船橋市湊町一丁目二〇四三番地	同上	兄	吉種武次郎	昭12	二補衛上長 20.8.20	吉種紫六郎 大六.八.二七	無
20.8.29 才一九四兵站病院転属	18.8.6	歩兵第一四九聯隊 一五.一二.九	埼玉縣南埼玉郡新和村大字鍛上一〇四四番地	同上	養父	吉野正賢	昭15	一補衛上長 20.8.20	吉野正富 大九.一〇.三〇	無
20.8.29 才十三軍司令官ノ定ムル兵站病院兵ニ属	18.3.1	三三師団第一野戦病院 一七.六.四	千葉縣松戸市大字松戸一八七三番地	東京都葛飾区本田原町一七〇番地	祖父	横尾六三郎	昭12	二補衛上長 20.8.20	横尾幸太郎 大六.六.〇九	無
20.8.29 才一五五兵站病院転属	18.8.6	歩兵第一四九聯隊 一五.一二.九	東京都麻布区今井町二五番地	同上	父	吉原吉治	昭15	予備衛生伍長 一補衛上長 20.3.1	吉原正太郎 大九.一二.三	無 20.8.5 官手
20.8.10 才三部特別兵站病院転属	18.6.14	気球聯隊 一八.六.一	東京都下谷区谷中三崎町四九番地	東京都豊島区池袋町五十二丁目二番地 埼玉縣川口市鋳物町一丁目 大八三 中川良治方	義兄	中川良治	昭15	一補衛一	吉川重吉 大八.一二.五	無 20.9.8 現住
20.8.29 才一八三兵站病院転属	18.5.20	独歩第七八大隊 一八.五.一	神奈川縣中郡大田村小稲葉一七〇番地	同上	母	吉岡りき	昭17	現衛長 18.5.1	吉岡熙 大一二.八.二六	無

192

召集解除

20.8.29. 才八七 兵站病院転属	18.6.14	氣球聯隊 一八、六、一	埼玉縣北足立郡上尾町大字上尾宿二三〇番地ノ二	同上	妻	吉野もと 昭11	一、補衛上 20.6.20	吉野六郎 大五、六、六	無
20.8.29 第一六六 兵站病院転属	17.2.27	國府台陸軍病院 一六、一〇、二〇	東京都牛込區早稲田南町一八番地	同上	兄	吉野重徳 昭15	一補衛伍長 20.6.20	吉野文雄 大九、六、五	無
20.8.29 第一六六 兵站病院転属	18.6.14	氣球聯隊 一八、六、一	東京都蒲田區中蒲田三丁目五番地ノ六	東京都蒲田區東蒲田三丁目四〇番地ノ一	父	依田信重	一補衛上 20.6.20	依田登 大九、八、一	無
20.9.5 解雇	17.6.9		熊本縣玉名郡賢木村大字高久野二八〇番地	北京市内六區東安門北河沿三九番地	兄	吉田二夫	看護婦長 20.6.20 [illegible]	吉田栄子 大九、一〇、一四	無
20.8.29 第十二軍司令部 兵站病院 [illegible] 25日	15.3.23	一五、九、三〇	埼玉縣南埼玉郡日勝村大字下野	同上	父	吉田蔵助	自動車操縦者業許年 [illegible] 20.8.20	吉田朝一 明四三、一二、一	無

20.6.20 [illegible] 20.9.5 [illegible]

22.12.2

193

1)

20.8.29 ス一五四兵站病院移[illegible]

留守名簿

編入年月日	16.3.14
前所属及其編入年月日	北京陸軍病院 一四、一二、二四
本籍（在留地）	愛媛縣松山市大字和泉町一丁目二五九番地
留守擔當者 住所	同
留守擔當者 續柄	母
留守擔當者 氏名	笠ツギヲ
徵集年 任官年	昭15
役種兵種官等（等級）俸給月額 發令年月日	豫医大尉 三17.9.15
氏名 生年月日	笠不二夫 大三、六、二四
留守宅渡ノ有無	有
補修年月日	

留守名簿

	1	2	3	4	5	6
（欄外記入）	20.5.3 善通寺陸軍病院転属	20.6.10 朝鮮軍管区司令部転属	20.8.29 第八八兵站病院転属	20.8.29 第一五一兵站病院転属	20.8.21 第一五五兵站病院転属	20.8.[illegible] 第一五一兵站病院転属
編入年月日	18.8.2	19.2.16	18.2.26	16.11.18	15.3.23	16.1.16
前所属及其編入年月日	齊々哈爾陸軍病院 一七、一一、二〇	大分	原平鎮陸軍病院 一四、四、二四	新郷陸軍病院 一五、一一、一〇		歩兵第一四九聯隊 一五、一二、九
本籍（在留地）	愛媛縣越智郡亀岡村大字[illegible]甲一五一四番地	大分縣宇佐郡和間村大字岩保新田 四六番地	山梨縣東八代郡石和村川中嶋七〇番地	栃木縣那須郡金田村大字市野澤一七九三番地	福島縣河沼郡高寺村字舟渡四五六番地	東京都芝區新橋七丁目一二番地ノ二
留守擔當者 住所	同上	同上	同上	同上	福島縣河沼郡高寺村字舟渡四五六七番地	同上
留守擔當者 續柄	兄	妻	叔父	父	父	父
留守擔當者 氏名	渡部健次郎	渡邊[illegible]子	若杉茂	渡邊兼次	渡邊源作	若林作造
徵集年		昭6	昭13	昭13		昭15
任官年	大12		昭15	昭15	昭19	
役種兵種官等 等級ニ等給 級俸月給額 發令年月日	現 衛少佐 一 19.12.1	豫 衛生少尉 20.3.22	現 衛曹 二 19.12.31	現 療曹 二 19.12.31	陸軍技手 五 20.3.1	補 衛兵長 一 20.[illegible].20
氏名	渡部忠重	渡邊龍三	若杉茂次	渡邊良勝	渡邊昇	若林啓介
生年月日	明三五、三、三	明四四、九、五	大七、三、三	大七、一、一七	明四〇、五、二〇	大八、三、二八
留守宅渡ノ有無	有	無	無	無	無	無
補修年月日		20.4.5 官等			20.4.5 級俸	

ワ

195

20.8.29 ヤ八七 兵站病院転属	18.10.1	氣球聯隊 一八九二〇	福島縣相馬郡大甕村大甕字十四迫六五番地	神奈川縣鎌倉市大町八九二番地	妻	渡部鋭子	昭8	二國衛生長 19.9.1 20.6.20	渡部俊英 明四三.八.二	無	20.7.1 進級
20.8.29 ヤ五一 兵站病院転属	20.1.31	独歩第八一大隊 一九二二八	東京都足立區花畑町四七九番地	同上	父	若生喜蔵	昭19	現衛生一 19.1.1 20.5.18	若生善作 大一四.七.元	無	20.6.1 進級
20.8.29 ヤ五一 兵站病院転属	20.1.31	独歩第八一大隊 一九二二八	山梨縣西八代郡山保村大山二五五番地	神奈川縣横濱市戸塚區汲澤町二一九二番地	父	渡邊村一	昭19	現衛生一 19.1.1 20.5.18	渡邊千徳 大一四.三.二五	無	20.6.1 進級
20.8.29 ヤ五二 兵站病院転属	20.1.31	独歩第八一大隊 一九二二八	山梨縣南都留郡下吉田町下吉田三三九番地	東京都立川市錦町二丁目二七六五番地	父	萱沼光治	昭19	現衛生二 19.1.1 20.5.18	渡邊昌往 大一四.七.五	無	20.6.1 進級
20.8.29 ヤ八七 兵站病院転属	20.1.31	独歩第八一大隊 一九二二八	千葉縣山武郡日向村一四八九番地	千葉縣千葉市神明町一九四番地	父	若林金造	昭19	現衛生一 19.1.1 20.5.18	若林克己 大一四.三.一五	無	20.6.1 進級
20.8.29 ヤ一五三 兵站病院転属	20.1.31	独歩第八一大隊 一九二二八	千葉縣安房郡平群村平久里中二三二四番地	東京都目黒區平町二二四番地	父	和田茂	昭19	現衛生一 19.1.1 20.5.18	和田友二郎 大一三.一〇.三	無	20.6.1 進級
20.5.29 ヤ十軍司令 官定公兵站病院転属	17.6.24	歩兵第一五七聯隊 一七五三五	山梨縣南都留郡勝山村一二四四番地	同上	妻	渡邊え多	昭8	千衛生長 18.1.20 20.6.20	渡邊一夫 大二.八.一	無	
20.8.29 ヤ一九四 兵站病院転属	18.10.1	氣球聯隊 一八九二〇	山梨縣東山梨郡中牧村倉科五八八九番地	山梨縣東山梨郡日下部町小原 農会内	母	渡邊ナヲヨ	昭15	二神衛生上 18.1.20 20.6.20	渡邊良男 大九.五.一七	無	

196

留守名簿

欄外記事	編入年月日	前所屬及其編入年月日	本籍（在留地）	留守擔當者住所	續柄	留守擔當者氏名	徵集年・任官年	役種兵種官等級・等給俸月額・發令年月日	氏名・生年月日	留守宅渡ノ有無	留守補修年月日
20.8.29 第十三軍司令官ノ定ムル兵站病院転属	17.1.6	歩兵第一四九聯隊 一五、一二、九	山梨縣南都留郡船津村船津八[illegible]番地	静岡縣駿東郡長泉村下土狩原	母	渡邊みや	昭15	一補衛 20.8.20 兵長	渡邊勝 大九、一、九	無	
20.8.29 第一五四兵站病院転属	16.1.6	歩兵第一四九聯隊 一五、一二、九	埼玉縣大宮市大字下加四五九番地	同上	兄	若林庄三	昭15	予補衛 伍長 20.8.20	若林光治 大九、八、一九	無	
20.8.29 第一五四兵站病院転属	18.10.1	氣球聯隊 一八、九、二〇	山梨縣東山梨郡八幡村切差一三五一番地	同上	父	渡邊恭衛	昭15	二補衛 20.8.20 上等兵	渡邊久雄 大九、一、二七	無	
20.8.29 第十三軍司令官ノ定ムル兵站病院転属	18.3.1	第三二師團衛生隊 一七、六、四	山梨縣南都留郡小立村字[illegible]崎七二三二番地	同上	兄	渡邊鶴夫	昭13	一補衛 20.8.20 兵長	渡邊富夫 大七、九、五	無	
同右	18.10.1	氣球聯隊 一八、九、二〇	宮城縣亘理郡山下村北泥沼二二三番地ノ一	同上	妻	渡邊三美子	昭11	二國衛 20.8.20 伍長	渡邊勝衛 大五、二、二	無	
20.8.29 第一五三兵站病院転属	19.3.1	独立歩兵第五大隊 一八、一二、一二	山梨縣南巨摩郡富河村楮根七六四番地	同上		若林賢藏	昭18	現衛上長 20.6.1	若林重明 大一二、七、二〇	無	24.7.1 進級

7

197

20.8.29ヤ五八一 兵站病院転属	13.3.1	独立歩兵第五大隊 一八二二、一二	山梨縣南巨摩郡下山村下山第八七五七番地	同上	兄	渡邊百十一	昭18	現衛工長 20.6.12	渡邊秋晴	無	20.7.1進級
20.8.29ヤ五三一 兵站病院転属	20.1.31	独歩第八一大隊 一九二二八	千葉縣市原郡平三村平蔵三〇五五番地	同上	父	渡邊庄部	昭19	現衛二一 21.7.18	渡邊信重 大二四、四、二六	無	20.6.1進級
20.8.29ヤ士庫司令官ノ定メル兵站病院転属	18.3.9		栃木縣上都賀郡板荷村一三五八番地	同上	父	渡邊幸太郎		自動車操縦者	渡邊安二 大六、一二、二	有	
同右	16.4.2		山形縣西村山郡三泉村大字上河原一六四番地	中華民國河南省新郷縣新郷同慶里一六号	妻	渡邊ふで			渡邊豊助	無	20.4.5目給 20.8.20昇給
20.8.29ヤ一五四 兵站病院転属	15.5.1		栃木縣都賀郡壬生町大字壬生乙八六八番地	同上	兄	若林茂一		技術雇員 20.8.20	若林禎二 大四、一二、一	有	20.4.5昇給 20.8.20 〃
20.8.29ヤ一五五 兵站病院転属	16.5.26		東京都神田区須田町一丁目二一 東京都芝区新橋六丁目二八	中華民國濟南市三大馬路緯一路仁号宿舎	妻	綿貫ユキ		自動車操縦 20.8.20	綿貫久三郎	無	20.4.5昇給 20.8.20昇給

198